中国高等教育学会 2020 年专项课题（2020XXHYB09）
大连市社科院 2020 年度重大调研课题（2020dlsky070）
辽宁省教育科学十三五规划项目（JG20DB073）
辽宁省社会科学规划基金项目重点项目（L21AGL003）

HANGYE YIDONG
DASHUJU
YINGYONG CHANGJING YU YINGYONG FANGFA YANJIU

行业移动大数据应用场景与应用方法研究

李海峰 ◎著

中国财经出版传媒集团
经济科学出版社
Economic Science Press

图书在版编目（CIP）数据

行业移动大数据应用场景与应用方法研究/李海峰著. —北京：经济科学出版社，2021.9
ISBN 978-7-5218-2929-7

Ⅰ.①行… Ⅱ.①李… Ⅲ.①企业管理-数据处理-研究 Ⅳ.①F272.7

中国版本图书馆 CIP 数据核字（2021）第 198262 号

策划编辑：李　雪
责任编辑：袁　溦
责任校对：王京宁
责任印制：王世伟

行业移动大数据应用场景与应用方法研究

李海峰　著

经济科学出版社出版、发行　新华书店经销
社址：北京市海淀区阜成路甲 28 号　邮编：100142
总编部电话：010-88191217　发行部电话：010-88191522
网址：www.esp.com.cn
电子邮箱：esp@esp.com.cn
天猫网店：经济科学出版社旗舰店
网址：http：//jjkxcbs.tmall.com
北京季蜂印刷有限公司印装
710×1000　16 开　16.5 印张　240000 字
2021 年 12 月第 1 版　2021 年 12 月第 1 次印刷
ISBN 978-7-5218-2929-7　定价：68.00 元
(图书出现印装问题，本社负责调换。电话：010-88191510)
(版权所有　侵权必究　打击盗版　举报热线：010-88191661
　QQ：2242791300　营销中心电话：010-88191537
　电子邮箱：dbts@esp.com.cn)

前　言

本书旨在通过对各个行业的典型业务活动与业务需求的调研，洞察各个行业对移动大数据及其计算与处理能力的需求，从而对移动大数据对外变现的方式和以变现为导向的数据能力构建过程做出有价值的参考和建议，以发挥出移动大数据潜在的巨大价值，为移动大数据的互联网IT支撑与大数据战略的实施提供有价值的借鉴与支持。

本书以调研各个行业的业务活动与业务需求为基础，以分析各个行业对移动大数据及其计算与处理能力为核心，深入研究并总结移动大数据在各个行业的大数据分析应用场景，使移动大数据在辅助行业企业发挥出核心竞争力的基础上发挥出最大的价值。按照"行业甄选→每个行业的场景选择→每个场景的描述方式研究→每个场景的详细描述→每个场景对移动大数据及计算需求"的研究思路展开研究。

根据艾瑞咨询、麦肯锡、工信部、计世资讯等知名研究机构提供的对于大数据行业应用展望的权威咨询报告，对零售、教育、医疗、交通等 25 个行业进行了分析和比较，从中选择了最具大数据研究价值且对移动大数据需求和计算需求非常迫切的 13 个行业：零售、教育、能源、医疗、交通、旅游、餐饮娱乐、物流、政府、互联网、银行、保险、证券。

在行业甄选的基础上，我们又对每一行业中移动大数据可以介入的大数据应用场景进行了研究，分别给出了 13 个行业的 78 个典型场景。这些场景主要有三类来源：一是权威的咨询报告，二是现实中其他企业的优秀案例，三是行业研究报告以及该行业对移动大数据需求研究。

总体来看，所有 13 个行业对移动大数据的"用户位置数据、用户互联网访问数据、用户身份数据、用户偏好数据"这四类数据具有较大需求，应该针对这四类数据首先考虑向大数据平台的迁移，并提供相应的大数据分析和处理能力的构建。

作者

2021 年 11 月

目录
CONTENTS

第 1 章	研究目标、内容与方法 ············· 1
	1.1 研究目标 ················ 1
	1.2 研究内容 ················ 1
	1.3 研究方法 ················ 2

第 2 章	行业甄选依据与方法 ············· 5
	2.1 权威咨询报告的行业甄选 ········· 5
	2.2 行业甄选方法与结果 ··········· 8

第 3 章	应用场景的选择与描述 ············ 13
	3.1 应用场景的选择 ············· 13
	3.2 应用场景的描述 ············· 21

第 4 章	各行业大数据应用场景描述 ·········· 24
	4.1 零售行业 ················ 24
	4.2 教育行业 ················ 37
	4.3 能源行业 ················ 47
	4.4 医疗行业 ················ 52
	4.5 交通行业 ················ 67
	4.6 旅游行业 ················ 78
	4.7 餐饮娱乐行业 ·············· 87

- 4.8 物流行业 ································· 96
- 4.9 政府及公共事业 ······························· 103
- 4.10 互联网行业 ································ 109
- 4.11 银行业 ··································· 119
- 4.12 保险业 ··································· 127
- 4.13 证券业 ··································· 137
- 4.14 其他 ···································· 140

第5章 应用案例分享 ······························· 147

- 5.1 基于大数据的区域教育数据中心 ··············· 147
- 5.2 基于大数据的个性化医疗服务 ················· 158
- 5.3 基于大数据的运动健康服务 ··················· 191
- 5.4 基于大数据的物流配送系统 ··················· 204

第6章 总结与展望 ································ 239

- 6.1 研究内容总结 ································ 239
- 6.2 面临的难题与挑战 ··························· 250
- 6.3 发展趋势分析 ································ 251

参考文献 ··· 254

第1章

研究目标、内容与方法

1.1 研究目标

本书旨在通过对各个行业的典型业务活动与业务需求的调研，洞察各个行业对移动数据及其计算与处理能力的需求，从而对移动数据对外变现的方式和以变现为导向的数据能力构建过程做出有价值的参考和建议，以发挥出移动数据潜在的巨大价值，为移动数据的互联网（IT）支撑与大数据战略的实施提供有价值的借鉴与支持。

1.2 研究内容

本书以调研各个行业的业务活动与业务需求为基础，以分析各个行业对移动大数据及其计算与处理能力为核心，深入地研究并总结移动大数据在各个行业的大数据分析应用场景，使移动大数据在辅助行业企业发挥出核心竞争力的基础上实现最大的价值。

本书的主要研究内容如下：

1. 行业甄选

哪些行业最具大数据研究与应用价值，哪些行业最需要移动大数据，哪些行业在技术和市场两方面应用大数据的技术成果最为成熟，是首先需要研究的问题，因此，我们首先开展行业的甄选，根据行业特点针对有必要研究的行业进行梳理。

2. 针对每个行业有价值的大数据应用场景研究

每个行业都有不同的业务特征和数据分析应用需求，每个行业都对移动大数据有着不同的数据需求，因此，本项研究内容将根据每个行业的业务特征，结合移动大数据现有的计算处理能力，挑选对行业企业有价值的大数据应用场景。

3. 每个场景的细节描述

研究每个场景的描述方式，以及在某种描述方式下，场景的每一个细节，如场景简介、场景面向的顾客群、该场景的顺利实施需要解决的关键问题等。

4. 每个场景对移动大数据及其计算与处理能力需求

研究每个场景的实现需要获取哪些移动大数据，以及需要哪些数据分析和服务能力（包括数据处理层、分析挖掘层和数据展示层的能力）。

1.3 研究方法

如图 1-1 所示，我们按照"行业甄选→每个行业的场景选择→每个场景的描述方式研究→每个场景的详细描述→每个场景对移动大数据及计算需求"这一研究思路，按照如下方法而展开研究：

```
┌─────────────────────┐
│      行业甄选        │
└──────────┬──────────┘
           ↓
┌─────────────────────┐
│   每个行业的场景选择   │
└──────────┬──────────┘
           ↓
┌─────────────────────┐
│  每个场景的描述方式研究 │
└──────────┬──────────┘
           ↓
┌─────────────────────┐
│   每个场景的细节描述   │
└──────────┬──────────┘
           ↓
┌─────────────────────┐
│ 每个场景对移动大数据   │
│ 及其计算与处理能力需求 │
└──────────┬──────────┘
           ↓
┌─────────────────────┐
│  对大数据建设的相关建议 │
└─────────────────────┘
```

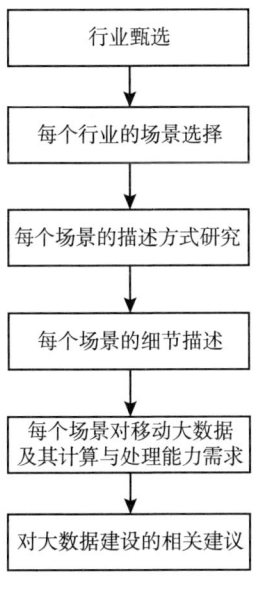

图 1-1　总体研究方法

第一，根据知名咨询机构对于行业大数据的应用价值和前景展望的权威分析报告，甄选出最具大数据研究价值且对移动大数据需求和计算需求非常迫切的13个行业。

第二，调研各个行业的大数据分析应用，挑选出对于移动大数据或计算能力最有需求、有价值、有前景、典型的大数据应用场景。

第三，根据电信管理论坛（tele management forum，TMF）案例描述方式，结合行业企业对于大数据应用场景的分析目标和分析需求，给出包含"场景简介、场景所需要的数据、场景所针对的目标顾客群、一个对该场景实现过程详细描述的例子、场景拟解决的关键问题、场景对移动大数据的计算需求"等多个侧面的场景描述方式，从多个角度对每个场景进行详细描述，以便形成对于移动大数据分析较为深入的价值与建议。

第四，基于上述步骤确定的描述方式，结合对行业背景和移动大数据应用优势的深入调研，对每个场景进行详细的刻画。

第五，根据每个场景的具体情况，给出每个场景对于移动大数据及其计算需求，以便向对企业大数据能力的建设提出有价值的建议。

第六，根据上述所有行业、所有场景的分析与调研，给出一个综合性的结论，形成对企业大数据建设有价值的若干建议。

第2章

行业甄选依据与方法

我们根据艾瑞咨询、麦肯锡、工信部、计世资讯等知名研究机构提供的对于大数据行业应用展望的权威咨询报告,对零售、教育、医疗、交通等25个行业进行了分析和比较,从中选出最具大数据研究价值且对移动大数据和其计算需求非常迫切的13个行业:零售、教育、能源、医疗、交通、旅游、餐饮娱乐、物流、政府、互联网、银行、保险、证券。

2.1 权威咨询报告的行业甄选

2.1.1 艾瑞咨询对各个行业大数据应用价值的研究成果

艾瑞咨询通过综合考虑行业特征(包括行业内公司表现差异性、行业内动荡情况、交易的密度)及行业内企业的数据生产能力(包括每家公司的数据量、客户和供应商密度)两方面的五个相关指标得出,在大数据应用综合价值潜力方面,信息、金融保险、政府及批发贸易业潜力较高。具体到行业内每家公司的数据量来看,信息、金融保险、计算机及电子产品、公用事业四类的数据量最大。从交易密度来看，金融保险、批发贸易、房地产及租赁三类的密度最高（见表2-1）[1]。

表2-1　艾瑞咨询给出的大数据最具有应用价值潜力的行业

行业	综合价值潜力指数	行业内公司表现的差异性	行业内动荡情况（排名变化）	交易的密度	每家公司的数据量	公司客户和供应商密集度
信息	★★★★★	★★★★★	★★★★	★★★★	★★★★★	★★
金融保险	★★★★★	★★★★★	★★★★	★★★★★	★★★★★	★★
批发贸易	★★★★★	★	★★★★	★★★★★	★★★	★★★★
政府	★★★★★	☆	☆	☆	★★★★	★★★★
计算机及电子产品	★★★★	★★★	★★★★	★★★	★★★★★	★
房地产及租赁	★★★★	★★★★	★	★★★★	★★★★	★★★
运输和仓储	★★★★	★★★	★★	★★★★	★★★★	★★★
卫生保健和社会保障	★★★★	★★★	★★★★★	★	★★★	★★★★
零售	★★★	★	★★★	★★★	★★★★	★★★★★
专业、科学和技术服务	★★★	★★★	★★★★★	★★★★	★	★★
公用事业	★★	★★	★★	★★★★	★★★★★	★
教育	★★	★★★★★	★	★	★★	★★★★★
艺术、休闲娱乐业	★★	★★★★	★	★★★	★	★★★★★
住宿和餐饮	★★	★★	★★★★★	★	★	★★★★★
制造业	★	★★★	★★★	★★	★★★	★

注：星号代表程度，五星为最高。
资料来源：刘雷鸣．大数据行业应用展望报告［R］．艾瑞咨询，2013：32．

2.1.2　麦肯锡对各个行业大数据应用价值的研究成果

全球知名咨询机构麦肯锡对美国不同行业的大数据相关业务特性

做出了统计，每个行业在整体价值潜力、企业平均数据量、绩效波动性、供销伙伴数量、交易密度、行业波动性都有着区别。如图2-1所示，麦肯锡的研究结论告诉我们，信息技术、批发贸易、金融保险、政府、教育、娱乐休闲等行业在整体价值潜力、企业平均数据量、绩效波动性、交易密度上都名列前茅，具有较高的大数据研究意义[2]。

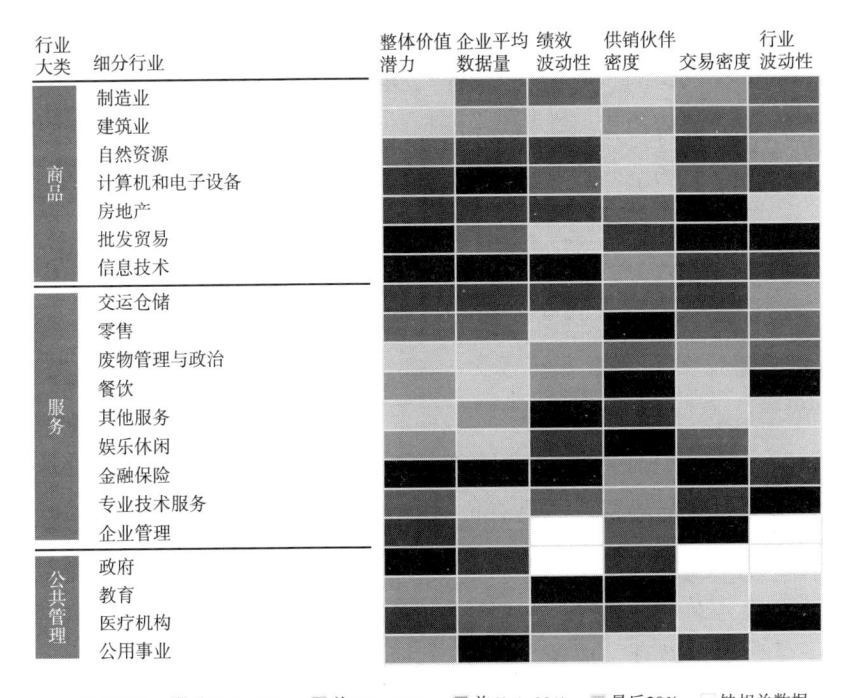

图 2-1 麦肯锡对各个行业大数据应用价值的研究成果

资料来源：麦肯锡. 大数据行业分析报告 [R]. 咨询行业分析报告，2015：28.

2.1.3 工信部研究院对各个行业大数据应用价值的研究成果

工信部研究院在其《中国大数据白皮书》中提到：整体而言，全球的大数据应用处于发展初期，中国大数据应用才刚刚起步。目前，大数据应用在各行各业的发展呈现"阶梯式"格局：互联网行业是大数据应用的领跑者，金融、零售、电信、公共管理、医疗卫生等领域积极尝试大数据，这些领域具有较高的大数据研究价值[3]。

2.1.4 计世资讯的研究成果

计世资讯认为，2011年是中国大数据市场元年，一些大数据产品已经推出，部分行业也有大数据应用案例的产生。在行业应用方面，计世资讯预测，政府、互联网、电信、金融的大数据市场规模较大，四个行业将占据一半市场份额。由于各个行业都存在大数据应用需求，潜在市场空间非常可观[4]。

2.1.5 其他机构对于大数据应用热门行业的点评

德勤在《电信运营商面临的机遇与挑战》一文中指出，大数据在未来医疗、公共事业、零售、制造行业都会创造出巨大的商业价值[5]。

36大数据官方网站对最具潜力的大数据应用行业进行了如下分级，分级越靠前的行业越具有价值潜力[6]：

①电信、金融、保险、电力、石化系统；
②公共安全、医疗、交通领域；
③气象、教育、地理、政务；
④商业销售、制造业、农业、物流和流通等领域。

《证券日报》指出，就目前发展来看，国内对大数据的应用领域还较为狭窄，主要集中在金融、物流、公共三个领域，并逐渐向电力、电信等行业延伸[7]。

2.2 行业甄选方法与结果

基于上述所有权威资讯报告，可以发现，虽然每个报告所关注的行业范围不尽相同，同一行业在不同行业所使用的表述方式及表述粒度也不相同，但它们的主要观点是基本一致的——大数据应用的代表性行业主要包含金融、保险、电信、互联网、政府、医疗等。我们首先将各个报告中的行业表述方式和表述粒度进行了统一，然后列出了各个报告中所指出的所有行业以及它们的价值潜力排名。

2.2.1 各个报告中行业表述方式和表述粒度的统一

将各个报告中行业表述方式和表述粒度汇总与统一，如表2-2所示。

表2-2 各个咨询报告中行业表述方式和表述粒度的汇总与统一

大类名称	小类名称	各咨询报告中表述的名称				
		艾瑞咨询	麦肯锡	工信部	计世资讯	德勤、36大数据、《证券日报》
零售				未提及		商业销售
教育	教育及科研			未提及	未提及	未提及
科研		专业、科学和技术服务	专业技术服务			
能源	石化	未提及	自然资源			
	电力	未提及				
	其他	未提及				
医疗		卫生保健和社会保障				
交通		未提及	交运仓储	未提及		
物流		运输及仓储			流通	
旅游		住宿和餐饮	未提及	未提及	未提及	未提及
餐饮娱乐		艺术、休闲娱乐业	餐饮、娱乐休闲	未提及	未提及	未提及

9

续表

大类名称	小类名称	各咨询报告中表述的名称			
		艾瑞咨询	麦肯锡	工信部	计世资讯	德勤、36大数据、《证券日报》
政府		公用事业	废物管理与政治	公共管理		气象、地理、政务、公共安全等
互联网		信息	未提及	未提及		
计算机及电子产品		未提及	计算机及电子设备	未提及	未提及	未提及
金融	银行	金融保险	金融保险			
	保险					
	证券					
农业		未提及	未提及	未提及	未提及	
批发贸易				未提及	未提及	
房地产		房地产及租赁		未提及	未提及	未提及
建筑				未提及	未提及	未提及
制造				未提及	未提及	
企业管理		未提及		未提及	未提及	未提及

资料来源：作者整理。

2.2.2 各个报告所提及的行业排名

综合各个报告对所有29个行业（零售、教育、科研、能源、医疗、交通、物流、旅游、餐饮娱乐、政府、互联网、计算机及电子产品、金融、农业、批发贸易、房地产、建筑、制造、企业管理）的分析，我们将这29个行业按照大数据应用价值进行了分组，一共分为4组，如表2-3所示。

表 2-3　基于权威资讯报告的行业大数据应用价值分组

大数据应用价值与潜力（高→低）	第一组	政府、银行、互联网、保险
	第二组	零售、教育及科研、能源、医疗、交通
	第三组	物流、证券、批发贸易、房地产、建筑、制造、旅游、餐饮娱乐
	第四组	计算机及电子产品、农业、企业管理

资料来源：作者整理。

2.2.3 移动大数据特征及各行业对移动大数据需求程度

由于本书主要研究的是移动大数据能够介入各个行业而开展的大数据应用场景，而大数据应用价值潜力高的行业不见得移动大数据能够介入，如房地产、建筑、制造等，反之，大数据应用价值潜力低的行业不见得移动大数据不能介入，如旅游、餐饮娱乐等。

因此，我们根据各个行业对移动大数据需求程度，又对各个行业进行了再次分析。

（1）移动大数据特征

移动大数据拥有用户的位置数据、互联网访问行为数据、身份数据、偏好数据、终端数据等，因此，移动大数据特别适合那些对于客户细分及客户偏好洞察有明确需求的行业（如银行、保险、零售、教育、餐饮娱乐等）以及对于用户地理位置分布特征有明确需求的行业（如交通、旅游、能源等）。

（2）各行业对移动大数据需求程度

依据移动大数据特征，我们按照各行业对移动大数据需求程度对各行业再次进行了分组，如表 2-4 所示。

表 2-4　基于移动大数据特征的各行业对移动大数据需求程度分组

大数据应用价值与潜力（高→低）	第一组	零售、旅游、餐饮娱乐、交通
	第二组	银行、保险、教育及科研、医疗、政府、互联网
	第三组	证券、批发贸易、房地产、建筑、能源、物流
	第四组	计算机及电子产品、农业、企业管理、制造

资料来源：作者整理。

2.2.4 行业甄选结果

综合上述分析，我们最终选取了 13 个行业作为研究对象，从其中挑选有价值的行业移动大数据分析应用场景。这 13 个行业是零售、教育、能源、医疗、交通、旅游、餐饮娱乐、物流、政府、互联网、银行、保险、证券。

第3章

应用场景的选择与描述

在行业甄选的基础上，我们又对每一行业下移动大数据可以介入的大数据应用场景进行了研究，分别给出了13个行业的78个典型场景。这些场景主要有三类来源：一是权威的咨询报告；二是现实中其他企业的优秀案例；三是行业研究报告以及该行业对移动大数据需求研究。

3.1 应用场景的选择

3.1.1 权威咨询报告对于各行业大数据应用场景的研究

（1）艾瑞咨询给出了大数据在金融、互联网、电信这三个行业中的重点应用方向[8]。

第一，客户洞察、市场洞察及运营洞察是金融行业大数据应用重点。在客户洞察方面，金融企业可以通过对行业客户相关的海量服务信息流数据进行捕捉及分析，以提高服务质量。同时可利用各种服务交付渠道的海量客户数据，开发新的预测分析模型，实现对客户消费行为模式进行分析，提高客户转化率。

在市场洞察方面，大数据可以帮助金融企业分析历史数据，寻找其中的金融创新机会。

在运营方面，大数据可协助企业提高风险透明度，加强风险的可审性和管理力度。同时也能帮助金融服务企业充分掌握业务数据的价值，降低业务成本并发掘新的套利机会。

第二，服务支撑、创新支撑及运行支撑是电信行业大数据应用重点。在客户层面，针对个人客户，电信运营商可以利用大数据改善个人客户的服务体验和进行服务推介和营销，针对企业客户，可以提出整合方案。

在创新层面，通过业务资源和财务多方面的综合分析，可以帮助电信企业进行商业决策和商业模式的创新，同时及时发现新的商业机会进行业务创新，如建立商业智能系统。

在运行支撑层面，可以利用大数据提供端到端的网络质量的分析，快速对网络进行定位和修复，在提高网络质量的同时，还可以降低电信网络运营的管理成本和运维成本。此外，运营商还可以根据数据和业务的生命周期，整合新的IT架构和原有的架构，优化组织架构，提升内部管理能力。

第三，营销变革、信息变革及业务变革是互联网行业大数据应用重点。在营销变革方面，互联网企业可以利用已拥有的海量数据资源改善营销方式，如基于实时竞价（RTB）的实时投放，发力精准营销和进行针对性的信息推送。

在信息变革方面，互联网企业通过分析海量数据，可以反映整体经济景气程度况及各行业的变化发展状况，并能预测发展走势，为各行业提供信息支持。

从业务变革来看，在海量的数据基础上，众多互联网巨头除了可以在相应领域建立竞争优势外，还可以促进业务的延伸及多元化发展，并利用数据资源探求跨行业的业务融合。

（2）工信部对于各行业大数据应用场景的研究

工信部在其大数据研究报告中指出，目前互联网行业是大数据应用的领跑者，金融、零售、电信、公共管理、医疗卫生等领域积极尝试大数据，在具体研究场景方面主要呈现如下两种发展方向[9]：

一是积极整合行业和机构内部的各种数据源，通过对整合后的数据进行挖掘分析，从而发展大数据应用。例如，一些新兴的大型百货商场利用大数据平台整合销售终端（point of sale，POS）、企业客户关系管理系统（customer relationship management，CRM）、免费无线网络、客流监控设备等数据，对用户进行聚类分析，支撑包括商品位置摆放、打折信息投放、移动端营销、客户习惯查询、客户群路径分析等应用，提高商场营销效率和营业额。基于大数据的智慧城市决策系统也是大数据应用的重要领域，可整合来自经济、统计、民政、教育、卫生、人力等政府部门内部数据和来自物联网、移动互联网等网络数据，设计经济社会运行分析模型，支撑智慧人口、智慧医疗、智慧教育、智能物流、智能环保等相关决策应用。

二是积极借助外部数据，主要是互联网数据，来实现相关应用。例如，金融机构通过收集互联网用户的微博数据、社交数据、历史交易数据来评估用户的信用等级；证券分析机构通过整合新闻、股票论坛、公司公告、行业研究报告、交易数据、行情数据、报单数据等，试图分析和挖掘各种事件和因素对股市和股票价格走向的影响；监管机构将社交数据、网络新闻数据、网页数据等与监管机构的数据库对接，通过比对结果进行风险提示，提醒监管机构及时采取行动；零售企业通过互联网用户数据分析商品销售趋势、用户偏好等。

从目前发展的情况来看，金融、零售和公共管理领域开展大数据应用时，两个方向都有所涉足，而电信和医疗卫生等领域更关注第一个发展方向。

3.1.2 基于移动大数据需求的场景选择研究

上述权威资讯报告从宏观的角度给出了几个典型行业的大数据应

用特点与趋势,而具体的每一行业的应用场景需要根据现实中其他企业的优秀案例、行业研究报告,以及该行业对移动大数据需求而展开深入研究。因此,我们对各个行业进行了广泛而深入的调研,提炼出 13 个行业的 78 个典型场景,所有这些场景的选择依据如表 3 – 1 所示[10-23]。

表 3 – 1　　　　　　　　所有场景的来源及选择依据

行业	场景名称	场景来源 1	场景来源 2（行业应用案例）
零售	零售商选址	《2013 ~ 2017 中国零售业市场专项评估与发展策略研究报告》	中国联通零售商选址服务星巴克的选址
	用户的事件营销		趣多多的节日营销
	基于用户偏好洞察的广告服务		品友互动
	为零售商的消费者选好购物单		沃尔玛:手机软件（APP）已经用帮顾客选好了购物单
	基于顾客洞察的零售商商品采购策略及其货架摆放策略		宝侨家品与零售商共同进行货架缺货管理
	帮助零售商拓展网络销售渠道		传统零售商开展网络零售研究报告
	为零售商提供顾客购物的移动应用		谷歌:移动购物才是零售业的未来
	基于用户的位置推荐附近零售商的促销活动		大数据可助零售商定位移动客户
	零售商店铺内的 Wi – Fi 网络建设及用户行为分析		万达百货店设 Wi – Fi 敲开"大数据"之门
教育	帮助教育机构实现学生的个性化教育	《2014 年中国在线教育研究报告》	大数据使学生学习体验个性化
	科学研究		阿里巴巴大数据科研平台
	基于学生偏好的线上与线下相融合的个性化教育		大数据:带给教育的机遇与挑战
	教育需求的洞察与教育资源的推荐		云计算和大数据下在线教育
	学生在线学习行为分析系统		大数据:带给教育的机遇与挑战

续表

行业	场景名称	场景来源1	场景来源2（行业应用案例）
能源	能源设施选址	《大数据解密能源新领域》	大数据玩转能源
	能源需求预测		
	提供经济指导		
医疗	基于手机与终端设备的病人远程监控	《深度分析：医药行业研究报告》	沃达丰（Vodafome）使用移动技术来远程监控患者的健康状况
	基于手机与终端设备的身体状态数据监控与个性化医疗		美国高通公司的一款产品2net
	医疗方案与经验的共享平台		中兴通讯智慧医疗解决方案
	医疗数据管理平台		中国信息产业网：运营商应定位在医疗数据管理平台
	通过云平台实现电子病历和健康档案的查询及基本分析		
	疫情预警与疾病趋势预测		谷歌流感趋势（Google Flu Trends）项目
	基于医疗专网信息及急救与预约挂号平台的疾病趋势分析与预警		大型综合性医院门诊预约挂号的需求趋势与应用价值分析报告
	手机或终端设备与人体可穿戴设备的数据交换及其协同分析与预警机制研究		财经网：移动医疗插上大数据与可穿戴设备的翅膀
	基于用户手机行为的健康状态评估		手机诱发亚健康状态
交通	城市公交规划	《公共交通行业研究报告》	中兴通讯：大数据挖掘助力城市公交规划
	交通预测与诱导		博康智慧交通大数据管理平台
	基于交通预测与诱导的营销		
	车辆及行人行踪的实时监控		新科全球定位系统（GPS）车辆远程监控系统
	为路网监控提供数据存储与网络服务平台		博康智慧交通大数据管理平台

续表

行业	场景名称	场景来源1	场景来源2（行业应用案例）
交通	公交的智能调度	《公共交通行业研究报告》	中兴通讯：大数据挖掘助力城市公交规划
	预测群体出行行为		智能公交的调度技术已经在绝大多数城市铺展开
	智能交通服务		IT时代网：大数据放在交通领域能干的许多事
	人群在城际之间的流动预测		
旅游	景区游客数量预测	《2013旅游行业分析报告》《2014在线旅游行业研究报告》	百度旅游预测
	景区内各个商业网点与休闲娱乐设施的布局		国际商业机器公司（IBM）的旅游大数据
	景区游客数量实时监测		
	建立在线旅游网站或为其提供数据支持		同程旅游网
	旅游景区无线网络及基本设施的建设		IBM的旅游大数据
	旅游景区的服务平台		
餐饮娱乐	基于用户画像的精准营销	《中国餐饮行业投资研究报告》	新浪微博给5亿用户"画像"
	基于用户位置的实时营销		中国联通餐饮行业客户营销指导意见
	使用互联网数据改进餐馆的菜单		三个餐厅的互联网玩法
	餐饮娱乐企业中网络环境的建设		中国联通餐饮行业客户营销指导意见
	餐饮娱乐的电子商务		线上到线下（O2O）的电子商务模式
	娱乐节目的营销与推广		爱奇艺：大数据时代的综艺营销
	影音产品的市场喜爱程度与趋势分析		中国影音市场现状分析与未来趋势研究报告

续表

行业	场景名称	场景来源1	场景来源2（行业应用案例）
物流	物流仓库选址	《物流行业研究报告》	敦豪航空货运公司（DHL）物流集团：如何有效管理大数据
	类似于"双十一"等大型电子商务销售活动的物流需求预测		"双十一"电商争雄：物流配送决定成败
	物流车辆及货物信息实时监控与优化调度		DHL物流集团：如何有效管理大数据
政府及公共事业	大数据助力政务透明	《大数据：正在到来的数据革命，以及它如何改变政府、商业与我们的生活》	美国联邦政府每年都要下拨大量的专项资金，资金的使用效率是来年是否继续拨款的决定性因素，社会调查及数据分析成为美国联邦政府评估资金使用效率的主要工具
	大数据提升政务效率		美国加州州政府率先推出数据挖掘项目"保险补助双向核对项目"
	大数据提高政府决策科学性		德国联邦劳工局对大量的失业人员的失业情况、干预手段和重新就业等历史数据进行分析
	气候预测		美国国家气象局在全国2000辆客运大巴上装备传感器，随着巴士的移动沿途搜集温度、湿度、露水、光照等数据，并立刻传回国家气象局数据中心
	信息化防控		西班牙首都马德里，通过平台化整合警察、消防、医疗系统，使救援时间大幅度缩短，巡逻队、消防车、救护车能够在8分钟内到达81%的突发事件现场

续表

行业	场景名称	场景来源1	场景来源2（行业应用案例）
互联网	电子商务公司预测式发货	《2013中国互联网络发展状况统计报告》	亚马逊公司的预测式发货
	依托搜索数据进行消费者调查		百度——依托搜索数据进行消费者洞察
	利用与社交网络的合作引流增销		阿里巴巴——利用与新浪微博（社交网络）的合作扩大销售
	大数据助力游戏精细化运营		腾讯——大数据助力游戏精细化运营
	智能视频图像分析		安防及交通领域的视频应用
银行	高端客户的交叉销售	教育部：中国移动科研基金项目，大数据典型业务场景和企业数据模型构建方法研究项目组（下同）总结文档《大数据在中国银行业的应用趋势》	
	信用卡客户的挖掘		
	客户行为分析与营销合作		
	客户信用风险分析		
保险	保险产品的营销	项目组总结文档《大数据在中国保险业的应用趋势》	
	保险的新型营销模式		
	风险管理		
	客户关系管理		
证券	通过用户的互联网行为而预测股价	项目组总结文档《大数据在中国证券业的应用趋势》	
其他	数据货币化		美国电话电报公司（AT&T）：位置数据货币化
	品牌推广		威瑞森（Verizon）辅助美国职业篮球联赛（NBA）菲尼克斯太阳队完成球队商业推广
	用户情感分析		心情记录器（MoodScope）：微软亚洲研究院开发的安装于智能手机的情感识别软件。MoodScope借助手机上的各种传感器和用户行为预测用户情绪，并作出恰当反馈
	市场洞察		百度指数的舆情管家可一站式呈现任意关键词最热门
	人群流动特征分析		AT&T：分析匿名的用户位置数据并提供给零售企业等客户，让其了解某个时段、某个地点的人流量分布，据此决策新店选址、促销时段等

资料来源：作者整理。

3.2 应用场景的描述

3.2.1 本书中的场景描述方式

TMF 在其《大数据研究指南：附录 A》研究报告中给出了包含两大侧面、17 个属性的运营商数据分析应用场景的描述方式[24]，对于数据分析应用场景的描述比较全面。我们根据 TMF 对于数据分析应用场景的描述方式，结合本书针对每一场景描述的目的——对数据对外变现的方式和以变现为导向的数据能力构建过程做出有价值的参考和建议，针对本书中的每一个场景采用了如表 3-2 所示的内容描述方式。

表 3-2　　每一场景的描述所包含的字段内容

字段名称	所包含的子字段	描述
场景名称	无	该场景的名称
场景简介	无	该场景的简要描述
场景所需要的数据	无	为实现该场景需要获取哪些数据
场景的详细描述	该场景所针对的目标顾客群	描述该场景主要为哪些顾客服务
	一个对该场景实现过程详细描述的例子	根据每个场景的要求，按照时间的顺序，将完成这一场景所需要做的工作，以及与外部企业之间的协同与交互工作都一一记录下来，以便于读者理解场景的内涵
	该场景拟解决的关键问题	该场景的实现过程中最难以解决的问题
场景所需要的数据处理层的能力需求	无	描述该场景所需要的数据处理层的能力都有哪些

续表

字段名称	所包含的子字段	描述
场景所需要的分析挖掘层的能力需求	无	描述该场景所需要的分析挖掘层的能力都有哪些
场景所需要的数据展示层的能力需求	无	描述该场景所需要的数据展示层的能力都有哪些

资料来源：作者整理。

3.2.2 本书采用上述描述方式的原因

本研究的上述场景描述方式与 TMF 的描述方式的对应关系及原因如表 3-3 所示。

表 3-3　场景描述方式与 TMF 场景描述方式的映射关系

TMF 中的场景描述字段	本研究中的场景描述字段	原因解释
场景名称	场景名称	该场景的名称
场景涉及 TMF 业务框架的若干领域	场景简介	本书通过场景简介来阐述场景的主要目的、实现过程以及预期目标等，通过场景简介能够让读者了解场景内涵，从而将场景映射到某一特定的业务分类当中
场景所涉及的一些实体	该场景所针对的目标顾客群	场景所涉及的一些实体是该场景的目标顾客群
场景事件流的一个描述，用于解释不同的参与者是如何加入该场景的	一个对该场景实现过程详细描述的例子	通过场景实现过程的详细描述来解释不同参与者是如何加入该场景的
必要的数据源	场景所需要的数据	场景所需要的数据包含了必要的和可选的数据源
可选的数据源		
为使业务模型运转起来的主要活动	该场景拟解决的关键问题	关键问题即为限制业务模型运转的主要活动

续表

TMF中的场景描述字段	本研究中的场景描述字段	原因解释
为使业务模型运转起来的主要资源	场景所需要的数据	在本书中，为使业务模型运转的主要资源即为"场景所需要的数据，以及进行数据分析处理的三层能力"
	场景所需要的数据处理层的能力需求	
业务模型所涉及的顾客类型	没有对应内容	本书中每一场景所面向的都是各个行业的顾客，其顾客关系与渠道也依据于行业特点而定
需要建立的顾客关系		
该业务需要通过哪些渠道触及顾客		
给顾客呈现的价值、产品及服务	场景简介	在场景简介中述及了每一场景应给顾客呈现的价值、产品及服务
该业务模型所引发的最重要的成本	没有对应内容	在本书中，某场景所引发的最重要的成本通常是移动大数据集成及分析处理成本

资料来源：作者整理。

总体来看，所有13个行业对移动大数据的"用户位置数据、用户互联网访问数据、用户身份数据、用户偏好数据"这四类数据具有较大需求，应该针对这四类数据首先考虑向大数据平台的迁移，并提供相应的大数据分析和处理能力的构建。

第4章

各行业大数据应用场景描述

4.1 零售行业

4.1.1 行业概述

零售业由于无论哪种数据分析应用场景都需要向确定地理范围内的用户推荐零售商的活动，都需要知道用户的位置信息，因此，该行业对移动大数据的用户位置信息尤其需要。此外，由于零售业需要根据用户的个性化需求而进行推荐，因此，用户的互联网访问数据、偏好数据及身份数据都是该行业需要的主要数据。

在零售业，大数据主要能在以下三个方面挖掘出巨大的商业价值：对顾客群体细分，然后对每个群体量体裁衣般地采取独特的行动；运用大数据模拟实境，发掘新的需求和提高投入的回报率；提高大数据成果在各相关部门的分享程度，提高整个管理链条和产业链条的投入回报率。

第一，对顾客群体细分，然后对每个群体量体裁衣般地采取独特的行动。瞄准特定的顾客群体来进行营销和服务是商家一直以来的追求。云存储的海量数据和大数据的分析技术使得对消费者的实时和极端的细分有了成本效率极高的可能。比如在大数据时代之前，要搞清楚海量顾客的怀孕情况，得投入惊人的人力、物力、财力，使得这种细分行为毫无商业意义。

第二，运用大数据模拟实境，发掘新的需求和提高投入的回报率。现在越来越多的产品中都装有传感器，汽车和智能手机的普及使得可收集数据呈现爆炸性增长。博客（Blog）、推特（Twitter）、脸书（Facebook）和微博等社交网络也在产生着海量的数据。云计算和大数据分析技术使得商家可以在成本效率较高的情况下，实时地把这些数据连同交易行为的数据进行储存和分析。交易过程、产品使用和人类行为都可以数据化。大数据技术可以把这些数据整合起来进行数据挖掘，从而在某些情况下通过模型模拟来判断不同变量（如不同地区不同促销方案）的情况下何种方案投入回报最高。

第三，提高大数据成果在各相关部门的分享程度，提高整个管理链条和产业链条的投入回报率。大数据能力强的部门可以通过云计算、互联网和内部搜索引擎把大数据成果和大数据能力比较薄弱的部门分享，帮助他们利用大数据创造商业价值。该方面的一个案例是关于沃尔玛的一个故事[25]。

沃尔玛开发了一个叫作零售链（Retail Link）的大数据工具，通过这个工具供应商可以事先知道每家店的卖货和库存情况，从而可以在沃尔玛发出指令前自行补货，这就极大地减少了断货的情况和供应链整体的库存水平。在这个过程中，供应商可以更多地控制商品在店内的陈设，可以和店内工作人员更多地接触，提高他们的产品知识；沃尔玛可以降低库存成本，享受员工产品知识提高的成果，减少店内商品陈设的投入。综合起来，整个供应链可以在成本降低的情况下，提高服务的质量，供应商和沃尔玛的品牌价值也同时得到了提升。通过在整条供应链上分享大数据技术，沃尔玛引爆了零售业的生产效率革命。

4.1.2 大数据应用场景描述

1. 零售商选址

(1) 场景简介

基于对于用户移动位置数据、用户身份数据、用户电子商务数据的掌握，分析某地区的人群分布及流动情况、人群消费水平、人群层次，并给出该地区的人群针对零售商的需求程度、需求规律，为零售商提供"在什么时间、哪些街道的哪些位置可能会有大量的潜在顾客"等分析服务，为零售商的选址提供决策支持。

(2) 场景所需要的数据

用户位置数据、身份数据、电子商务数据、各种消费账单数据（如每月话单消费水平等，以此来了解用户的消费水平）。

(3) 场景的详细描述

该场景所针对的目标顾客群：移动手机用户中可能购买零售商商品的人。

一个对该场景实现过程详细描述的例子：首先，店主输入店铺的性质和目标区域；其次，根据用户位置轨迹，结合人群数量、用户资料得出人群密度的热点地图，结合用户画像分析该区域内人群的消费能力、喜好、性别、年龄等影响消费的信息，初步圈定商铺位置及规模；最后，根据潜在客户群和同行信息综合分析后，确定最终选址。

该场景拟解决的关键问题：人群消费能力的确定；人群密度的热点地图的建立。

2. 用户的事件营销

(1) 场景简介

用户在某些重要事件发生前后，可能会对移动手机通话及上网服务产生一些与之前不同的需求，或其通话、短信、互联网访问行为发生一些与之前不同的特征，如用户出国、用户就业、用户生育、用户结婚等。通过客服信息、用户互联网行为信息、语音通话信息、短信等可以检测到某个用户可能正在发生的重要事件，如结婚、生育、留学、就业、装修、买房等。而通常在这些事件产生后，用户往往需要进行大量、独特的采购行为，因此，这些信息对于零售商来说具有重大的价值和意义。可将这些信息应用于零售商的促销广告当中，促进零售商的销售利润。

（2）场景所需要的数据

用户身份数据、话单数据、短消息数据、互联网访问行为数据、位置数据、账单数据。

（3）场景的详细描述

该场景所针对的目标顾客群：移动手机用户中可能购买零售商商品的人。

一个对该场景实现过程详细描述的例子：首先，收集各类用户数据，确定各类数据与用户重要事件的关联关系；其次，根据上述关联关系，建立基于各类数据的重要事件识别模型；再次，根据这一识别模型，面向每一用户近期发生的一系列数据（话单、短消息、互联网访问、位置、账单）对其重要事件进行识别；最后，零售商圈定其所需要的某地区人群的重要事件，提出查询请求后，将确定范围内的人群数据推荐给零售商。

该场景拟解决的关键问题：用户各类数据的综合分析及重要事件的识别。

3. 基于用户偏好洞察的广告服务

（1）场景简介

通过用户的手机上网日志及其深度报文检测（DPI）数据，了解用户都经常访问哪些电子商务网站，经常关注采购哪些商品；使用协同过滤算法，掌握与某个用户相似的其他用户经常关注并采购哪些商品，以及与用户关注的一些商品相似的另一些商品都有哪些。通过用户的位置信息，了解用户都经常路过哪些街道、其行走路线及其时间特征。

基于上述两类数据，可以对用户的偏好进行深刻的洞察——某些偏好是在某些特定的时间或地点上发生的，而某些偏好则具有明显的长期特征。

零售商往往对移动大数据所洞察出的用户的偏好信息具有强烈的需求，他们需要利用这一信息对用户进行精准的广告推送，从而扩大其销售范围和利润。

（2）场景所需要的数据

用户身份数据、互联网访问行为数据、位置数据。

（3）场景的详细描述

该场景所针对的目标顾客群：移动手机用户中可能购买零售商商品的人。

一个对该场景实现过程详细描述的例子：首先，根据用户电子商务访问的网络日志数据，确定用户都喜欢访问哪些类型的电子商务网站，都喜欢浏览或购买这些网站的哪些商品；其次，根据用户访问这些网站和商品与其访问时间和地点的关联关系，建立其个性化偏好与时间、地点的关系模型；再次，通过协同过滤等算法，识别用户可能会喜欢的商品类型及其可能会产生需求的时间和地点；最后，零售商圈定其所需要的某地区人群的偏好及其规律，提出查询请求后，将确定范围内的人群数据推送给零售商，由零售商完成这些人群的定向广告的推送服务（定向广告的推送访问也可以通过手机短消息而发送）。

该场景拟解决的关键问题：基于用户网络访问日志的用户偏好发现方法；基于特点时间和位置的用户个性化偏好发现方法；用户偏好的协同过滤算法。

4. 为零售商的消费者选好购物单

（1）场景简介

通过用户的手机上网日志及其 DPI 数据，了解用户都经常访问哪些电子商务网站，经常关注采购哪些商品；使用协同过滤算法，掌握与某个用户相似的其他用户经常关注并采购哪些商品，以及与用户关注的一些商品相似的另一些商品都有哪些。通过用户的位置信息，了解到用户都经常路过哪些街道、其行走路线及其时间特征。

基于上述两类数据，可以对用户的偏好进行深刻的洞察——某些偏好是在某些特定的时间或地点上发生的，而某些偏好则具有明显的长期特征。

此外，通过用户的位置数据了解哪些用户、在什么时间真正地走入了零售商的店铺。当用户走入零售商店铺时，其通常会带有某种商品的购买倾向（如要买蔬菜、水果、家居用品等），为了向用户促销一些其有可能会喜欢、但并未将其列入初始购买倾向的商品，对移动大数据的分析可以帮助零售商向用户推荐一个购物清单。该清单中既包含移动大数据猜测到的、用户已有的购买倾向，又可以包含移动大数据分析出来的、用户意外的但很可能会喜欢的一些商品。

同时，通过获取用户在零售商的消费记录，来洞察用户购买某一商品的时间周期（如每隔大约两周时间要买一次鸡蛋，每个一个月要买一袋大米等），并在定期的时间间隔向用户推荐这些购物清单。

（2）场景所需要的数据

用户身份数据、互联网访问行为数据、位置数据、用户在零售商那里的消费记录、零售商店铺中各种商品的货架位置及其价格（这些信息要包含在用户的购物清单中，以便用户快速找到所需货物）。

（3）场景的详细描述

该场景所针对的目标顾客群：移动手机用户中可能购买零售商商品的人。

一个对该场景实现过程详细描述的例子：第一，根据用户电子商务访问的网络日志数据，确定用户都喜欢访问哪些类型的电子商务网站，都喜欢浏览或购买这些网站的哪些商品；第二，根据用户访问这些网站和商品与其访问时间和地点的关联关系，建立其个性化偏好与时间、地点的关系模型；第三，通过协同过滤等算法，识别用户可能会喜欢的商品类型及其可能会产生需求的时间和地点；第四，在零售商提出消费者购物单的生成需求之后，监测每一位进入该零售商实体店铺的用户；第五，根据对用户偏好的洞察，为用户生成购物清单，清单中包括每项商品所在的货架位置及其价格；第六，用户参考清单而进行商品选购，其消费记录记入零售商系统，以便进行后续的用户偏好分析。

该场景拟解决的关键问题：基于用户网络访问日志的用户偏好发现方法；基于特点时间和位置的用户个性化偏好发现方法；用户偏好的协同过滤算法；用户进入实体零售商店铺这一事件的事实捕捉。

5. 基于顾客洞察的零售商商品采购策略及其货架摆放策略

（1）场景简介

通过用户的手机上网日志及其 DPI 数据，了解用户都经常访问哪些电子商务网站，经常关注采购哪些商品；使用协同过滤算法，掌握与某个用户相似的其他用户经常关注并采购哪些商品，以及与用户关注的一些商品相似的另一些商品都有哪些。通过用户的位置信息，了解用户都经常路过哪些街道、其行走路线及其时间特征。

基于上述两类数据，可以对用户的偏好进行深刻的洞察——某些偏好是在某些特定的时间或地点上发生的，而某些偏好则具有明显的长期特征。

此外，通过用户位置信息了解哪些用户经常光顾哪些零售商，从而将经常光顾某个零售商的用户群的整体偏好信息提供给零售商。这类信息对于零售商来说意义重大，零售商可以利用这些信息来决定其都应该采购哪些商品、采购的数量，以及货架的摆放策略。

当然，零售商往往可以通过自己所记录的用户消费信息来决定商品采购策略及货架摆放策略，而且零售商自己的信息往往更具有针对性。然而，这是需要零售商慢慢积攒数据才能加以分析和利用的，在零售商的初创、甚至初创之后很长一段时间里，自己的信息往往并不是那么完善，也并不见得能够得到某地区人群的恰当的偏好信息，所以这一段时间，移动大数据及其分析结果对零售商而言就变得十分重要。

（2）场景所需要的数据

用户身份数据、互联网访问行为数据、位置数据、用户在零售商那里的消费记录、零售商店铺中各种商品的货架位置及其价格（这些信息要包含在用户的购物清单中，以便用户快速找到所需货物）。

（3）场景的详细描述

该场景所针对的目标顾客群：移动手机用户中可能购买零售商商品的人。

一个对该场景实现过程详细描述的例子：第一，根据用户电子商务访问的网络日志数据，确定用户都喜欢访问哪些类型的电子商务网站，都喜欢浏览或购买这些网站的哪些商品；第二，根据用户访问这些网站和商品与其访问时间和地点的关联关系，建立其个性化偏好与时间、地点的关系模型；第三，通过协同过滤等算法，识别用户可能会喜欢的商品类型及其可能会产生需求的时间和地点；第四，在零售商提出商品采购策略和货架摆放策略的咨询需求之后，建立基于用户偏好的商品采购策略模型及货架摆放策略模型，并基于模型生成的结论，为零售商给出建议；第五，零售商采纳商品采购建议和货架摆放建议，其每天的顾客消费记录记入零售商系统，以便进行商品采购策略和货架摆放策略的反馈与优化。

该场景拟解决的关键问题：基于用户网络访问日志的用户偏好发

现方法；基于特点时间和位置的用户个性化偏好发现方法；用户偏好的协同过滤算法；用户进入实体零售商店铺这一事件的事实捕捉；基于用户偏好的零售商商品采购策略模型；基于用户偏好的零售商货架摆放策略模型。

6. 帮助零售商拓展网络销售渠道

（1）场景简介

很多中小型零售商在实体店经营到一定规模之后，往往会考虑如何通过网络销售来扩大其销售范围和规模。中小型零售商的网络销售渠道主要包括如下几类：类似淘宝、天猫、京东、唯品会等的电子商务平台；类似大众点评、美团等的团购平台；微信平台；短信营销平台等。不同的平台有不同的特点和销售范围，但都需要根据零售商的特点和用户的消费偏好而确定一种或多种网络销售渠道的组合。

首先，通过用户的手机上网日志及其 DPI 数据，了解用户都经常访问哪些电子商务网站，经常关注采购哪些商品；使用协同过滤算法，掌握与某个用户相似的其他用户经常关注并采购哪些商品，以及与用户关注的一些商品相似的另一些商品都有哪些。通过用户的位置信息，了解到用户都经常路过哪些街道、其行走路线及其时间特征。

其次，基于上述两类数据，可以对用户的偏好进行深刻的洞察——某些偏好是在某些特定的时间或地点上发生的，而某些偏好则具有明显的长期特征。

此外，通过用户位置信息了解哪些用户经常光顾哪些零售商，从而将经常光顾某个零售商的用户群的整体偏好信息提供给零售商。

基于上述数据或者分析，可以建立各类网络销售渠道与零售商特点的对应关系规律，从而基于这一规律，为零售商的网络销售提供决策支持。

（2）场景所需要的数据

用户身份数据、互联网访问行为数据、位置数据、用户在零售商那里的消费记录。

（3）场景的详细描述

该场景所针对的目标顾客群：移动手机用户中可能购买零售商商品的人。

一个对该场景实现过程详细描述的例子：首先，零售商提出其拓展网络销售渠道的需求。其次，调研并确定零售商所销售商品的特点、其消费者人群的特点。再次，分别从两个角度确定该零售商潜在的网络消费者：一是从其全部手机用户群中确定与该零售商所销售商品特点相匹配的用户人群；二是从该零售商的消费者人群特点出发，查找移动用户群中，与该零售商消费者人群特点相匹配的用户群。最后，面向该零售商的潜在网络消费者，基于各个网络销售渠道的特点，向该零售商提供网络销售渠道的分析和建议。

该场景拟解决的关键问题：网络销售渠道的特点分析；零售商消费人群的特点分析；零售商潜在的网络消费者洞察模型；基于零售商特点的网络销售渠道选型模型。

7. 为零售商提供顾客购物的移动应用

（1）场景简介

随着互联网的快速发展，在零售商实体店进行购物的顾客越来越需要一种将线上信息与线下购物相融合的购物体验，零售商可以提供包括移动支付、使用手机对商品扫码、使用手机查询商品信息、商品比价、商品存货查询、商品货架及价格查询等服务。因此，可以为零售商提供包含上述功能的顾客购物移动应用，将顾客的线下购物体验与线上信息相融合，为顾客提供更好的购物体验。

该应用的具体功能包括：

①使用手机查询商品信息：顾客拿手机扫描该商品的二维码，可以得到该商品的详细信息，包括它的生产日期、保质期、产地、价格、功效、成分等。

②使用手机对商品扫码：顾客拿手机扫描该商品的二维码，可以将该商品加入自己的购买清单，从而简化后续收银扫码环节。

③移动支付：顾客结账时，根据自己扫码的商品，向收银员使用手机支付，经收银员确认后，顾客可将自己扫过码的商品带离。

④商品比价：结合移动商城，顾客可以将零售商的实体商品与移动商城中的类似商品进行比价（甚至可以与淘宝、京东等电子商城中的类似商品进行比价），从而对顾客给出购买建议。

⑤商品存货查询：通过扫描商品的二维码，可以查询该商品在零售商中还有几件存货。

⑥商品货架及价格查询：在输入自己预购买的商品信息后，系统返回该商品所位于的货架及价格。

如果存在着大量零售商具有对顾客购物移动应用的开发需求，则可以开发一个移动购物平台，邀请多家零售商加入，并制定一种营销与利润分成的机制，一方面使零售商通过该平台拓展其顾客购买量，另一方面从顾客的消费量中赚取利润。

（2）场景所需要的数据

移动商城所记录的商品数据。

（3）场景的详细描述

该场景所针对的目标顾客群：零售商实体店的顾客。

一个对该场景实现过程详细描述的例子：第一，开发一个移动购物平台，该平台提供了移动支付、商品扫码、商品信息查询、商品存货查询、商品比价、商品货架及价格查询，以及零售商促销信息发布等功能；第二，某零售商提出加入该平台的申请；第三，为该零售商授权，并开通其店铺平台；第四，该零售商在自己的店铺平台上输入店铺信息、商品信息、促销信息等；第五，安装了移动购物平台的手机用户在进入该零售商实体店铺之后，就可以利用移动购物平台访问该零售商的一系列移动购物功能；第六，可以收集到顾客在零售商那里浏览过的、比价过的，以及实际采购的商品信息，为其后续的零售商数据分析服务奠定基础。

该场景拟解决的关键问题：商品比价技术；与零售商企业资源计划（ERP）系统的对接。

8. 基于用户的位置推荐附近零售商的促销活动

（1）场景简介

用户在经过某条街道的时候，可能会因为某条促销信息而走入零售商的店铺，产生一系列的消费行为。零售商的短期促销活动对于顺路经过的人往往会产生较大的促销作用，而对于用户是否经过了零售商的附近街道，可以通过用户的位置信息而获得。因此，可以基于用户的位置信息，为零售商推广一些促销活动，尽可能地使路过的人走入零售商的店铺而产生选购行为。

（2）场景所需要的数据

用户的位置信息、用户的偏好信息、零售商的促销信息。

（3）场景的详细描述

该场景所针对的目标顾客群：路过零售商附近街道的人。

一个对该场景实现过程详细描述的例子：首先，某零售商发布一个促销信息，并将该信息同步传送；其次，实时监测路过该零售商附近街道的用户，一旦监测到某个用户路过附近街道，且之前未向该用户发送该零售商的促销信息，则向该用户发送促销信息，信息中含有"凭此条短信结账，优惠5元"的内容；再次，用户在收到短信后，进入零售商店铺进行了商品选购，在结账时，其出示短信，并优惠了5元，收银员将其消费的额度记录下来；最后，零售商统计所有使用短信实现优惠的顾客及其消费总额，按照一定的比例给移动支付利润分成。

该场景拟解决的关键问题：用户位置的实时监控；与零售商的利润分成机制。

9. 零售商店铺内的 Wi-Fi 网络建设及用户行为分析

（1）场景简介

为了给顾客提供一种线上线下融合的购物环境，很多零售商具有在其店铺内建设 Wi-Fi 网络的需求，并同时希望能够借助 Wi-Fi 网络来分析用户在店铺内的选购行为（可以获得连接了 Wi-Fi 网络的用户移动位置轨迹），从而为零售商的货架摆设、商品的促销提供决策分析的依据。

可以借助其网络建设的优势和经验，为零售商提供 Wi-Fi 建设以及基于 Wi-Fi 的用户行为分析系统。该系统的功能包括：多少人自行扫描了某类商品；多少人比较了商品；多少人用商店地图定位商品；多少人在某些商品出售时获得提示信息；顾客在不同的商品前停留的时间；顾客的行走轨迹，等等。

借助上述分析，零售商可以思考其货架的摆放方式、哪些人喜欢哪些商品、商品的促销活动应该如何计划等。

（2）场景所需要的数据

零售商的商品及货架摆放位置、基于 Wi-Fi 的用户手机位置信息。

（3）场景的详细描述

该场景所针对的目标顾客群：零售商店铺内的顾客。

一个对该场景实现过程详细描述的例子：第一，为某零售商建设 Wi-Fi 网络；第二，为该零售商建设"基于 Wi-Fi 网络的用户行为分析系统"；第三，当一些顾客进入该零售商店铺进行商品选购并在其手机或者移动终端上使用店铺内的 Wi-Fi 网络时，可以将实时监测到的顾客移动位置轨迹记录下来；第四，经过一段时间的积累，存储了大量的顾客选购轨迹信息，并可以基于这些信息而展开顾客的购物行为分析，为零售商提供分析报告；第五，零售商基于这一分析报告而实现其货架的合理摆放、合理的商品促销活动等。

该场景拟解决的关键问题：基于 Wi-Fi 的用户位置实时监控；基于顾客移动位置轨迹的购物行为分析；与零售商的利润分成机制。

4.2 教育行业

4.2.1 行业概述

教育行业的需求主要侧重于个性化教育、网络教育及线上与线下相融合的教育，这些教育形式主要需要的是关于移动大数据用户的互联网行为和偏好的信息，而对于移动大数据用户的位置信息，则主要服务于如下两个特定场景："线上与线下相融合的教育"和"校园手机用户识别"。

教育数据与其他领域的数据相比，有一些独有的特征，即教育数据是分层的（hierarchical）。美国教育部教育技术办公室在《通过教育数据挖掘和学习分析增进教与学（公共评论草案）》的第 18 页中提到，教育数据是包含学生鼠标单击数据、学生答题结果数据，以及每个学期、每个学生、每个教室、每个教师、每个课程、每个教育机构等不同维度的数据集合。掌握了不同层级的数据，就可以为身处不同层级的人提供相应的数据报告，帮助他们更好地认知：他在哪里，他们知道什么，他们可以做些什么来改进，辅助教育领域的科学决策[27]。

基于教育数据的特点，总结起来，教育领域的大数据应用主要有如下几个方面：

（1）从学生的角度，可以实现一个自主的学习环境，并通过该环境对于学生数据的收集和分析，提高个性化教育水平

学生在网上在线教室中学习，可以根据自己的需要选学相应的内容，并在老师的指导下，根据学习目标，制订相应的学习计划。网上

教学环境为学生提供了一个良好的自主学习环境，该环境将传统的线下被动式教学模式，转变为线上主动的学习模式，极大地提高了学生学习的主动性，并通过学生线上行为轨迹的记录，分析学生对于知识的掌握程度，从而对学生进行个性化的智能导学。

例如，当学生回答一个选择题时，如果正确答案为 C，而他选了 A，那么，他对题干的知识点就掌握得不好，并且与选项 C 所阐述的知识点相混淆；当他做完了一套试卷的多道试题之后，他所做的试题集合就可以合并在一起分析了。即可以从整体上分析出他的薄弱环节，从而对他的下一步学习进行相应的引导。

（2）将线上线下教育相融合，帮助线下教育实现知情教学

由于线下教育的普遍性以及人类面对面所能带来的特殊的感性认识，线上教育并不能完全取代线下教育，线上线下教育将在很长一段时间内同时存在，并相互融合、相互补充，发挥各自长处。

在传统的线下教育中，教师需要花费大量时间分析单个学生的学习情况，逐一制订相应的教学解决方案，因此备课时间和教学成本居高不下。但"大数据"让这一切变得更简单了。应用大数据技术全程实时分析学生个体和班级整体的学习进度、学情反馈和阶段性成果，从而及时找到问题所在对症下药，可以实现对学习过程和结果的动态管理，通过线上对学生学习情况的分析，加深对于学生学习情况的理解和掌握程度，实现对线下教育的有益帮助。

培生集团最新出版的全球少儿美语旗舰课程大英语（Big English）就是少儿英语学习领域中的一个很好的线上线下相融合的教育系统——我的英语实验室（My English Lab）在线学习辅导系统（简称 MEL）[28]。

从定量分析角度来看，MEL 为 Big English 全六级中的每一个级别配备了入门水平测试、单元测试、阶段性测试和期末测试。这意味着：首先，我们可以看到个体学生在学习期间的测试结果，从而得出针对他们学习结果的个性化报告。其次，我们同样可以看到所有的学

生，他们的总体水平在哪里、他们的困难在哪里、哪些此前已经出现过的问题学生答对或答错了、哪些问题的线索让学生获益了，帮助教师达到"informed teaching"，即知情教学。从而通过学生在线上的学习记录，使教师了解学生的学习进展，更好地开展线下的教学、实践、实习及其相关活动。

从定性分析角度来看，老师们可以通过 MEL 提供的各种报告工具了解学生的具体数据：他们在每道题上花费了多少时间？最长的是多少、最短的是多少、平均又是多少？他们的听力和阅读水平是不是一样？他们是做了几次以后才达到现在的水平的？

这些数据不仅让老师们可以更细致地了解学生的学习状态，更可以让他们根据孩子的情况对 MEL 进行个性化的设置：这些孩子的听力需要加强，所以多给他们一些听力的练习作业；那些孩子的词汇没有掌握好，所以多给他们一些词汇练习。

更令人激动的是，老师们还可以根据自己的教学需要来调整任务性质：如果希望孩子们能够集中精力、不拖拉地完成作业，那么可以给作业规定完成的时间，系统"自动计时"的情况下，孩子们都会打起 120 分的精神；如果不希望孩子们在做错题目以后茫然找不到帮助，就把"提示"这个功能设置在"on"（开）的状态，这样孩子们就可以在老师不在身边的情况下知道问题错在哪里了。如果学生们总是不分大小写，写完句子总是记不住点句号的话，那老师就将"大写"和"标点检查"的功能打开，这样他们就慢慢地会养成规则使用书面语言的良好习惯。

总之，通过大数据进行学习分析能够为每一位学生都创设一个量身定做的学习环境和个性化的课程，还能创建一个早期预警系统以便发现滑坡甚至厌学等潜在的风险，为学生的多年学习提供一个富有挑战性而非逐渐厌倦的学习计划。

因此，有识之士预言，未来的学习将是大数据驱动的新时代。教育从业者最好的选择就是积极迎接这个新时代，通过大数据来分析学习进程和结果，进一步改善教学的方式与方法，从而真正实现"改善学习成果，促进自主学习"。

（3）辅助提高科学研究质量与水平

人类社会的知识可分为两大类：自然科学和社会科学。自然科学的研究对象是物理世界，讲的是"精确"，卫星上天、潜艇下海，差之毫厘，就会谬以千里。社会科学研究的是社会现象，如经济学、政治学、社会学，它也追求精确，但因研究主体是人，导致了"测不准"，所以社会科学常被称为"准科学"。由于近年来信息技术的进步，数据的累积，个人在真实世界的活动得到了前所未有的记录，这种记录的粒度很高，频度在不断增加，为社会科学的定量分析提供了极为丰富的资源，从而可以测得更准、计算得更加精确，有科学家相信，借助大数据的推力，社会科学将脱下"准科学"的外衣，全面迈进科学的殿堂，实现自主学习环境。

4.2.2 大数据应用场景描述

1. 帮助教育机构实现学生的个性化教育

（1）场景简介

实现针对每个学生的个性化教育是每一个教育机构的理想目标。为实现这一目标，洞察学生的学习行为，掌握他们针对每个知识点的掌握程度，了解他们的不足之处，是一些必需的工作。在这些方面，可以通过它的 DPI 数据加以有限地洞察和发现，基于 DPI 数据，可以知道某些用户正在访问网络教育网站，也可以知道其正在看课件视频还是做练习题，但它不知道用户针对每道题是做对了还是做错了，也很难了解到课程所涵盖的知识点，以及用户对每个知识点的掌握情况。另外，可以为各个教育机构开发完整的网络教育平台，并在此平台上开展学生的学习行为和学习情况的分析，根据学生的网络学习行为，洞察每个学生针对知识点的掌握情况及其学习特点、分析他们的长处和缺陷，从而为每个学生制定个性化的学习策略，实现智能导学，从而达到每个学生都不同的个性化学习方案。

（2）场景所需要的数据

教学课程数据、知识点数据、试题数据以及学生学习行为数据。

（3）场景的详细描述

该场景所针对的目标顾客群：教育机构的学生。

一个对该场景实现过程详细描述的例子：第一，为某教育机构建设一个网络学习平台；第二，学生在网络学习平台上购买课程并学习课程；第三，网络平台监测到每一个学生的学习过程，并将其过程信息记录下来；第四，在不同的阶段，针对每一个学生的所有学习过程记录进行综合分析，以确定学生对于知识点的掌握情况，哪些知识点掌握得比较好、哪些知识点需要进一步加强、应该做哪些习题作业，从而为每一个学生生成一个下一阶段的学习方案；第五，学生按照提供的学习方案继续完成后续的学习，直至将课程的所有内容都学完为止。

该场景拟解决的关键问题：学生的网上学习行为分析；学生的知识点掌握情况分析；学生的智能导学方法。

2. 科学研究

（1）场景简介

随着大数据研究的广泛兴起，科学研究界在该领域的研究遇到了两个难以回避的问题：一是缺少有价值的真实的商业数据；二是缺少具有强大功能的计算平台支持复杂的数据处理。为此，针对当前科学研究界面临的两个问题，阿里巴巴集团于2014年上半年正式推出"天池"平台，"天池"平台基于阿里集团的海量数据离线处理服务（ODPS），向学术界提供科研数据和开放数据处理服务。天池平台第一期面向用户开放的活动主要有三类：开放式数据研究、课题合作、竞赛活动，希望能与学术界共探大数据发展之路，对于优秀的解决方案通过项目合作的方式进行落地转化[29]。

阿里的数据具有明显的商务特征，但在数据的全面性、丰富性上还较电信数据略有不足。科学研究界对于电信数据一直具有非常强烈的需求，如果能够将移动大数据在去隐私后与学术界展开合作研究与利用，并将学术界的一些成果转化为可以落地的价值与利润，则无论对于学术界还是移动行业都具有非常重要的意义。

因此，可以从"数据提供""平台提供""产学研合作"这几个角度，将移动大数据和平台开放给学术界以及有研究需求的产业界有偿使用。一方面赚取数据本身的价值，另一方面共享学术界的研究成果，并转化为可落地的经济价值。

（2）场景所需要的数据

已有的能够开放出来的所有原始数据，以及对于原始数据进行适当加工的数据。

（3）场景的详细描述

该场景所针对的目标顾客群：数据科学领域中的科研人员。

一个对该场景实现过程详细描述的例子：第一，制定数据及其计算平台的提供方式、价格策略以及研究成果的共享合作模式；第二，向外界发布数据及计算平台的提供信息；第三，各类科研人员可以通过评审、筛选等方式获得移动大数据及计算平台资源；第四，科研人员在提供的计算平台上开展针对移动大数据的研究分析工作，并形成了一定的科研成果；第五，评审各个科研人员的研究成果，并与科研人员一起制定每一项成果落地转化的机制与模式。

该场景拟解决的关键问题：数据与计算平台如何定价；学术界研究成果的落地方式与合作模式。

3. 基于学生偏好的线上与线下相融合的个性化教育

（1）场景简介

尽管线上教育的浪潮席卷全球，但它在未来很长一段时间内将很难撼动线下教育的地位。线下教育将一直是初等教育、中等教育、高等教育以及继续教育的主流模式。为此，如何基于学生的线上行为，实现对其线下的更好的教育，仍是目前几乎所有学校所需要考虑的问题。

可以基于移动大数据实现对学生线上上网行为的监控，对于学生移动行为的监控，实现对于学生偏好、习惯以及校园轨迹的洞察（如发现学生是否在上课时间上网、他们的上网偏好与时间规律是什么、是否过度沉迷于网络游戏、是否都在校园合理的区域内活动等），以便为学生的线下教育提供一种辅助。

同时，还可以与教育机构合作，通过网络教育平台的建设来获取到学生在线学习的行为，分析学生的学习效果、对于知识点的掌握情况，以便对于线下的教育提供良好的支持。

（2）场景所需要的数据

已有的位置数据、互联网行为数据以及对于个性化教育有价值的数据集合；教育机构网络教育平台上的学生学习行为数据。

（3）场景的详细描述

该场景所针对的目标顾客群：各个教育层次的学生。

一个对该场景实现过程详细描述的例子：首先，通过分析学生的线上学习行为及上网行为，洞察出学生的行为偏好及学习情况；其次，将洞察结果提供给教育机构；再次，教育机构利用这一结果进行更具有针对性的线下教育；最后，教育机构将其线下教育的效果反馈给回来，基于这一反馈实现对于学生行为洞察方法的优化。

该场景拟解决的关键问题：学生线上数据的隐私保护问题；基于学生线上行为的线下个性化教育方法。

4. 教育需求的洞察与教育资源的推荐

（1）场景简介

"活到老、学到老"，我们生活中的每一个人，无论是处于中小学教育层次，还是高等教育层次，甚至已经走出了校园、走上了工作岗位，抑或从事了多年管理工作的老职工，都极有可能有着各种各样的教育与培训需求。例如，中小学生对于琴棋书画的学习需求，大学生对于外语、计算机及其他职业技能的需求，从业人员对于各种岗位技能的学习需求等。

通过用户的互联网行为以及搜索行为洞察到用户在各个领域的学习培训需求。构建一个教育需求与供给两方资源对接的平台，一方面使教育机构在该平台上发布自己的教育信息，另一方面通过洞察用户的教育需求而为用户自动、智能地推荐教育资源，实现教育供需双方的精准匹配，同时可以进一步激发人们对于教育资源的渴望与热爱，形成激活教育供需市场的原动力。

（2）场景所需要的数据

已有的信令数据、互联网行为数据以及对于发现个性化教育有价值的数据集合。

（3）场景的详细描述

该场景所针对的目标顾客群：所有移动大数据用户。

一个对该场景实现过程详细描述的例子：第一，构建一个教育资源的提供平台，收集、汇总各类教育资源，并吸引教育资源提供方加入该平台；第二，通过分析用户的上网行为、搜索关键字，洞察出用户对于某项内容的学习需求；第三，根据用户的学习需求在教育资源提供平台上匹配合适的教育资源提供方，并将匹配的结果推荐给用户；第四，根据用户实际购买教育机构资源的情况，来与教育机构分成利润；第五，针对用户是否采纳某一教育资源及采纳的效果，实现对于教育资源品牌方法的反馈与优化。

该场景拟解决的关键问题：用户教育需求的洞察；教育资源提供平台的建立及吸引教育资源提供方加入该平台的策略。

5. 学生在线学习行为分析系统

（1）场景简介

当某个学生在线回答一个问题时，一些变量往往需要一起分析。例如，学生回答正确率低的问题就一定是好问题吗？一个学生在考试的第一部分耗时太多，是否意味着其接下来就会飞速、凌乱地答题？一道问题的答题顺序、结果、具体情况，都给研究者提供了许多前所未有的大量数据。运用这些数据，研究者就能揭示学生的学习模式。研究者利用所有这些数据就能获悉到底是什么因素对学生构成了最好的学习环境。理解这些重要的问题有助于教育工作者给学生创造一个个性化的学习模式。监测学生是"如何"在线考试的能让研究者有效定型学生的学习行为。大数据教育工作者必须超越传统，不能只追求正确的答案，学生是如何朝着正确答案努力的过程也同样重要。在一次考试中，学生个人和整体在每道题上花费了多少时间？最长的是多少？最短的是多少？平均又是多少？哪些此前已经出现过的问题学生答对或答错了？哪些问题的线索让学生获益了？通过监测这些信息，形成数据档案，能够帮助教育工作者理解学生为了掌握学习内容而进行学习的全过程，并有助于向他们提供个性化的学习模式。

监控学生的在线学习行为是可能的。为了改进学生的学习成绩，我们需要知道他们回答一个问题时用了多少时间、回答这个问题使用了哪些资源、哪些问题被跳过了、为了回答这个问题做哪些研究工作、这个问题与其他已经回答了的问题之间存在着什么关系。此外，老师对每个学生提供什么样的建议才是最佳的。学生写作业和答题的信息能立即被自动地监测到，老师还能在第一时间将这些信息反馈给学生。

像上述这样对于学生在线学习行为的分析，对于每一个构建了在线教育平台的教育机构而言都有较大的需求，在这样一个细分领域的市场环境下，可以凭借其强大的数据存储与计算分析能力而介入，为在线教育平台提供一个学生在线学习行为分析系统。该系可以包含如下功能：洞察他们学习时在哪个阶段遇到困难以及花费时间较长；洞察他们重复访问的页面；洞察他们可能"深陷其中"的环节；洞察他们偏爱的学习方式；洞察他们学习效果最佳的时间段；分析学生们在未学习课程上的能力；分析学生可能会遇到困难的领域，等等。

通过将这样一个软件系统接入现有的网络教学平台，来为教育机构提供一种个性化教育的智能服务。

（2）场景所需要的数据

教育机构网络教学平台上的学生学习数据。

（3）场景的详细描述

该场景所针对的目标顾客群：教育机构网络教学平台上的学生。

一个对该场景实现过程详细描述的例子：第一，构建一个学生在线学习行为分析系统；第二，与具有网络教学平台的教育机构合作，实现学生在线学习行为分析系统与其网络教学平台的对接，完成学生学习行为的分析；第三，运行学生在线学习行为分析系统，得到学生行为的分析结果，并提供给教育机构借鉴；第四，教育机构基于学生行为分析结果实现相应的个性化教育；第五，根据教育机构的反馈进行学生在线学习行为分析模型的改进与优化。

该场景拟解决的关键问题：学生在线学习行为分析模型。

6. 识别校园里的手机用户

（1）场景简介

校园中的手机用户具有特定的消费需求特征和行为特征，移动行业往往针对这样的用户提供特殊的套餐及校园网络服务。每年秋季，校园手机用户会大批量的换入和换出。为占领校园手机用户市场，各大运营商往往开展一系列的营销活动。因此，校园中手机用户的识别对于移动手机套餐的促销、终端设备的促销及移动APP的推荐等活动具有重大意义与价值。可以通过对手机 GPS 定位数据的识别，掌握哪些用户属于校园用户，从而为其校园营销活动的开展提供良好的支撑。

（2）场景所需要的数据

用户的位置信息、校园地理信息。

（3）场景的详细描述

该场景所针对的目标顾客群：经常在校园中活动的手机用户。

一个对该场景实现过程详细描述的例子：第一，根据用户的位置信息和校园的地理位置信息，洞察出校园用户；第二，检测出每一个校园用户所使用的语音套餐、网络套餐、终端类型等；第三，基于其营销策略，向校园用户推荐合适的语音套餐、网络套餐、终端套餐等；第四，校园用户根据推荐，选购相应的套餐；第五，根据校园用户针对营销活动的反馈对其营销策略进行调整与优化。

该场景拟解决的关键问题：基于位置信息的校园手机用户识别模型。

4.3 能源行业

4.3.1 行业概述

能源行业的需求仍主要在于移动大数据用户的位置信息，因为该行业所涉及的几个典型场景"设施选址、需求预测、经济指导"都离不开移动大数据用户的位置信息；而移动大数据用户的呼叫圈特征以及终端特征则作为"提供经济指导"这一场景的补充数据，即有了这两种数据，将会对经济走势起到更充分的指导作用。

能源行业主要包括石油、煤炭、电力、天然气等主要领域，其大数据分析应用的重心在于[30]：

（1）对内

辅助能源企业实现基础设施选址、建设的决策。例如丹麦风电公司维斯塔斯（VESTAS）计划将全球天气系统数据与公司发电机数据结合，利用气温、气压、空气湿度、空气沉淀物、风向、风速等数据以及公司历史数据，通过使用超级计算机及大数据模型解决方案，来支持其风力发电机的选址，以充分利用风速、风力、气流等因素达到最大发电量，并减少能源成本。此外，VESTAS还将添加全球森林砍伐追踪图、卫星图像、地理数据以及月相与潮汐数据，以便更好地支持基础建设的决策。

通过分析地质、勘探数据等，提供能源勘探、开发的决策建议，辅助能源的勘探、开发。

通过获取企业及人们针对各类能源的消耗信息，优化能源的生产、分配以及消耗，实现智能控制。例如，通过为电力基础设施布置传感器，动态监控设施运行状况，并基于大数据分析挖掘理念和可视化展现技术手段，采用集成在线检测、视频监控、应急指挥、检修查询等功能的"智能在线监控与可视化调度管理系统"，有效改变运维方式，从萌芽阶段消除部分运维故障，实现运维智能化。

通过历史的能源使用数据，优化能源网络安全检测与控制（包括大灾难预警与处理、能源供应与能源调度决策支持和更准确的能源消耗预测）。

基于能源使用情况的客户行为分析与客户细分。一方面，通过使用能源企业庞大的历史销量数据，进行客户能源使用行为分析和客户市场细分，使管理者能有针对性地优化营销组织，改善服务模式。另一方面，通过与外界数据的交换，挖掘客户使用能源与能源定价、天气、交通等因素所隐藏的关联关系，完善客户能源需求预测模型，进而为各级决策者提供多维、直观、全面、深入的预测数据，主动把握市场动态。

(2) 对外

通过获取企业及人们针对各类能源的消耗信息,实现地区经济的预测与指导。例如,作为重要经济先行数据,用电数据是一个地区经济运行的"风向标",可作为投资决策者的参考依据。美国加州大学洛杉矶分校的研究者根据大数据理论,将人口调查信息、电力企业提供的用户实时用电信息和地理、气象等信息全部整合,设计了一款"电力地图"。该图以街区为单位,可以反映各时刻的用电量,并可将用电量与人的平均收入、建筑类型等信息进行比照。通过完善"电力地图",能更准确地反映该区经济状况及各群体的行为习惯,以辅助投资者的决策,也可为城市和电网规划提供基础依据。

4.3.2 大数据应用场景描述

1. 能源设施选址

(1) 场景简介

能源(如电力、石油、煤炭、水利等资源)基础设施的建设往往需要耗费巨大的成本,一旦建成将会在未来很长一段时间内持续使用。能源设施的选址是能源设施建设之前的一大关键问题,如果建设的位置不合理,则迁移的成本将远远超出初始建设的成本。能源设施选址问题研究的意义不仅仅在于经济成本方面,而且还有极大的社会价值。一项建成的能源设施,将会为当地人民生活起到极其关键的稳定作用。

可以通过手机定位信息,对某地区人口分布及能源消耗需求进行准确的预测,从而对该地区应该建设哪些能源基础设施,应该在哪里建设,得出一些分析结论,为能源部门的设施建设提供决策支持。

虽然能源部门基于历史数据也能够实现对某地区的能源需求量的预测,但该种预测方式所基于的历史数据,在当前的条件下不见得适用。而移动大数据的预测方式为该地区目前的人口分布及流动特征。

因此，移动大数据的预测结果相比于能源部门的历史数据分析方法具有一定的竞争力，能源部门可结合两种预测方法而实现对能源设施的选址结果。

（2）场景所需要的数据

移动大数据用户的位置信息、能源设施的服务能力数据。

（3）场景的详细描述

该场景所针对的目标顾客群：能源建设部门。

一个对该场景实现过程详细描述的例子：首先，能源部门预在某地区建设能源基础设施，并进行能源设施选址研究；其次，根据用户的位置信息获得该地区的人群分布及其流动信息，建立该地区的能源设施选址模型；最后，能源部门基于移动大数据的选址结果，结合其他参考因素，对能源设施的具体选址问题提出解决方案。

该场景拟解决的关键问题：基于位置信息的能源设施选址模型。

2. 能源需求预测

（1）场景简介

由于能源（如电力、水利等资源）在储存方面的特殊性与成本高的特征，能源的生成必须要与需求紧密结合。能源产量超过了需求，则会带来巨大的存储成本；能源产量低于需求，则无法从根本上满足需求，从而可能延误了其他行业的生产及人们生活的需要。因此，能源需求的预测问题对于能源行业至关重要。

可借助对用户位置信息的洞察，了解某地区的人口分布及流动状况，并基于人均的能源需求与消费水平，实现对能源需求趋势的准确预测。从而可以为能源生产提供有价值的参考借鉴。

（2）场景所需要的数据

移动大数据用户的位置信息、能源设施的生产与服务能力数据。

（3）场景的详细描述

该场景所针对的目标顾客群：能源生产部门。

一个对该场景实现过程详细描述的例子：首先，能源生产部门制订某地区在一段时间内的生产计划，并进行能源需求预测研究；其次，根据用户的位置信息获得该地区的人群分布及其流动信息，建立该地区的能源需求预测模型；最后，能源部门基于预测结果，结合其他参考因素，确定能源的生产计划。

该场景拟解决的关键问题：基于位置信息的能源需求预测模型。

3. 提供经济指导

（1）场景简介

该场景可归属于能源或政府这两个行业当中。

可以通过用户的位置信息，了解某地区的人口分布及其流动状况，并可以基于其自身数据，掌握该地区人群所使用的手机套餐、终端情况、网络套餐情况，并结合其他信息，如人均能源消费量，计算出该地区的总体经济水平、经济和产业特征，从而为政府以及企业的投资，以及各项政策的制定提供借鉴与参考。

（2）场景所需要的数据

在某地区的用户位置信息、用户终端信息、用户业务使用数据、在该地区的能源生产量数据。

（3）场景的详细描述

该场景所针对的目标顾客群：有地区经济水平分析需求的政府部门或者企业。

一个对该场景实现过程详细描述的例子：首先，具有地区经济水平分析需求的政府部门或者某个企业进行能源需求预测研究；其次，根据该地区用户的位置信息、用户终端信息、用户业务使用数据，建立该地区的经济水平分析模型，获得该地区的人群分布及其流动信息、该地区的经济水平与消费水平、该地区的产业特征；最后，政府部门或者企业基于预测结果，结合其他参考因素，确定其投资或者其他决策方案。

该场景拟解决的关键问题：基于各类信息的地区经济指标分析模型。

4.4 医疗行业

4.4.1 行业概述

医疗行业与移动大数据分析的结合，则主要侧重于利用手持终端设备实现用户身体状态监控以及个性化医疗等方面，因此，终端信息、用户身份信息则成为医疗行业所主要关注的数据类型；同时，用户的位置信息对于疫情预警与疾病预测场景具有一定价值。

医疗行业大数据应用场景较多，典型场景包括在临床业务、医疗产品付款/定价、医疗研发、新的医疗商业模式及公众健康等五个方面[31]：

①在临床业务方面的场景主要有：医疗比较效果的研究、临床决策支持系统、远程病人监控、对病人档案的分析。

②在医疗产品定价方面的场景主要有：基于卫生经济学和疗效研究的定价计划、药品营销计划等。

③在医疗研发方面的场景主要有：医疗药品的预测、提高临床试验设计的统计工具、临床试验数据的分析、个性化医疗、疾病模式的分析。

④在新的医疗商业模式方面的场景主要有：汇总患者的临床记录和医疗保险数据集，并进行高级分析；建设医疗网络平台与社区。

⑤在公众健康方面，可以通过覆盖全国的患者电子病历数据库，快速检测传染病，进行全面的疫情监测，并通过集成疾病监测和响应程序，快速进行响应。

总之，大数据在医疗行业的应用目标主要是实现智慧医疗[32]，如图 4-1 所示。

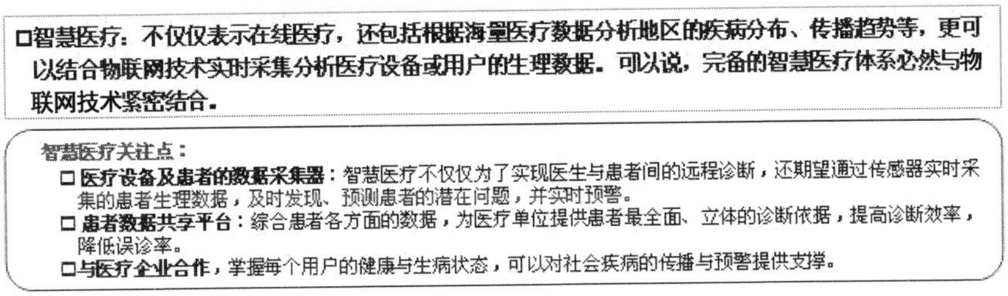

图 4-1 智慧医疗方案

资料来源：李亚婷. 大数据推动智慧医疗落地［J］. 中国经济与信息化, 2014（7）: 12-16.

相似的几个案例如下：

①流感就在您身边（Flu Near You）：美国公共健康协会同斯科尔全球性威胁基金进行合作，推出了 Flu Near You。这是一款应用程序，用于收集流感症状的发展信息。只要年满 13 周岁，都可以在网站上进行注册，该网站用于监测流感的蔓延程度。而每周一次的调查报告可以帮助防灾组织、研究人员以及公共卫生官员为流感疫情的扩散做好准备。更重要的是，该数据共享应用程序对预测未来任何有可能的流感疫情暴发，都会带来极大的帮助。

②细菌跟踪器（Germ Tracker）：一个信息收集网站，可以通过地图追踪流感病毒的扩散。这对监测某一定特定区域内的病毒传播是有助益的。该应用使用社会化媒体进行筛选数据，唯一的缺点就是，该应用可能会被那些神经过敏者所滥用，用来报告那些根本不存在的流感案例。一些补救措施也在启动，如一个流感应用程序可以扫描 Facebook 的状态，如果发现"流感""咳嗽""打喷嚏"这些字样，那么住在同一社区内的人就会被提醒，避免接触那些已经表现出流感症状的人。

③流感趋势（Flu Trends）：一款来自谷歌的流感追踪器。它可以监控相关的流感搜索字样，进而展示出在美国不同州的流感活动。疾病预防控制中心的地图也能显示流感疫情的扩散程度。

④流感观察（Flu View）：一个跟踪工具，它接收并处理来自医生、医院以及疾病防控中心（CDC）实验室的大量数据，为流感疫情的蔓延提供了一个清晰的图像，进而可以帮助医生有效地阻止流感疫情的蔓延。

美国电信公司 AT&T 基于语音、视频及全球广域网（Web）会议应用技术，面向医生与病人，实现了一种集中快速会诊及高效护理的通信服务基础设施。并在这一基础设施上，与思科、宝力通、亚美通（Avaya）和美国超威半导体公司（AMD）全球远程医疗部门合作，提供端到端的诊断、检测、疾病管理、医疗教育等服务[36]（见图4－2）。

图 4-2 AT&T 远程医疗

资料来源：李亚婷. 大数据推动智慧医疗落地［J］. 中国经济与信息化，2014（7）：12－16.

远程医疗包括远程医疗会诊、远程医学教育、建立多媒体医疗保健咨询系统等。远程医疗会诊在医学专家和病人之间建立起全新的联系，使病人在原地、原医院即可接受远地专家的会诊并在其指导下进行治疗和护理，可以节约医生和病人大量时间和金钱。远程医疗运用计算机、通信、医疗技术与设备，通过数据、文字、语音和图像资料的远距离传送，实现专家与病人、专家与医务人员之间异地"面对面"的会诊。远程医疗不仅仅是医疗或临床问题，还包括通信网络、数据库等各方面问题，并且需要把它们集成到网络系统中。

远程医疗可以使身处偏僻地区和没有良好医疗条件的患者获得良好的诊断和治疗，如农村、山区、野外勘测地、空中、海上、战场等，也可以使医学专家同时对在不同空间位置的患者进行会诊。

远程医疗的关键难题在于高性能的网络传输服务以及海量医疗数据的实时提取和传输。

4.4.2 大数据应用场景描述

1. 基于手机与终端设备的病人远程监控

（1）场景简介

手机除了能够接打电话、收发消息之外，还是一种可以进行游戏、办公、上网等各种工作和活动的智能终端。目前，手机已经能够监测到人的血压、心脏等各种器官的实时数据，利用手机可以完成对人的身体的一种状态监控[33]。

可以开发手机 APP，结合手机的特定功能，基于用户的手机或其他终端设备，实现对于病人身体状态信息的远程监控，以便于在发现危险信息时及时向病人或其家属提示、预警，实现对于病人突发性疾病提前防控的效果。

（2）场景所需要的数据

移动用户身份数据、手机或终端设备收集到的用户身体状态信息、医疗标准化的身体状态数据。

（3）场景的详细描述

该场景所针对的目标顾客群：病人、亚健康人群或具有对自己身体状态进行远程监控需求的人。

一个对该场景实现过程详细描述的例子：第一，开发一款基于手机的病人远程监控应用；第二，与终端设备厂商合作开发手机设备监测人体健康的内置功能，使终端设备具备这样一种能力；第三，向用户进行手机及 APP 应用的推荐；第四，用户接收到这样的一个推荐信息之后，决定选购相应的手机并使用相应的 APP；第五，用户使用手机监控自身健康状态，手机一方面自动将状态信息实时展示给用户，另一方面将其传回的服务器，可以根据用户的状态信息对用户或其亲属进行实时提醒和预警，也利用这些数据进行整个人群健康状态的综合分析与汇总，并得出统计报告。

该场景拟解决的关键问题：基于用户身体状态信息的用户身体状态分析模型。

2. 基于手机与终端设备的身体状态数据监控与个性化医疗

（1）场景简介

可以通过手机以及其他一些与手机能够实时通信的终端设备实现病人身体状态的实时监控，并及时将信号传递给医院和病人本人，进行危险性预警、提示，以达到个性化监控与辅助救治的目的。同时，还可以结合病人在其他手机使用行为上的数据，对病人的各种生活习惯进行分析，从而建立起身体状态数据与生活习惯数据的关联关系，从而对病人的日常生活进行分析和建议，以达到疾病预防的目的。

该场景与上一场景的区别主要有两点：

上一场景主要侧重于"病人"，往往是患有一定疾病的人群，如高血压、心血管、动脉硬化等，在日常生活中具有一定危险性，一旦疾病突发很容易危及生命的患者。该类患者或其家属希望能通过一定手段，实时监测到疾病的状态，一旦有一些发病的征兆出现，他们可以提前采取行动，以降低不良后果的风险。与之相比，本场景主要侧重于"普通人"或"亚健康人群"，他们对自己身体状态的监控并没有像特定"病人"那样有比较明确的目标，他们通常只是为了了解一下自身的健康指标是否正常、是否有不良的趋势等，并会在不良的情况出现时，对自己的生活作息、习惯饮食等加以适应性地调整，以达到提高自己身体状态的目的。

上一场景主要侧重于"远程监控"，在上一场景中的目标顾客主要是中老年人，其家属希望能通过"远程监控"来了解到自己父母的状态信息，并在紧急的时候采取相应的救助措施。与之相比，本场景主要侧重于"移动端的数据监测与展示"，其目的就是为顾客本人记录下他的身体指标数据变化趋势，数据也都主要存储于顾客的本地手机上，当他有疾病产生，并到医院就医时，他可以通过出示自己手机上记录的身体状态数据变化情况，来向医生反映病情变化的过程与来源，从而为他本人以后的个性化医疗奠定基础。

（2）场景所需要的数据

移动用户身份数据、用户偏好数据、手机或终端设备收集到的用户身体状态信息、医疗标准化的身体状态数据。

（3）场景的详细描述

该场景所针对的目标顾客群：病人、亚健康人群或具有对自己身体状态进行监控需求的普通人。

一个对该场景实现过程详细描述的例子：第一，开发一款基于手机的人体健康状态信息查询应用；第二，与终端设备厂商合作开发手机设备监测人体健康的内置功能，使终端设备具备这样一种能力；第三，根据用户的偏好数据向用户进行手机及 APP 应用的推荐；第四，用户接收到这样的一个推荐信息之后，决定选购相应的手机并使用相应的 APP；第五，用户使用手机监控自身健康状态，手机一方面自动将状态信息实时展示给用户，另一方面将其传回服务器，可以利用这些数据进行整个人群健康状态的综合分析与汇总，并得出统计报告；第六，用户如果在以后罹患某种疾病，并需要到医院就医时，可以向医院出示其手机上记录的身体状态信息及其变化趋势，以实现其个性化医疗的目标。

该场景拟解决的关键问题：基于用户身体状态信息的用户身体状态分析模型。

3. 医疗方案与经验的共享平台

（1）场景简介

PatientsLikeMe 网站，病人可以在这个网站上分享治疗经验；Sermo 网站，医生可以在这个网站上分享医疗见解；Participatorymedicine 网站，这家非营利性组织运营的网站鼓励病人积极进行治疗。这些平台可以成为宝贵的数据来源。

类似于上面的网站，可以建立一个疾病治疗经验分享网站，使人们在网站上快速检索到各类疾病的病症及其有效的治疗方案。同时还可以为这样的网站提供一个平台和疾病语义搜索的技术，并可以与每一个用户的手机终端进行联动，使大家互动，使患者随时分享自己的治疗感受和体会，使医生随时分享自己的治疗经验和措施。

（2）场景所需要的数据

移动用户身份数据、手机或终端设备收集到的用户身体状态信息、医疗标准化的身体状态数据。

（3）场景的详细描述

该场景所针对的目标顾客群：病人、亚健康人群或具有对自己身体状态进行远程监控需求的人。

一个对该场景实现过程详细描述的例子：首先，开发一个医疗方案与经验的共享平台；其次，向用户以及医疗机构进行 PC 端和手机端的 APP 应用的推荐；再次，用户接收到这样的一个推荐信息之后，下载并使用相应的 APP；最后，用户或医疗机构在该平台上发表文章并相互交流，并可以利用该平台的语义搜索技术实现某种疾病及其治疗方案或经验的查询。

该场景拟解决的关键问题：疾病及其治疗方案的语义搜索技术。

4. 医疗数据管理平台

（1）场景简介

电子病历和健康档案是医疗行业中的主要数据，如果将每个人的病历和健康档案都存储起来，其存储量是相当大的，对该种数据的存储与管理必然需要一个具有大数据管理与分析服务能力的机构来完成。

AT&T 建立了一个在线医疗社区，允许患者的医疗数据在多个医疗系统间交换和共享，为医生提供患者信息和电子医疗应用的实时接入。而 AT&T 所建立的这个在线医疗社区的前提就是对于医疗数据管理平台的构建[34]。

未来，在软件即服务（SaaS）层面，可以提供区域医疗服务和大数据交换管理的服务，并能够在医疗云领域，与更多的医疗行业合作方共同做好产业链，为医疗行业大数据的管理与分析服务提供解决方案。

（2）场景所需要的数据

移动用户身份数据、个人电子病历和健康档案数据。

（3）场景的详细描述

该场景所针对的目标顾客群：医疗机构、病人、亚健康人群或具有个性化医疗需求的人。

一个对该场景实现过程详细描述的例子：首先，受医疗机构委托开发一个医疗数据管理平台；其次，医疗机构在该平台上进行电子病历和健康档案数据的管理、统计及查询的工作。

该场景拟解决的关键问题：医疗大数据存储与分析平台的建设。

5. 通过云平台实现电子病历和健康档案的查询及基本分析

（1）场景简介

运营商在基于自有优势提供网络、平台能力和信息服务的同时，新一代信息通信技术的应用使得他们更有能力支撑整个医疗信息化的建设。例如现在实施医疗卫生监管多数用的是2G终端，对于未来行业管理或者行业应用来说其数据流量是远远不够的。而正在建设的TD-LTE网络将能够提供非常强大的带宽能力，单用户峰值带宽可以达到100兆。TD-LTE不仅延迟比较低，还具有永远在线的能力。另外，移动大数据可以存储医疗行业巨大的电子病历和健康档案数据。

因此，可以为医疗行业的数据从"存储—传输—管理—分析"提供完整、全面的解决方案，尤其可以将其医疗信息推送到用户的手机和智能终端上，或通过客户端的APP来实现用户健康档案的查询与分析功能。

与上一个场景的区别是上一场景主要侧重于"数据的存储与管理"，本场景主要侧重于包含数据传输、个性化分析与查询的完整解决方案。

（2）场景所需要的数据

移动用户身份数据、个人电子病历和健康档案数据、医疗疾病及行业相关数据。

（3）场景的详细描述

该场景所针对的目标顾客群：医疗机构、病人、亚健康人群或具有个性化医疗需求的人。

一个对该场景实现过程详细描述的例子：首先，受医疗机构委托开发一个医疗数据存储、传输、管理、分析计算的完整解决方案；其次，医疗机构在该平台上进行电子病历和健康档案数据的管理、统计及查询的工作，用户在该平台上进行自身医疗数据的查询及分析活动。

该场景拟解决的关键问题：医疗大数据存储、传输、管理及分析平台的建设。

6. 疫情预警与疾病趋势预测

（1）场景简介

可以通过开发手机 APP 应用、用户在互联网搜索引擎中查询关键字或者在互联网的其他行为识别用户的潜在疾病、疫情，并进行整体趋势性预测。通过人们移动的位置信息，了解哪些人移动到了哪些城市，给这些城市的疾病蔓延带来了哪些影响等。

（2）场景所需要的数据

用户搜索数据、用户互联网访问数据、基于特定 APP 的个人身体状态数据、用户位置数据等。

（3）场景的详细描述

该场景所针对的目标顾客群：医疗机构、移动大数据的所有用户。

一个对该场景实现过程详细描述的例子：第一，受政府或者某医疗机构的委托进行疫情的预警与疾病趋势预测；第二，开发一款能够收集个人身体状态数据的手机或智能终端 APP 应用，并向其广大的用户群推荐此应用；第三，移动大数据用户采用了此应用，并向其中输入了自己的身体状态信息；第四，收集其他对于疫情与疾病趋势分析有价值的数据，包括用户搜索数据、用户互联网访问数据及用户位置数据等；第五，综合所有收集到的数据向政府或者医疗机构提供咨询建议。

该场景拟解决的关键问题：基于用户位置数据、搜索数据或个人身体状态数据的疫情预警与疾病趋势预测模型。

7. 基于医疗专网信息及急救与预约挂号平台的疾病趋势分析与预警

（1）场景简介

为医疗行业实现医疗专用网络的建设，并将其能力渗透到急救平台与预约挂号平台的软件建设方面。基于这些软硬件的建设，可基于这些平台上的数据，进行疾病趋势的分析与预警工作，实现对于社会疾病情况的发布，以便社会大众了解现阶段社会上比较流行的疾病，并加以相应的防控工作。

（2）场景所需要的数据

医疗专用网络和急救与预约挂号平台所收集到的各类疾病趋势信息、医疗疾病及行业相关数据。

（3）场景的详细描述

该场景所针对的目标顾客群：医疗机构、政府或具有了解地区疾病趋势需求的人。

一个对该场景实现过程详细描述的例子：首先，受医疗机构委托建立医疗专用网络，并开发急救平台或预约挂号平台；其次，用户和医疗机构使用该平台进行相应的急救和预约挂号活动；再次，从该平台上收集数据，进行该地区的疾病趋势预测；最后，通过一定渠道（如手机 APP 或者网站等）将预测结果向政府或者广大民众发布。

该场景拟解决的关键问题：基于医疗急救及预约挂号数据的某地区疾病趋势的预测模型。

8. 手机或终端设备与人体可穿戴设备的数据交换及其协同分析与预警机制

（1）场景简介

眼镜、耳机、手表等设备目前都已成为一种能监控人体各项健康指标的智能设备。这些设备往往能够与手机进行数据的实时交互，通过手机将人体健康数据而展示出来。可以和终端设备制造厂商合作开发用于监控用户身体状态信息的可穿戴设备，利用该设备实现对用户身体状态信息的综合分析，从而对潜在疾病进行预警及调整建议。

手机除了作为数据展示窗口之外，还可以作为数据的一个传输通道，将数据通过网络传回服务器上进行综合的数据分析。

（2）场景所需要的数据

手机从人体可穿戴设备那里收集到的人体各项健康数据、医疗疾病及行业相关数据。

（3）场景的详细描述

该场景所针对的目标顾客群：具有对自身健康数据有掌控需求的人。

一个对该场景实现过程详细描述的例子：首先，与可穿戴设备制造商合作开发一个能与手机进行协同交互的可穿戴设备；其次，通过某种渠道向用户推荐该手机和可穿戴设备；再次，用户购买可穿戴设备及手机，并针对自身健康状态进行数据查询与监控；最后，从手机传回的数据当中，进行综合的数据分析，并将分析结果再次推送给每一个用户，使用户了解自己的身体状态与平均身体状态相比较的一个水平，以便进行相应的锻炼活动。

该场景拟解决的关键问题：可穿戴设备的研发、可穿戴设备与手机之间的交互机制。

9. 基于用户手机行为的健康状态评估

（1）场景简介

太久不运动，结果办的健身卡都过期了、时不时就在超市收银台前抓一把糖果、又发福了只能去商店重新买一身 XL（加大码）的衣服……有没有想过，今后再发生这些情况时，你会接到医生的电话，提醒你说最近你该关注自己的健康了。

对于加入了卡罗来纳医疗保健体系的患者来说，这一天可能很快就会到来。卡罗来纳医疗保健体系下包含了数百家医疗机构，大到医院、养老院，小到护理中心。据《彭博商业周刊》报道[35]，卡罗来纳医疗保健体系会向数据代理商购买患者的消费信息，并利用预测模型对这些数据进行分析，得出患者的风险评分。而每个患者的评分会递交给医疗机构的医生，供医生用来提前预判患者病情。目前他们已经开始收集并分析 2 亿人的消费数据，用于识别高危患者，这样医生就可以在患者病情加重前进行健康干预。该公司的数据来源于中间商，而中间商的数据则来源于公共记录、商家以及人们的信用卡消费记录。

"对一个哮喘的患者来说，医院可以通过了解他是否按时在药店购买哮喘药、是否在商店购买过香烟以及是否居住在花粉浓度较高的社区来评估他何时会哮喘发作。"该医疗保健中心的首席医疗专员说，"这一系统可以通过分析一些诸如购买食物的类型，或有无健身卡之类的因素来评价一个人的心脏病发作风险。我们的想法是利用大数据和预测模型来评价人群的健康水平，然后深入个体层面。"

从用户的互联网消费行为中判断用户的互联网消费行为、操作行为与其疾病信息建立关联，则可更深入地对用户的消费进行指导。

（2）场景所需要的数据

用户的互联网访问信息、医疗行业疾病数据及标准化数据。

（3）场景的详细描述

该场景所针对的目标顾客群：移动手机用户。

一个对该场景实现过程详细描述的例子：首先，与某医疗机构合作完成对某些病人使用手机行为的监控与指导；其次，建立人们的手机行为（互联网行为）与其健康状态的关联关系模型，并将该模型运用到某个用户之中，得到该用户使用手机的不良习惯；再次，将这一不良习惯信息通过手机发送到用户端；最后，用户收到信息，并按照指导建议进行相应的习惯的调整。

该场景拟解决的关键问题：用户的手机行为与其健康状态的关联关系模型。

10. 基于统一通信服务的远程医疗

（1）场景简介

远程医疗包括远程医疗会诊、远程医学教育、建立多媒体医疗保健咨询系统等。远程医疗会诊在医学专家和病人之间建立起全新的联系，使病人在原地、原医院即可接受远地专家的会诊并在其指导下进行治疗和护理，可以节约医生和病人大量时间和金钱。远程医疗运用计算机、通信、医疗技术与设备，通过数据、文字、语音和图像资料的远距离传送，实现专家与病人、专家与医务人员之间异地"面对面"的会诊。远程医疗不仅仅是医疗或临床问题，还包括通信网络、数据库等各方面问题，并且需要把它们集成到网络系统中。

远程医疗可以使身处偏僻地区和没有良好医疗条件的患者获得良好的诊断和治疗，如农村、山区、野外勘测地、空中、海上、战场等，也可以使医学专家同时对在不同空间位置的患者进行会诊。

远程医疗的关键难题在于高性能的网络传输服务及海量医疗数据的实时提取和传输。

通过建立远程医疗平台，实现集远程医疗会诊、医学教育及医疗保健咨询于一体的综合服务平台。

（2）场景所需要的数据

移动用户身份数据、个人电子病历和健康档案数据、医疗行业疾病数据及标准化数据。

（3）场景的详细描述

该场景所针对的目标顾客群：医疗机构、病人、亚健康人群或具有个性化医疗需求的人。

一个对该场景实现过程详细描述的例子：第一，与某医疗机构达成合作意向，构建一个远程医疗服务平台；第二，开发网络基础设施，为该医疗服务平台提供专网服务；第三，利用系统平台存储病人的电子病历，并提供实时查询与处理功能；第四，与医疗机构合作开发远程医疗服务平台，为医疗机构、医生、病人提供包括远程医疗会诊、远程医学教育、多媒体医疗保健咨询服务在内的多种医疗服务；第五，病人、医生等收到相应的医疗信息，在远程医疗服务平台上开展医疗活动。

该场景拟解决的关键问题：医疗数据的在线实时传输、医疗数据的存储与处理。

11. 用药提醒与就诊提醒

（1）场景简介

沃达丰（Vodafone）公司基于医疗处方数据，为病人进行用药提醒与就诊提醒。病人在医生那里开具了处方之后，往往需要按照处方要求进行定期用药，以治疗或者防止疾病的复发；医生也可能会要求病人定期到医院进行复查，以便根据病人的病情，对其用药进行及时调整。而大量定期频繁的用药，往往会给病人增加一定负担，他们需要记住在什么时间吃什么药、吃多少量的药、每种药的药性和特点、在什么时间应该到医院复查、复查时所带的材料、复查的目的等。而通过手机提醒，病人可以轻松地按照手机提醒的规定服药，减轻病人的负担。同时，手机 APP 还可以借此进行相应的药品营销，如通过提醒服务使患者持续关注某种药品，给病人提供用药咨询，如提示在病人出现某种异常症状时，可以采取的措施或者用药的策略等[37]。

类似于 Vodafone 公司的这种做法，可以实现通过这一小型的手机 APP，介入药品领域的提醒与营销活动，一方面为病人提供方便，另一方面进行相应保健药品的营销活动。

（2）场景所需要的数据

移动用户身份数据、个人电子病历和健康档案数据、医疗行业疾病数据及标准化数据。

（3）场景的详细描述

该场景所针对的目标顾客群：医疗机构、病人、亚健康人群或具有个性化医疗需求的人。

一个对该场景实现过程详细描述的例子：第一，与某医疗机构达成合作意向，构建一个病人用药提醒的手机 APP；第二，病人使用该手机 APP，并将医生的处方以某种形式自动导入该 APP 当中；第三，该手机 APP 根据处方要求定期以短信或者自动语音的形式提醒病人服药的时间和药品种类,并提示该药的主治目的、药性等;第四,病人按照 APP 提醒而用药,通过一段 APP 的试用期后,病人感觉该 APP 好用,则继续付费使用;第五,从病人的付费当中获得一定的经济利益。

该场景拟解决的关键问题:医生处方数据向手机 APP 的自动导入;基于医生处方的用药提醒方式。

4.5 交通行业

4.5.1 行业概述

交通行业仍对移动大数据用户位置信息具有较大需求,几乎所有的交通行业的大数据应用场景都离不开用户位置信息的支持,城市公交规划、交通预测与诱导、公交智能调度等场景需要在洞察人群位置流动规律的基础上,给出科学合理的决策方案。

大数据在交通领域的应用主要是指:通过对车辆、交通数据、交通状况进行分析处理,进而有效的组织交通运行,以保障交通良性发展以及降低危险的发生,其中涉及如大数据收集、大数据软件研发、相关政府部门等多个组成部分。

通过移动用户位置数据,以及在城市多处设置的传感器,随时掌握在某个地方有多少辆汽车、车速是多少。有了这些数据就可以建立起模型进行分析,从而指导交通部门进行设施规划,指导人们确定出行计划,避免拥堵。

IBM 的六位数据分析工程师通过整合、分析现有交通数据,以及来自社交媒体的新数据源,来医治波士顿的交通"恶瘤"。这些数据包括市政网联网能够实时采集的交通信号灯、二氧化碳传感器甚至汽车的数据，这些数据能够帮助乘客重新调整路线、节省时间、节省汽油[38]。

4.5.2 大数据应用场景描述

1. 城市公交规划

（1）场景简介

客流量及客流分布预测是规划公交方案的基础，而预测结果是否科学合理将最终影响方案的效益评价。客流交通起止点调查又称OD交通量调查（"O"来源于英文origin，指出行的出发地点；"D"来源于英文destination，指出行的目的地），是指起、终点间的交通出行量。客流OD调查的内容主要有起止点分布、出行目的、出行方式、出行时间、出行距离、出行次数等[39]。

目前城市客流OD调查需要通过居民出行调查获取，按照获取资料的来源，常规调查手段主要有如下几种[40]：

①居民问卷调查法。该方法需要市民积极配合，且问卷质量及问卷回收率都对调查结果有很大影响。

②调查员随车观测调查法。具体做法是突击一两天，为每辆公交车的每个门配备一名调查员，调查员记录每辆车一整天的到站时间、上车人数和下车人数。

③公交刷卡统计法。对于位置数据的大数据挖掘可以方便地获取OD调查所需信息，根据历史人流量分布及人流移动规律规划公交线路，在人流量密集点设置公交站点。

首先，应整合如下数据源：待规划区域统计时段内所有用户的移动信令位置更新数据、用户登记信息和基站小区信息。

其次，可以对海量匿名数据进行分析，具体分析包括如下几类：

①人流量分析：获得目标区域的实时人流量、新增人流量、驻留情况、用户来源等。

②人口出行分析：包括出行分布、出行量、上下班的出行分析、出行量，出行快照等。

③用户属性挖掘：通过用户大量的移动信令数据的规则和特点，分析用户是居住人口、工作人口还是临时人口。

最后，将大数据分析结果与地理位置信息结合，可视化展示实时的人流量分布及人流方向，结合地理信息系统（GIS）地图的道路信息进行公交规划。有如下几种主要应用场景：

①根据人流量及人流方向规划公交路线，结合特定功能地点（如住宅区、机场、码头、商场、办公区、学校、公园等）及城市规划发展趋势进行适当调整。

②根据人流量的驻留点规划公交站点位置，并可根据不同时段内人流量分布及人流方向的动态变化对公交线路的首末站进行动态调整。

③根据人流量规划公交调度，包括发车间隔及发车车型。

④根据人群特点调度车辆安排，如对老年乘客多的线路，安排座位多的、低踏板的车型。

⑤根据人群特点调整公交移动电视的广告投放内容，精细化营销。

（2）场景所需要的数据

用户的身份信息、用户的位置信息。

（3）场景的详细描述

该场景所针对的目标顾客群：城市政府、城市居民。

一个对该场景实现过程详细描述的例子：首先，受某城市政府委托完成城市公交规划的解决方案；其次，根据用户的身份信息和位置信息，开发公交规划模型，并给出分析结果；再次，城市政府依据分析结果进行城市公交规划；最后，观察城市公交规划结果的运行效果，并将运行结果反馈到已有的公交规划结果当中，实现公交规划的不断完善。

该场景拟解决的关键问题：基于用户位置信息的公交规划模型。

2. 交通预测与诱导

（1）场景简介

现在的智能交通应用往往已经能够很全面地进行整个大城市环境下的交通状况监控并发布相应的道路状况信息。在 GPS 导航中往往也可以实时地看到相应的拥堵路况等信息，从而方便驾驶者选择新的路线。但是这仍然是一种事后分析和处理的机制，一个好的智能导航和交通流诱导系统一定是基于大量的实时数据分析为每个车辆给出最好的导航路线，而不是在事后进行处理。

智能交通中的交通流分配和诱导等模型很复杂，而且面对大量的实时数据采集，根据模型进行实时分析和计算，给出有价值的结果，这是在原有的信息技术下确实很难解决的。随着物联网和车联网、分布式计算、基于大数据的实时流处理等各种技术的不断成熟，智能的交通导航和趋势分析预测将逐步成为可能。

通过对于手机位置的识别，可以预测可能发生交通堵塞的场景，并可以基于历史交通堵塞及顺畅的情况与手机用户位置情况的关联分析（如大量手机用户位置呈现出什么特征或模式时，交通流才会顺畅或者堵塞），实现对未来交通堵塞的判断，并对用户的出行做出智能的诱导。因此，可以以手机 APP 应用的形式，为其用户提供交通预测与诱导服务，通过推荐合适的出行路线，使用户以较低的出行成本实现日常出行的活动。

（2）场景所需要的数据

用户的身份信息、用户的位置信息。

（3）场景的详细描述

该场景所针对的目标顾客群：城市政府、移动手机用户。

一个对该场景实现过程详细描述的例子：首先，基于其用户的位置信息开发一个能够实现城市交通预测与诱导的手机 APP 应用；其次，向其用户推荐该手机 APP 应用；再次，移动用户使用该 APP，并采纳该 APP 所推荐的出行路线；最后，观察城市交通运行情况，根据用户所选的不同的出行路线，及时调整其交通预测与诱导模型，实现对该模型的不断完善。

该场景拟解决的关键问题：基于用户位置信息的交通预测与诱导模型。

3. 基于交通预测与诱导的营销

（1）场景简介

人们出行往往带有一定的目的性，如果针对人们出行的目的实现准确的洞察，就能够为人们提供与出行目的相关各种营销服务，从而获得极大的经济效益。

与基于位置的营销相似，当用户通过手机导航输入自己的起始地点和目标地点之后，可以基于对手机用户的 360 度洞察，深入分析用户出行的主要目的，并结合其目的和若干可选的交通路线上可能有的一些服务（如餐饮服务、银行、超市、娱乐等），向用户推荐多条可选的路线——选路线 A，耗费多长时间，沿途都能做什么；选路线 B，耗费多长时间，沿途能做什么。我们可以称之为"路线营销"。

（2）场景所需要的数据

用户的身份信息、用户的位置信息。

（3）场景的详细描述

该场景所针对的目标顾客群：移动手机用户。

一个对该场景实现过程详细描述的例子：第一，与餐饮服务、银行、超市、娱乐等可以为用户进行营销与推荐的商家合作，将这些商家的业务特点与地理位置存储起来；第二，开发一款交通预测与诱导的手机 APP 应用，并在该应用中加入上述各类商家的推荐与营销信息；第三，移动用户下载并使用该手机 APP 应用，并利用该应用完成出行路线的选择；第四，根据用户针对出行路线的选择，结合对于用户出行目的的判断，为用户推荐出行路线上的若干商家；第五，用户采纳推荐的商家，并基于手机信息进行线下消费；第六，与商家按照一定比例进行利润分成。

该场景拟解决的关键问题：用户出现目的的洞察；基于用户出行目的的营销与推荐策略。

4. 车辆及行人行踪的实时监控

（1）场景简介

随着智慧城市的建设，城市存在着大量用于采集视频数据的摄像头，当锁定一个车辆后如何根据车辆的特征或车牌号等信息，实时地追踪到车辆的行走路线和位置。这就需要将采集来的视频数据做以实时分析和比对，给出相应的参考信息和数据。然而，该种做法具有相当大的难度，对于视频流和图像信息的对比和分析不仅十分耗费计算资源，而且需要极长的计算周期，要从城市成千上万个摄像头里面采集数据并进行实时分析完全满足大数据常说的海量数据、异构数据、速度和价值四个维度的特征。

可以通过手机位置信息与交通信息的结合，实现车辆与行人行踪的实时监控与追踪，从而为政府部门和相关企业提供有价值的借鉴与参考。

（2）场景所需要的数据

用户的身份信息、用户的位置信息。

（3）场景的详细描述

该场景所针对的目标顾客群：移动手机用户、政府相关部门、物流企业。

一个对该场景实现过程详细描述的例子：首先，受政府相关部门或物流企业委托完成对与车辆及可疑行人的行踪进行实时监控；其次，基于用户的手机定位信息对某个用户（可能位于某辆车上）的行走路线进行监控，并在城区的 GIS 地图上描绘该用户的行走路线，为需求方提供相关的监控报告，在必要时可提供一个实时监控的软件系统或者软件平台，使需求方在该平台上添加所需要监控的用户，然后获得该用户的监控结果；最后，需求方根据监控结果进行相应的决策。

该场景拟解决的关键问题：基于用户位置信息的车辆及行人行踪实时监控模型。

5. 为路网监控提供数据存储与网络服务平台

（1）场景简介

国家在道路监控上的投入可谓不菲，重庆高速公路视频监控数据每天就达到 50T；我们获得了船舶位置数据，航速数据每天就达 5500 万条；在广州，综合处理服务平台每日新增城市交通运营数据记录超过 12 亿条，每天数据量达 150~300GB[41]。

路网监控对数据存储量、传输量、数据分析与服务能力的需求异常庞大，可利用网络优势与数据存储优势和计算优势，为交通部门提供数据存储与传输服务。

（2）场景所需要的数据

用户的位置信息。

（3）场景的详细描述

该场景所针对的目标顾客群：政府相关部门。

一个对该场景实现过程详细描述的例子：首先，受政府相关部门委托完成对路网监控数据的存储、传输及计算工作；其次，制订包含软硬件在内的完整解决方案，供政府部门进行参考；最后，政府部门采纳解决方案，并开展相应的路网监控工作。

该场景拟解决的关键问题：路网数据存储、传输及计算的整体解决方案。

6. 公交的智能调度

（1）场景简介

城市公交在经过了初始规划并开始载客运行之后，通常会按照初始计划而开展一些日常的常规性调度。但由于道路维修、交通管制、各种道路下管线（水管、煤气管、通信线缆）的抢修等活动，而导致公交线路需要进行临时的调整和调度。由这些日常的突发事件而对公交调度所产生的扰动是不可避免的，它将会给人们的出行造成极大的不便。因此，政府交通部门往往需要在临时突发事件产生时，对公交路线进行实时调度决策。

移动大数据中用户的位置及其移动规律的数据，可以对公交路线的实时调整起到一定的支持作用。

本场景与"城市公交规划"这一场的主要区别在于：城市公交规划是针对大量公交线路的站点进行重新布局，该场景往往在某一城区的产业和城市规划发生重大改变的时候才会产生；本场景则主要针对已经规划好的公交路线受到日常突发事件的影响需要临时调整公交路线的情况。

（2）场景所需要的数据

用户的身份信息、用户的位置信息。

（3）场景的详细描述

该场景所针对的目标顾客群：政府交通部门。

一个对该场景实现过程详细描述的例子：首先，受某城市政府委托完成城市公交调度的解决方案；其次，根据用户的身份信息和位置信息，开发公交调度模型，并给出分析结果；再次，城市政府依据于分析结果，针对出现的日常突发事件进行城市公交调度；最后，观察城市公交调度的运行效果，并将运行结果反馈到已有的公交调度结果当中，实现公交调度的不断完善。

该场景拟解决的关键问题：基于用户位置信息的公交智能调度模型。

7. 预测群体出行行为

（1）场景简介

目前百度地图已经做到了可以提前两周预测某个城市的人数大概规模，而将这一成熟的预测算法用于交通后，结合交通部的其他大数据，便可以预测出群体出行的态势，对其可能出行的时间、出行路线、出行方式等进行预测，从而为城市车辆调度提供决策帮助。

反过来看，这些预测的群体出行行为数据也将为个人出行提供更加精确的服务，帮助个人决策，让个人出行尽量以最短的时间最短的路线抵达目的地。

移动大数据用户的位置及其移动规律的数据，可以对群体出行行为实现精准的预测，并为相关政府部门的大型活动的策划、物流企业的调度方案起到有价值的帮助。

（2）场景所需要的数据

用户的位置信息。

（3）场景的详细描述

该场景所针对的目标顾客群：政府相关部门。

一个对该场景实现过程详细描述的例子：首先，受某城市政府委托完成群体出行行为的预测；其次，根据用户的身份信息和位置信息，开发群体出行行为预测模型，并给出分析结果；再次，城市政府依据分析结果，针对城市内的大型活动进行交通疏导和调度；最后，观察城市交通疏导效果，并将运行结果反馈到已有的出行行为预测模型当中，实现出行行为预测模型的不断完善。

该场景拟解决的关键问题：基于用户位置信息的群体出行行为预测模型。

8. 智能交通服务

（1）场景简介

在宁波，中兴通讯与当地政府合作推出了一款名为"宁波通"的 APP 应用，拥有出行小秘书、路况查询、停车诱导等近 20 项功能，只要将其安装在移动设备上，连接无线移动网络，就可以随时随地享受便捷的交通服务[42]。宁波通提供如下一些功能：

①实时公交查询：用户可以通过宁波通的公共汽车，查询到实时公交车的到站信息和公交车的位置。便于规划用户等车时间和出行时间。

②公交换乘查询：用户可以通过宁波通公交换乘功能查询宁波地区的公交车换乘的信息以及公交线路和公交站点查询；查询宁波地区的离线地图等。

③最佳召车点：用户通过宁波通的最佳召车点查询宁波地区最好的出租车召车位置，提升打车的成功概率，解决用户出行不便。

④长途客运购票：用户可以通过宁波通直接购买宁波地区长途客运站发车的长途客车的汽车票。

⑤出行规划：用户可以通过宁波通的出行规划来安排出行方式和出行线路，提高用户出行效率和时间。

⑥违章查询：车主通过宁波通交通罚单查询，查询用户的违章情况等。

⑦路况上报：用户可以通过宁波通的路况上报查询宁波的交通拥堵路况。

⑧移车求助：车辆被堵以后可以通过宁波通的移车求助，通知车主来移车，解决用户车辆被堵的焦虑。

⑨停车诱导：用户通过宁波通的停车诱导来查找停车位，解决停车难的问题。

⑩公共自行车：用户通过宁波通的公共自行查询，可以查询到 1

公里范围内公共自行停靠和租用点。

⑪水上客运查询以及轨道交通查询：用户通过宁波通查询水上客运航班信息以及轨道交通。

⑫火车查询以及飞机查询：用户通过宁波通查询火车时刻表以及飞机时刻表。即将推广机票在线预订功能。

⑬公路费用查询以及维修驾培：用户通过宁波通查询附加驾校以及汽车维修点，查询公路入口的费用等。

可以在手机上开发这样一款类似的智能交通服务应用。

（2）场景所需要的数据

用户的身份信息、用户的位置信息、交通信息。

（3）场景的详细描述

该场景所针对的目标顾客群：移动手机用户。

一个对该场景实现过程详细描述的例子：首先，基于其用户的位置信息而开发一个能够实现智能交通服务的手机 APP 应用；其次，向其用户推荐该手机 APP 应用；再次，移动用户使用该 APP，并采纳该 APP 所推荐的一些功能；最后，通过用户的位置信息再次分析城市交通运行情况，根据用户所选的不同的出行路线或其他交通服务，及时调整其交通服务系统功能模型，实现对系统模型的不断完善。

该场景拟解决的关键问题：智能交通服务 APP 应用中的"最佳召车点""出行规划"等模型的开发。

9. 人群在城际之间的流动预测

（1）场景简介

可以借助用户的位置信息针对人群在城际之间的流动进行预测，从而为民航、铁路、公路、海运等和人的流动相关的运输服务部门提供决策支持。

（2）场景所需要的数据

用户的位置信息、交通信息。

(3) 场景的详细描述

该场景所针对的目标顾客群：政府交通部门。

一个对该场景实现过程详细描述的例子：首先，受某交通部门委托完成群体在城际之间的流动预测；其次，根据用户的身份信息和位置信息，开发群体在城际之间的流动性为预测模型，并给出分析结果；再次，交通部门依据于分析结果，针对某段时间内的交通运力进行规划；最后，将该段时间实际的人群流动结果与预测的人群流动结果进行对比分析，并将分析结果反馈到已有的人群城际流动预测模型当中，实现人群城际流动预测模型的不断完善。

该场景拟解决的关键问题：人群在城际之间的流动预测模型。

4.6 旅游行业

4.6.1 行业概述

旅游行业的几个场景也都离不开用户的位置信息，因为只有了解了用户的位置信息，才能准确预测和监测景区游客数量，合理规划景区内的商业网点及休闲娱乐设施，深入了解用户真实的旅游过程。

由于受限于景区的软硬件条件，景区服务能力通常很难随着游客数量的变化而灵活地增减。这种情况的一个严重后果是：景区投入了过量的服务能力（包括硬件设施、服务人员、餐饮住宿条件等），但游客数量却十分有限；景区投入的服务能力不足，而游客却大量涌入，导致各种危险后果，甚至群体性事件的发生。因此，对于景区游客数量的提前预测，就成为确定合理的景区服务能力的一个关键问题。

全国有名的景区 3000 多家，再加上一些不知名的，有 5000 多家。面对这些景区，可以利用收集客户移动位置的数据，帮助景区预测游客人数，最终实现如下几个目标：

①预计游客人数有多少，从而更有效地引导人员和物资的投入，提高客户服务和运营效率。

②开发在线票务系统，从而实现更快地促销和宣传活动。

③景区人数的预测需要引入天气数据、搜索引擎数据（如人们在百度上搜索某个景区）等。

重点景区、城市和地区游客流量监测系统是旅游行业应用大数据的一个积极探索。该系统主要是应用手机移动通信信令来对到访景区、城市和地区的游客数量进行实时监测。手机具有定位功能，对应于移动通信等手机基本功能而言，这种功能是增值性的，由此被发现、记录的使用者位置数据信息就是一种典型的自动生成的大数据。利用手机定位功能对一定区域的游客流量进行实时监测，其可行性和科学性还来自手机移动通信越来越普及，在我国基本是成人和青少年人手一部，外出旅游更是如此。所以，旅游部门与移动通信运营商合作进行的大数据开发应用，从2009年选择景区进行试验，到随后组织开展系统设计优化，然后扩大到几个地区、多个城市和若干景区进行试点，取得了比较好的效果，具备推广使用的基本条件[43]。

目前，进行旅游大数据应用探索的比较多，主要有搜索引擎数据、查询预订数据、景区门票门禁数据和摄像头监测数据等开发应用。比较分析，搜索引擎如百度挖掘的是人们在搜索旅游信息时所产生的大数据，它们对分析有关景区、城市和地区等旅游目的地及其有关产品、服务项目的关注度（热度）最有价值，但对实际可能形成的游客及其消费只具有预测参考价值。因此，这种大数据应用基本是可能性分析预测。相比较而言，网络查询数据就有很大进步，即从一般搜索到有目的地对某些具体旅游项目进行查询，表明查询者很有可能前往旅游，因而对未来一定阶段目的地游客到访量预测的准确性相应有很大提高，据此进行分析和应对就可靠得多。从查询到预订（包括下单签合同和预付订金），数据的可靠性基本接近未来的真实情况，因为除非有变故，否则预订后都会按照计划和合同前往旅游消费。但也可以看出，查询和预订数据毕竟不是已经到访的游客，最多是未来将要到访的游客。因此，它们与景区实时监测得到的游客数据还是有差别，到预订时间是不是来还存在变化不说，仅就目前预订还只是旅游消费购买的一种方式，很多人是即时现场购票，就使得其全面性大打折扣。就实时监测的游客量数据看，通过景区门票门禁系统得到的只是每个时点、时段、时间的总量，不掌握游客来源地数据；通过景区重点部位摄像头监测所得到的数据则更是实时图像，只能对游客数量做基本描述和判断。由此来看，应用手机信令监测所得到数据价值和可用、可靠程度方面的优势就比较明显。

4.6.2 大数据应用场景描述

1. 景区游客数量预测

（1）场景简介

由于受限于景区的软硬件条件，景区服务能力通常很难随着游客数量的变化而灵活地增减。这种情况的一个严重后果是：景区投入了过量的服务能力（包括硬件设施、服务人员、餐饮住宿条件等），但游客数量却十分有限；或者景区投入的服务能力不足，而游客却大量涌入，导致各种危险后果，甚至群体性事件的发生。因此，对于景区游客数量的提前预测，就成为确定合理的景区服务能力的一个关键问题。

（2）场景所需要的数据

用户的身份信息、用户的位置信息、天气数据、搜索引擎数据。

（3）场景的详细描述

该场景所针对的目标顾客群：景区。

一个对该场景实现过程详细描述的例子：首先，受某景区委托完成景区游客在某段时间的预测；其次，根据用户的位置信息、天气信息、用户的搜索数据，开发景区游客数量预测模型，并给出分析结果；再次，景区依据分析结果，确定某段时间内景区软硬件投入的资源数量；最后，将该段时间实际的景区游客数量与预测的景区游客数量进行对比分析，并将分析结果反馈到已有的景区游客数量预测模型当中，实现景区游客数量预测模型的不断完善。

该场景拟解决的关键问题：基于用户位置信息的景区游客预测模型。

2. 景区内各个商业网点与休闲娱乐设施的布局

（1）场景简介

很多景区虽然已经建成，但其内部设施和商业网点仍可以灵活地根据游客的行走路线而进行调整。与零售商货架的摆放策略相似，景区内各种设施调整的目的是合理地安排景区内的布局，使游客在某种需求产生时提供恰当的服务，并尽可能地促进游客的消费。

可以通过游客在景区内的位置及其移动大数据，分析游客在景区内的行走路线，从而帮助景区更准确地规划景区内部布局，如动物园内的动物表演及各种展示活动、商业网点、休闲娱乐、餐饮住宿等。

（2）场景所需要的数据

用户的身份信息、用户的位置信息、景区内部地图信息。

（3）场景的详细描述

该场景所针对的目标顾客群：景区。

一个对该场景实现过程详细描述的例子：首先，受某景区委托提供景区内部布局方案的设计；其次，根据用户的位置信息、景区内部的地图信息，分析用户在景区内的行走路线，开发景区内部布局策略模型，并给出分析结果；再次，景区依据于分析结果，确定某段时间内景区设施的布局方案；最后，将该段时间内景区各个商业网点的销售总额进行统计及分析，并将分析结果反馈到已有的景区内部布局策略模型当中，实现景区内部布局模型的不断完善。

该场景拟解决的关键问题：基于用户位置信息的景区内部布局策略。

3. 景区游客数量实时监测

（1）场景简介

重点景区、城市和地区游客流量监测系统是旅游行业应用大数据的一个积极探索。该系统主要是应用手机移动通信信令来对到访景区、城市和地区的游客数量进行实时监测。手机具有定位功能，对应于移动通信等手机基本功能而言，这种功能是增值性的，由此被发现、记录的使用者位置数据信息就是一种典型的自动生成的大数据。利用手机定位功能对一定区域的游客流量进行实时监测，其可行性和科学性还来自手机移动通信越来越普及，在我国基本是成人和青少年人手一部，外出旅游更是如此。所以，旅游部门与移动通信运营商合作进行的大数据开发应用，从2009年选择景区进行试验，到随后组织开展系统设计优化，然后扩大到几个地区、多个城市和若干景区进行试点，取得了比较好的效果，具备推广使用的基本条件[43]。

目前，进行旅游大数据应用探索的比较多，主要有搜索引擎数据、查询预订数据、景区门票门禁数据和摄像头监测数据等开发应用。比较分析，搜索引擎如百度挖掘的是人们在搜索旅游信息时所产生的大数据，它们对分析有关景区、城市和地区等旅游目的地及其有关产品、服务项目的关注度（热度）最有价值，但对实际可能形成的游客及其消费只具有预测参考价值。因此，这种大数据应用基本是可能性分析预测。相比较而言，网络查询数据就有很大进步，即从一般搜索到有目的地对某些具体旅游项目进行查询，表明查询者很有可能前往旅游，因而对未来一定阶段目的地游客到访量预测的准确性相应有很大提高，据此进行分析和应对就可靠得多。从查询到预订（包括下单签合同和预付订金），数据的可靠性基本接近未来的真实情况，因为除非有变故，否则预订后都会按照计划和合同前往旅游消费。但也可以看出，查询和预订数据毕竟不是已经到访的游客，最多是未来将要到访的游客。因此，它们与景区实时监测得到的游客数据还是有差别，到预订时间是不是来还存在变化不说，仅就目前预订还只是旅游消费购买的一种方式，很多人是即时现场购票，就使得其全面性大打折扣。就实时监测的游客量数据看，通过景区门票门禁系统得到的只是每个时点、时段、时间的总量，不掌握游客来源地数据；通过景区重点部位摄像头监测所得到的数据则更是实时图像，只能对游客数量做基本描述和判断。由此来看，应用手机信令监测所得到数据价值和可用、可靠程度方面的优势就比较明显。

可见，从"搜索引擎数据—查询预订数据—景区门票门禁数据—手机信令数据"，其数据的可靠性程度在逐步增加。

当然，通过手机信令监测所得到的游客数据也有不足。一是不能了解和掌握游客自身的信息，如年龄、性别、职业、收入和消费水平等，而这些对旅游生产服务、组织管理却是非常重要的。二是只能了解、掌握游客在目的地停留的时间，不能了解、掌握其旅游消费的内容、方式、花费等重要信息。三是现在手机与人一一对应的关系存在不确定性，同时一些"忙人""要人"可能随身携带并使用两部手机，因此，这种情况对监测数据价值和可信度、科学性的影响也应该考虑。四是这一系统是基于景区所进行的监测，对于景区来说价值最大，对于城市来说只是若干个被监测景区数据和情况的汇总，而范围更大的地区性旅游目的地则是通过汇总分析若干个景区和城市的数据，对于全国来说就只是进行这一系统监测的若干个景区、城市和地区数据、情况的汇总。因此，由此得到的数据、情况的价值是随着层次的提升和范围的扩大而逐步递减的，层次越高、范围越大价值越有限。

可以通过手机信令数据实现对景区游客的实时监测。

（2）场景所需要的数据

用户的身份信息、用户的位置信息、景区内部地图信息。

（3）场景的详细描述

该场景所针对的目标顾客群：景区。

一个对该场景实现过程详细描述的例子：首先，受某景区委托提供景区游客数量实时监测服务；其次，根据用户的身份信息、位置信息、景区内部的地图信息，向景区管理人员实时展示游客数量监测结果；最后，景区依据于监测结果，确定景区人数过量时的应对策略。

该场景拟解决的关键问题：无。

4. 建立在线旅游网站或为其提供数据支持

（1）场景简介

在线旅游网站对于每一个旅游产品提供商都是至关重要的。在线的访问体验必须要吸引客户多次回访并在线下单。消费者可以选择在线下单或通过手机进行预订。为了避免潜在客户跑到竞争对手那里预订酒店与旅游产品，则必须要了解潜在客户的意图，并提供相关的、及时的和有见地的互动，从而提升的订单转化的概率。

要做到这一点，酒店和旅游机构必须要以数据为基础展开分析，充分利用数据（网络和移动的数据）以识别客户的需求（如他们正在查找哪些内容），并想办法为客户提供他们想要的内容和搜索结果。

旅游公司可以利用从网站、移动应用和社交媒体数据采集到的原始数据，通过预测分析，把数据转换成真正的有建设性的见解。把这些见解应用到客户身上，就可以获得更多产出。

数字化的行为数据和预测分析可以在以下三方面对营销进行补充：外部推广、内部优化和整合营销。进行外部的市场推广时，可以充分利用好数字化的行为数据、业务规则和预测分析，帮助识别出哪些工作在电子邮件营销、展示广告或再营销活动中更有效。同样，当用户第 n 次回访网站时，利用好上边提到的数据、规则和分析结果，可以为访问者提供个性化的体验。最后，数字化的行为数据、业务规则和实时预测分析可以作为一个整合营销的方法来使用，从而扩展到每一个客户接触点，如当用户联系呼叫中心或前台团队预订房间或旅程时，网站员工可以根据他们的信息向他们推荐最相关的产品或服务从而形成更多的转化。个性化的网络体验和服务运营体验可以让客户不断回访网站并达成订单转化。

为不同的客户群显示不同的旅游产品，这对于在线旅游销售来说至关重要。哪些产品应该展示给哪些客户，使用的算法也越来越复杂。酒店和旅游公司可以把大量不同的产品展示给用户，从而吸引用户客户搜索他们的网站。而使用个性化的技术，酒店和旅游公司可以在对客户的偏好和行为有所了解的基础上，提出、定制或建议一些具体的相关的产品和服务，这将有助于提升订单的转化。

（2）场景所需要的数据

用户的身份信息、用户的位置信息、用户的互联网访问信息。

（3）场景的详细描述

该场景所针对的目标顾客群：旅游产品提供商、游客。

一个对该场景实现过程详细描述的例子：首先，受某旅游产品提供商委托开发在线旅游网站，并在其中通过精准的用户偏好分析，来扩大其旅游产品的营销范围和效果；其次，开发在线旅游网站，并根据用户的身份信息、位置信息、互联网访问信息，洞察用户的旅游产品偏好，向用户推荐合适的旅游产品；最后，用户根据在线旅游网站的推荐在线选购相应的旅游产品，并进行线下的体验与游览活动。

该场景拟解决的关键问题：用户旅游产品偏好的分析模型。

5. 旅游景区无线网络及基本设施的建设

（1）场景简介

为旅游景区建设 Wi-Fi 网络以及景区内消费一卡通，从而介入旅游景区的网络基础设施建设，通过这些设施收集用户游览数据，并进行分析。

建设 Wi-Fi 网络不仅可以获取游客的手机号码，而且可以针对游客进行线上市场调研问卷，可以推送旅游 APP 资讯等。建设景区一卡通可以作为最直接获得旅游消费清单的工具，这是一种便捷的游客旅游消费轨迹数据采集方式，而不只是促销手段。

（2）场景所需要的数据

基于 Wi-Fi 和一卡通而获取的用户数据。

（3）场景的详细描述

该场景所针对的目标顾客群：旅游景区、游客。

一个对该场景实现过程详细描述的例子：首先，受某旅游景区委托为其建设 Wi-Fi 网络和一卡通设施；其次，向景区提供 Wi-Fi 网络建设方案以及一卡通建设方案，并与景区协商同意后为其实施建设；最后，基于 Wi-Fi 网络使用记录和一卡通使用记录，为景区的各种数据分析需求而提供服务（如景区内的设施布局等）。

该场景拟解决的关键问题：基于用户 Wi-Fi 使用记录的景区内设施布局设计模型；基于用户一卡通使用记录的景区内设施布局设计模型。

6. 旅游景区的服务平台

（1）场景简介

可以帮助旅游景区开发包括手机应用、旅游资讯网、呼叫中心等在内的旅游景区服务平台。

旅游手机应用不仅是传统智慧旅游倡导的为游客导游、导览、导购、导航服务的移动终端，也是游客信息关注行为、游客旅行轨迹数据采集平台和进行游客满意度调研与促进反馈的途径之一。

旅游资讯网不仅是旅游目的地品牌形象，也是旅游信息服务平台、消费者旅游信息关注平台及高效的旅游网络营销效果评估工具等。

旅游呼叫中心可以完成处理投诉，抚平情绪、事故预警，应急处置的工作，同时也是高效的游客需求数据采集工具、高效的旅游客户关系管理（CRM）维护平台、高效的旅游新产品调研工具等。

（2）场景所需要的数据

基于旅游景区服务平台而获取的用户数据。

（3）场景的详细描述

该场景所针对的目标顾客群：旅游景区、游客。

一个对该场景实现过程详细描述的例子：首先，受某旅游景区委托为其建设旅游服务平台；其次，向景区提供平台建设方案，并与景区协商同意后为其实施建设；最后，基于用户在旅游服务平台上的使用记录，为景区的各种数据分析需求而提供服务。

该场景拟解决的关键问题：无。

4.7 餐饮娱乐行业

4.7.1 行业概述

餐饮娱乐行业则既需要移动大数据用户的位置信息，又需要用户的偏好信息和互联网访问信息，了解了这两类信息，则一方面掌握了用户活动的区域范围，另一方面了解了用户的偏好口味，从而可以在他经常活动的范围内给他推荐相应的餐馆、娱乐场所。

餐饮娱乐行业的大数据应用主要侧重于：对顾客口味偏好的洞察；基于顾客口味及经常活动的地理范围的餐馆推荐；娱乐产品的市场趋势预测等。

可以利用移动大数据实现对用户餐饮娱乐偏好的洞察，以及对用户经常活动位置区域的界定，并根据这些信息实现餐饮娱乐广告的精准推送、推荐及营销活动。

面向餐饮行业的精准营销以用户画像为核心，深入挖掘大数据价值，精准的用户属性将大幅度提高广告的针对性。通过海量位置信息的大数据分析，筛选目标客户群，发送特定优惠券进行精准销售，帮助餐厅精准找到并保持目标客户。餐馆精准营销业务流程[44]，如图4-3所示。

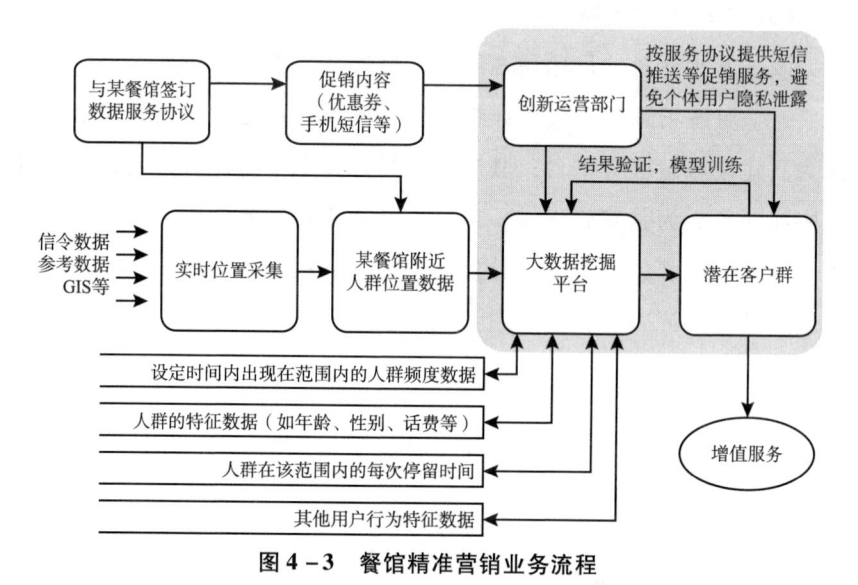

图4-3 餐馆精准营销业务流程

资料来源：吴本．基于动态能力观的中国中档饭店企业竞争力研究[D]．上海：复旦大学，2012．

首先，与某餐馆签订数据服务协议；其次，锁定该餐馆附近人群位置数据，基于海量位置信息和用户画像数据进行大数据挖掘分析，筛选餐馆潜在客户群；最后，根据协议内容向潜在客户群提供个性化服务，使客户满意消费。

4.7.2 大数据应用场景描述

1. 基于用户画像的精准营销

（1）场景简介

可以利用移动大数据实现对用户餐饮娱乐偏好的洞察，以及对用户经常活动位置区域的界定，并根据这些信息实现餐饮娱乐广告的精准推送、推荐及营销活动。

面向餐饮行业的精准营销以用户画像为核心，深入挖掘大数据价值，精准的用户属性将大幅度提高广告的针对性。通过海量位置信息的大数据分析，筛选目标客户群，发送特定优惠券进行精准销售，帮助餐厅精准找到并保持目标客户。

首先，与某餐馆签订数据服务协议；其次，锁定该餐馆附近人群位置数据，基于海量位置信息和用户画像数据进行大数据挖掘分析，筛选餐馆潜在客户群；最后，根据协议内容向潜在客户群提供个性化服务，使客户满意消费。

（2）场景所需要的数据

用户的互联网数据、用户的偏好数据、用户的位置数据、餐饮娱乐企业的服务信息。

（3）场景的详细描述

该场景所针对的目标顾客群：餐饮娱乐企业、用户。

一个对该场景实现过程详细描述的例子：首先，受某餐饮娱乐企业委托为其潜在的顾客提供精准的营销与推荐；其次，基于对用户的位置数据筛选该企业潜在的顾客群，然后针对顾客群中每个顾客的偏好分析，向他们提供餐饮娱乐企业的菜品、活动及折扣等促销信息；再次，潜在的顾客收到信息后进入餐饮娱乐企业店铺成为真正的顾客，并进行线下的体验与消费；最后，顾客消费结账，从餐饮娱乐企业的收入中获取一定的利润，并基于推荐成功的结果对其用户偏好洞察的模型进行优化与改进。

该场景拟解决的关键问题：基于用户互联网行为数据的用户偏好洞察。

2. 基于用户位置的实时营销

（1）场景简介

如果你酷爱冰淇淋，当你在一个炎热的夏天走在一条小巷中时，你收到一条短信：旁边有家冷饮店正在促销草莓味的冰淇淋。你收到消息后，毫不犹豫地直奔冷饮店买下了冰淇淋。

这一场景就是典型的"基于用户位置的实时营销"。移动大数据中既有用户的位置数据，又有用户的偏好数据，可以结合这两项数据分析用户在不同位置上的不同餐饮娱乐需求，从而进行精确的基于位置的实时营销。所谓"实时"描述的就是要在用户路过某个地理位置的当时而产生的营销活动。

有很多家餐饮或零售企业都实现过基于用户位置的实时营销，以下是两个企业的例子：

赛百味（Subway）曾推出过一个名叫 You Are Here（"你就在这里"）的地理位置营销活动。通过基于地理位置的广告和多媒体信息（如彩信、MMS）的方式在一定地理位置范围内接触到目标用户。用户首先需要选择愿意接受，之后就会在他们经过一家赛百味的门店时接收到一条实时彩信，告知用户打折信息[45]。

户外服饰和用品供应商安伊艾（REI）曾使用 ShopAlerts LBA（一种地理位置广告）向他们的用户发布信息。如果用户选择同意接受此信息后，当用户当靠近 REI 的门店时，就会接收到带有促销信息的短信通知。调查显示，69% 的用户表示 ShopAlerts 增加了他们访问 REI 门店的频率。65% 的用户会因为 ShopAlerts 而购买商品，73% 的用户表示会在今后继续使用该服务[46]。

（2）场景所需要的数据

用户的位置数据、用户的互联网数据、用户的偏好数据、餐饮娱乐企业的服务信息。

（3）场景的详细描述

该场景所针对的目标顾客群：餐饮娱乐企业、移动大数据用户。

一个对该场景实现过程详细描述的例子：首先，受某餐饮娱乐企业委托为其潜在的顾客提供基于位置的实时营销与推荐；其次，实时监测其潜在的顾客群的位置信息，并在某潜在顾客经过了某餐饮娱乐企业附近时向其推荐合适的餐饮娱乐信息，如菜品、活动及折扣促销信息；再次，潜在的顾客收到信息后进入餐饮娱乐企业店铺成为真正的顾客，并进行线下的体验与消费；最后，顾客消费结账，从餐饮娱乐企业的收入中获取一定的利润，并基于推荐成功的结果对其基于位置的实时营销模型进行优化与改进。

该场景拟解决的关键问题：基于用户位置的实时营销模型。

3. 使用互联网数据改进餐馆的菜单

（1）场景简介

有些餐馆借助第三方软件产品，来判断哪些菜品可能获得成功，从而减少菜单变化所带来的不确定性。例如，天才食物（Food Genius）就聚合了来自全国各地餐馆的菜单数据，以帮助餐馆更好地确定价格、食品和营销的趋势。又如，某些餐馆老板随时了解网上流行的、与食物相关的关键词和短语，某一菜品的平均价格，以及菜单条目增加和减少的趋势。

Food Genius 的首席执行官和创始人贾斯汀－玛莎（Justin Massa）表示，长期以来，食品行业的情况往往取决于人们的口味。该公司曾对超过350000家餐馆的菜单项目进行跟踪，并与塞默尔斯（Seamless）和格鲁布赫布（GrubHub）送餐服务建立了合作伙伴关系。玛莎表示，这些数据可以帮助餐馆获得商机。他们能够给餐馆提供重要的背景信息。归根结底，这会决定企业的品牌定位[47]。

基于已有的互联网数据，以及类似于 Food Genius 所收集的来自全国各地餐馆的菜单数据，并加以分析，以帮助餐馆更好地确定价格、食品和营销的趋势。

（2）场景所需要的数据

用户的互联网数据、用户的偏好数据、各个餐饮企业的菜单数据。

（3）场景的详细描述

该场景所针对的目标顾客群：餐饮企业。

一个对该场景实现过程详细描述的例子：首先，受某餐饮企业委托收集并分析全国各地类似餐饮企业的菜单数据，并为其进行分析，以增强其菜单设计和定价；其次，通过互联网数据下载并分析各个餐饮企业网站中的菜单数据，通过菜单设计及定价模型的开发，为该餐饮企业提供指导性建议；再次，该餐饮企业采纳建议，并开展相应的销售与营销活动；最后，根据销售情况进行数据收集渠道的拓展与菜单设计及定价模型的优化。

该场景拟解决的关键问题：基于餐饮企业菜单数据的菜单设计及定价模型。

4. 餐饮娱乐企业中网络环境的建设

（1）场景简介

为顾客提供一种良好的就餐与娱乐环境，是每一个餐饮娱乐企业所共同努力的目标。而 Wi-Fi 无线及有线网络环境则是一种必不可少的条件，因为顾客很可能在就餐和娱乐过程中访问网络，如微博、微信等。可以基于自己的网络优势，为餐饮娱乐企业建设 Wi-Fi 或者有线网络，通过这些设施收集用户就餐及娱乐行为数据，并进行分析。建设 Wi-Fi 网络不仅可以获取顾客的手机号码，而且可以针对顾客进行线上市场调研问卷，推送餐饮娱乐 APP 资讯等。

（2）场景所需要的数据

基于 Wi-Fi 而获取的用户数据。

（3）场景的详细描述

该场景所针对的目标顾客群：餐饮娱乐企业、顾客。

一个对该场景实现过程详细描述的例子：首先，受某餐饮娱乐企业委托为其建设 Wi-Fi 网络；其次，向该餐饮娱乐企业提供 Wi-Fi 网络建设方案，并与该企业协商同意后为其实施建设；最后，基于 Wi-Fi 网络使用记录，为该企业的各种数据分析需求而提供服务（如顾客的手机号码以及该号码的偏好洞察等）。

该场景拟解决的关键问题：基于用户 Wi-Fi 使用记录的用户餐饮娱乐偏好洞察。

5. 餐饮娱乐的电子商务

（1）场景简介

可以利用网络优势、用户位置信息，建立一个第三方的餐饮消费平台，在平台上提供多种商家的餐饮服务，顾客在网上下单后，聚集统一的物流配送资源实现对顾客的餐品的配送[48]。

（2）场景所需要的数据

用户的位置数据、用户的偏好数据。

（3）场景的详细描述

该场景所针对的目标顾客群：餐饮娱乐企业、顾客。

一个对该场景实现过程详细描述的例子：第一，建立一个能够聚合多家餐饮娱乐企业的电子商务消费平台；第二，若干家餐饮娱乐企业加入该平台并提供商品销售及折扣信息；第三，顾客注册成为会员后，查询餐饮娱乐商家信息，该平台根据顾客位置及其偏好信息，为其推荐查询结果；第四，顾客对查询结果中的一条比较满意并且下单购买，进行线下消费；第五，从餐饮娱乐企业的销售总额中赚取一定的利润。

该场景拟解决的关键问题：基于用户位置数据与偏好数据的电子商务推荐模型。

6. 娱乐节目的营销与推广

（1）场景简介

目前各个卫视及各种媒体推出了大量的大众娱乐节目，并通过微信微博客户端不断拉近与观众的距离。可以借助对用户的洞察能力（包括搜索引擎数据、用户偏好数据、用户互联网行为数据），开发娱乐节目营销与推广平台以及一系列的手机 APP 应用，辅助娱乐节目制作人完成节目的营销与推广。

（2）场景所需要的数据

用户的位置数据、用户的偏好数据、用户的互联网行为数据、娱乐节目相关数据。

（3）场景的详细描述

该场景所针对的目标顾客群：各类节目制作媒体、观众。

一个对该场景实现过程详细描述的例子：首先，受某娱乐节目制作人委托为其节目进行营销与推广；其次，根据用户的偏好数据及互联网访问数据对用户喜欢这款娱乐节目的程度进行分析，并将分析结果反馈给该娱乐节目的制作人，同时向用户发送营销信息；再次，顾客根据发来的信息进行娱乐节目的在线参与、投票及评论；最后，从娱乐节目的广告总额及其他收入总额中赚取一定的利润。

该场景拟解决的关键问题：基于用户偏好数据的娱乐节目推荐模型。

7. 影音产品的市场喜爱程度与趋势分析

（1）场景简介

在影视产业发展更为成熟的美国，数据分析和咨询行业已经发展得非常成熟，任何一部影视剧的制作、营销都会将数据分析的结果作为重要参考。不久前美国网飞（Netflix）公司出品的电视剧《纸牌屋》更是对"大数据"进行了有效应用，观众的意志是制作该剧的重要参考依据，它的成功让全世界的影视行业从业者意识到，"大数据"或许是一把通向更广阔市场的钥匙[49]。

在中国，虽然"大数据"思维和操作方式才刚刚起步，但类似"大数据"时代的思维模式，其实早在几年前就已经在影视产业出现。"过去，中国电影市场的传统档期只有贺岁档、五一档、暑期档、国庆档，而最近几年，一些新的档期开始出现，有的甚至正在趋于成熟，如情人节档、七夕档等，这些基于对观众观影习惯的研究培育出的档期,也就是对观影心理需求与影片类型、上映时间相关性的有效应运。"广东省电影公司总经理赵军说[50]。

但是,模糊的"相关性"研究远远不能确保影片在市场上的卓越表现,"大数据"思维和操作方式则将使影视产品的市场导航更加精准化。这种思维和操作方式的出现,显然也不是空穴来风,而是在技术革新和影视市场发展的双重推动下应运而生的。

艺恩咨询是国内影视产业数据收集和分析的先行者。自 2008 年成立以来,艺恩咨询通过对电视节目收视率和电影票房、排片场次等相关数据的系统收集和分析,为影视行业从业者提供咨询服务。起初,艺恩咨询的数据来源主要是央视索福瑞提供的电视节目收视率数据、国家电影事业发展专项资金管理委员会办公室提供的电影票房数据,以及一些主要电影院线提供的电影排片场次。近两年,互联网技术迅速革新和新媒体、社交网站、电子商务网站的兴起,为数据规模的提升提供了可能。据艺恩咨询总裁部寿智介绍,来自百度搜索、新浪微博、腾讯微博、淘宝等互联网平台的数据,目前已经成为艺恩咨询的重要数据来源,这为对用户习惯和心理的专业化、精确化研究奠定了基础[51]。

一方面,影视产业及其市场的大规模膨胀则使"大数据"的运用具有了更多的必要性。近年来,我国电视剧生产始终保持在每年 15000 集左右的水平,多年位居世界电视剧生产和消费第一大国,但在如此庞大的产量面前,真正受到观众欢迎的优质剧作却并不多。另一方面,中国也于 2012 年成为全球第二大电影市场,随着影院终端建设在三四线城市的铺开,新兴市场的规模还在不断扩大。

"市场规模越来越大,细分的消费市场就会慢慢出现,分众化的传播方式也就越来越重要,面对复杂的市场环境,许多投资者和创作者都想知道,究竟什么样的影视作品才会得到观众和市场的认可和欢迎。这个时候,基于'大数据'的消费行为研究就成为拉动产业和市场升级的重要突破口。"[52]

可以借助其对用户偏好的深入洞察，来分析影音产品的市场趋势和热度，并为影音产品的营销提供数据分析支持。

（2）场景所需要的数据

用户的偏好数据、用户的互联网行为数据、影音产品的相关数据。

（3）场景的详细描述

该场景所针对的目标顾客群：影音界面制作厂商、观众。

一个对该场景实现过程详细描述的例子：首先，受某影音产品制作厂商委托对其影音产品的市场趋势与热度进行预测；其次，根据用户的偏好数据及互联网访问数据建立用户对于影音节目的兴趣模型以及市场趋势预测模型，并将分析结果反馈给该影音产品制作厂商；再次，影音产品制作厂商根据预测结果制定不同的营销策略，并开展相应的营销、推广活动；最后，从影音产品制作厂商的销售总额及其他收入总额中赚取一定的利润。

该场景拟解决的关键问题：基于用户偏好数据的影音节目兴趣模型。

4.8 物流行业

4.8.1 行业概述

在这个信息爆炸的时代，物流企业每天都会涌现出海量的数据，特别是全程物流，包括运输、仓储、搬运、配送、包装和再加工等环节，每个环节中的信息流量都十分巨大，使物流企业很难对这些数据进行及时、准确的处理。随着大数据时代的到来，大数据技术能够通过构建数据中心，挖掘出隐藏在数据背后的信息价值，从而为企业提供有益的帮助，为企业带来利润。

面对海量数据，物流企业在不断加大大数据方面投入的同时，不该仅把大数据看作是一种数据挖掘、数据分析的信息技术，而应该把大数据看作一项战略资源，充分发挥大数据给物流企业带来的发展优势，在战略规划、商业模式和人力资本等方面作出全方位的部署。

（1）信息对接，掌握企业运作信息

在信息化时代，网购呈现出一种不断增长的趋势，规模已经达到了空前巨大的地步，这给网购之后的物流带来了沉重的负担，对每一个节点的信息需求也越来越多。每一个环节产生的数据都是海量的，过去传统数据收集、分析处理方式已经不能满足物流企业对每一个节点的信息需求，这就需要通过大数据把信息对接起来，将每个节点的数据收集并且整合，通过数据中心分析、处理转化为有价值的信息，从而掌握物流企业的整体运作情况。

（2）提供依据，帮助物流企业做出正确的决策

传统的根据市场调研和个人经验来进行决策已经不能适应这个数据化的时代，只有真实的、海量的数据才能真正反映市场的需求变化。通过对市场数据的收集、分析处理，物流企业可以了解到具体的业务运作情况，能够清楚地判断出哪些业务带来的利润率高、增长速度较快等，把主要精力放在真正能够给企业带来高额利润的业务上，避免无端的浪费。同时，通过对数据的实时掌控，物流企业还可以随时对业务进行调整，确保每个业务都可以带来赢利，从而实现高效运营。

（3）培养客户黏性，避免客户流失

网购人群的急剧膨胀，使得客户越来越重视物流服务的体验，希望物流企业能够提供最好的服务，甚至掌控物流业务运作过程中商品配送的所有信息。这就需要物流企业以数据中心为支撑，通过对数据挖掘和分析，合理地运用这些分析成果，进一步巩固和客户之间的关系，增加客户的信赖，培养客户的黏性，避免客户流失。

（4）数据"加工"从而实现数据"增值"

在物流企业运营的每个环节中，只有一小部分结构化数据是可以直接分析利用的，绝大部分非结构化数据必须要转化为结构化数据才能储存分析。这就造成了并不是所有的数据都是准确的、有效的，很大一部分数据都是延迟、无效甚至是错误的。物流企业的数据中心必须要对这些数据进行"加工"，从而筛选出有价值的信息，实现数据的"增值"。

总之，大数据已经渗透到物流企业的各个环节，引起物流企业普遍关注的同时已经给它们带来了高额效益。但是，面对大数据这一机遇，物流企业的高层管理者仍需给予高度的重视和支持，正视企业应用大数据时存在的问题。

4.8.2 大数据应用场景描述

1. 物流仓库选址

（1）场景简介

物流仓库选址的焦点问题是仓库坐落位置，问题包括：仓库位置坐落在何处；每个仓库服务于哪些客户或市场范围；仓库储存哪些产品群；需要用哪些公用设施和私人设施等。另外，还要考虑交通条件、地理条件以及道路条件等[53]。

①仓库选址的基本条件。仓库选址时，必须根据已确定的目的、方针，明确以下条件，逐步地筛选出仓库选址的候选地。

必要条件：客户分布的现状及预测、业务量的增长率、辐射的范围等。

运输条件：应靠近铁路、货运站、港口或公共卡车终点站等运输据点，同时，也应靠近运输业者的办公地点。

服务的条件：向客户报告到货的时间、发送频度，以及根据供货时间计算从客户到仓库的距离和服务范围。

用地条件：仓库选址时是利用现有的设施和土地，还是新征土地。如果需要新征土地，则需考虑地价及地价许可范围内用地的分布状况。

政策法规：在指定的用地区域范围内是否有不准建立仓库设施的土地政策规定。

管理及信息条件：是否要求仓库靠近公司总部及营业、管理、计算机中心等部门。

流通功能：商流功能、物流功能是否分离，在仓库内是否有流通加工功能。如果有，是否能够保证对工人的聘任和职工通勤的便利，是否要限定仓库选址的范围。

其他条件：根据仓库的类型是否需要冷藏、保温设施，是否需要防公害设施、设备或危险品处理设备等。如果存在这种情况，选址区范围内是否有限制这些设施的条件，是否适合这些条件。在仓库位置选择时，决策者必须充分地考虑和研究这些问题，根据这些条件决定仓库的设施规模和地理位置。最佳的仓库选址是由所希望的条件来决定的。因此将所希望的条件按照优先顺序标记在地图上，反复地研究分析，在理想的区域内限定候选地。另外，由于城市密度越来越大，可供自由选择的余地越来越小，因此，选址的定性分析显得越发重要。实际选址时，一般采用定量的方法先进行理论位置的选定，然后再根据实际的条件进行分析论证以确定理想的仓库选址。

②仓库选址时所需的基本数据。仓库选址时采用的是定量分析方法，它是仓库选址的必要方法。在采用相应的模型进行分析时，必须考虑成本和作业量这两方面的数据。

仓库作业量主要有以下几个方面：供应商到仓库的运输量；仓库到客户的运送量；仓库的库存量；不同的运送线路上的作业量。这些数据在不同的时间段、不同的季节、不同的月份等均有不同的波动，因此要对采用的数据进行研究和筛选。另外，除了对现状的各项数据进行分析外，还需对设施运营使用后的预测值进行确定。

与仓库选址有关的成本费用有以下几方面：供应商到仓库的运输费；将货物运送给客户的运送费用；与设施、土地有关的费用及人工费、业务费等。费用中前两项随着业务量和运送距离的变化而变化，必须对吨公里成本进行分析。第三项费用包括可变费用和固定费用两部分，可变费用包括劳动力、能源、公用设施和原料的费用，固定费用包括有关设施、设备及监督的费用，分析时可用两类费用之和进行成本分析。

其他：用缩尺地图表示客户的位置、现有设施的配置方位及工厂的位置，并整理各个候选地的运送路线及距离等资料。对必备的车辆数、作业人员数、装卸方式、装卸机械费用等要与成本分析结合起来确定。

根据对顾客需求的预测（基于互联网订单数据、搜索数据）、对交通的预测（基于人群流动信息），可辅助物流企业对物流仓库进行选址。

（2）场景所需要的数据

用户的偏好数据、用户的互联网行为数据、用户位置数据。

（3）场景的详细描述

该场景所针对的目标顾客群：物流企业。

一个对该场景实现过程详细描述的例子：首先，受某物流企业委托对其仓库选址决策给出分析建议；其次，根据用户的偏好数据、互联网访问数据及用户的位置数据确定不同区域内的用户对不同货物的采购需求及其他特征，并建立基于用户需求的物流仓库选址模型，根据模型的计算结果向物流企业提供决策支持；再次，物流企业根据建议开展仓库的构建工作；最后，根据仓库构建之后的运行效果，实现对模型的改进与优化。

该场景拟解决的关键问题：基于用户电子商务订单数据的物流仓库选址模型。

2. 类似于"双十一"等大型电子商务销售活动的物流需求预测

（1）场景简介

每年"双十一"都会有大量的电子商务订单产生，而且"双十一"附近这几天的订单总量往往会超过全年订单总量，这就对整个社会的物流能力造成极大的压力。由于整个社会物流能力实际上存在着"瓶颈"，在"双十一"所产生的电子商务订单往往不能及时送货，而是被一拖再拖，有的订单被拖延了几周时间才完成送货，最终使物流公司的声誉，乃至电子商务网站的声誉都受到极大的影响。因此，如果能在"双十一"到来之前，提前预测到可能的电子商务订单，并进行相应的物流配送，以便缓解"双十一"之后的大量订单对物流造成的压力，是解决这一问题的有效途径。

由于移动大数据具有用户的位置信息、互联网电子商务下单信息，能够从一个侧面反映出某地区用户下单的可能性及下单总量，因此而能够为"双十一"的物流能力需求进行一个提前的预测。

基于用户的位置信息、用户在手机上针对电子商务网站的访问信息，可以实现对"各个地区的用户针对某类商品的需求量"的预测，进行综合汇总之后，可以得到全国整体的订单情况的提前预测。

（2）场景所需要的数据

用户的偏好数据、用户的互联网行为数据、用户位置数据。

（3）场景的详细描述

该场景所针对的目标顾客群：物流企业。

一个对该场景实现过程详细描述的例子：首先，受某物流企业委托对双十一期间的物流需求进行预测；其次，针对该物流企业所配送的货物的特征，并根据用户的偏好数据、互联网访问数据及用户的位置数据确定不同区域内的用户对不同货物的采购需求及其他特征，并建立基于位置信息和电子商务网站访问日志的物流需求预测模型，根据模型的计算结果向物流企业提供决策支持；再次，物流企业根据建议开展物流能力的提前布局；最后，根据"双十一"期间的实际物流需求与预测的物流需求进行比较分析，实现对模型的改进与优化。

该场景拟解决的关键问题：基于用户位置信息和电子商务网站访问日志的物流需求预测模型。

3. 物流车辆及货物信息实时监控与优化调度

（1）场景简介

大型物流公司每天都需要对货物运输及司机安排做出决策，且决策方案的好坏将直接影响到物流成本的高低。可借助其对用户位置信息的掌握，准确知道司机以及他的车辆当前正运行在什么位置、正在为哪个顾客进行物流服务。同时，可介入物流车载终端的研发与数据分析工作，通过司机的手机与物流车载设备的实时通信，将车辆上各种货物的状态信息通过移动通信的网络及时传递到监控中心，以便在遇到突发事件、干扰事件时，能够及时对问题加以处理，并在地图上实现对物流车辆及货物的调度。

（2）场景所需要的数据

司机的位置数据、物流车载终端所收集到的车辆与货物信息。

（3）场景的详细描述

该场景所针对的目标顾客群：物流企业。

一个对该场景实现过程详细描述的例子：第一，受某物流企业委托协助其完成物流车辆及货物信息的实时监控与优化调度；第二，针对该物流企业所配送的货物的特征及顾客分布特征，建立基于位置信息的物流车辆调度模型，并根据情况而研发物流车载终端设备，以便更为深入地收集和分析物流货物数据；第三，根据模型的计算结果向物流企业提供车辆及货物信息的实时监控与优化调度界面；第四，物流企业根据调度方案，针对物流车辆进行路线规划以及突发事件的应急处理；第五，根据物流企业的实际调度效果，实现对物流车辆调度模型的改进与优化。

该场景拟解决的关键问题：基于用户位置信息的物流车辆调度模型。

4.9 政府及公共事业

4.9.1 行业概述

大数据时代下，越来越多的国家和组织利用技术手段开展民意或社会调查，通过线上互动让民众成为政务流程的节点，建立公众与政府的沟通渠道，从而使政府成为整合开放的平台，让公众参与政策制定、执行及评估监督，使政务更加透明。例如美国联邦政府每年都要下拨大量的专项资金，资金的使用效率是来年是否继续拨款的决定性因素，社会调查及数据分析成为美国联邦政府评估资金使用效率的主要工具。

大数据的包容性将打开政府各部门、政府与公民之间的边界，信息孤岛现象大幅消减，信息逐渐成为可能。同时，大数据也将提升政务效率，降低政府运行成本。例如2001年美国加州州政府率先推出数据挖掘项目"保险补助双向核对项目"，将医疗保险和医疗补助的数据进行整合，互相核实两个计划中的人员、时间、价格、地点等关键数据信息，通过计算机算法自动确定互斥、异常的支付记录，从而发现造假与不实申报。2004年该项目延伸至事前防范，利用数据挖掘系统对申请数据进行"风险评分"，将风险评分低的申请自动转至人工复合，大大降低了成本并提高了效率[54]。

大数据进一步提高政府决策效率，提高政府决策的科学性和精准性，提高政府预测预警能力以及应急响应能力，节约决策的成本。另外，通过人口细分精准分析需求，增强公共服务的针对性，提高公众满意度。在传统公共管理中，公共部门倾向于为所有公民提供相同的服务。但其实，公众往往具有非常多元化的个性化需求。

4.9.2 大数据应用场景描述

1. 大数据助力政务透明

（1）场景简介

大数据时代下，越来越多的国家和组织利用技术手段开展民意或社会调查，通过线上互动让民众成为政务流程的节点，建立公众与政府的沟通渠道，从而使政府成为整合开放的平台，让公众参与政策制定、执行及评估监督，使政务更加透明。例如美国联邦政府每年都要下拨大量的专项资金，资金的使用效率是来年是否继续拨款的决定性因素，社会调查及数据分析成为美国联邦政府评估资金使用效率的主要工具。

可利用短信及飞信客户端、139邮箱等产品，利用技术手段帮助政府开展社会调查，通过线上互动建立公众与政府的沟通渠道，并利用数据分析为政府提供决策支持。

（2）场景所需要的数据

用户属性信息、用户使用产品的相关数据信息、用户反馈信息等。

（3）场景的详细描述

该场景所针对的目标顾客群：是移动大数据用户的政府社会及民意调查对象。

一个对该场景实现过程详细描述的例子：首先，明确政府进行社会及民意调查的需求及目标人群；其次，基于移动用户属性，筛选目标人群中的用户；再次，根据用户属性信息、用户使用产品的相关数据信息等，建立模型，选定线上调查利用的产品（短信、飞信、139

邮箱或其他产品客户端等）；最后，依托选定的产品帮助政府进行线上社会或民意调查，并将调查反馈信息进行统计分析，最终完成调查报告。

该场景拟解决的关键问题：目标用户确定；线上调查产品选型；反馈信息统计分析。

2. 大数据提升政务效率

（1）场景简介

大数据的包容性将打开政府各部门、政府与民众之间的边界，信息孤岛现象大幅消减。同时，大数据也将提升政务效率，降低政府运行成本。例如2001年美国加州州政府率先推出数据挖掘项目"保险补助双向核对项目"，将医疗保险和医疗补助的数据进行整合，互相核实两个计划中的人员、时间、价格、地点等关键数据信息，通过计算机算法自动确定互斥、异常的支付记录，从而发现造假与不实申报。2004年该项目延伸至事前防范，利用数据挖掘系统对申请数据进行"风险评分"，将风险评分低的申请自动转至人工复合，大大降低了成本并提高了效率[54]。

个人信用体系揭示社会主体信用优劣，警示社会主体信用风险，并整合全社会力量褒扬诚信，惩戒失信，个人信用体系的建立和完善是我国社会主义市场经济不断走向成熟的重要标志之一。个人用户信用体系已相对成熟及完善，作为个人信用体系的主要组成部分，可充分利用内部数据，为政府建立个人信用体系提供数据支持和补充。

（2）场景所需要的数据

移动用户属性、用户消费数据、账单数据、欠费数据等。

（3）场景的详细描述

该场景所针对的目标顾客群：个人信用体系目标人群。

一个对该场景实现过程详细描述的例子：首先，明确政府进行个人信用体系建设的需求及目标人群；其次，基于移动用户属性，筛选目标人群中的用户；再次，根据用户属性信息、用户消费数据、账单数据、欠费数据等，建立个人信用模型；最后，依托信用数据及构建的信用模型补充和支持政府个人信用体系建设。

该场景拟解决的关键问题：个人信用模型构建。

3. 大数据提高政府决策科学性

（1）场景简介

大数据进一步提高政府决策效率，提高政府决策的科学性和精准性，提高政府预测预警能力以及应急响应能力，节约决策的成本。另外，通过人口细分精准分析需求，增强公共服务的针对性，提高公众满意度。在传统公共管理中，公共部门倾向于为所有公民提供相同的服务。但其实，公众往往具有非常多元化的个性化需求。例如：德国联邦劳工局对大量的失业人员的失业情况、干预手段和重新就业等历史数据进行分析，使其区分不同类别的失业人群并采取有针对性的手段来进行失业干预，大大提高了公共服务提供的精准性[55]。该做法使得该局在每年减少100亿欧元相关支出的情况下，减少失业人员平均再就业所需时间，大大改善了失业人群的求职体验。

移动大数据拥有丰富的用户电话、短信、互联网访问行为数据、位置数据、产品使用行为等数据，在不侵犯用户个人隐私的前提下，可借由丰富的数据和技术资源，为政府提供舆论分析解决方案，为政府决策提供依据。

（2）场景所需要的数据

用户身份数据、互联网访问行为数据、位置数据、用户产品使用行为数据等。

（3）场景的详细描述

该场景所针对的目标顾客群：政府舆论分析目标人群（同时为移动用户）。

一个对该场景实现过程详细描述的例子：首先，明确政府进行个人舆论分析的需求及目标人群；其次，根据用户身份属性信息、用户位置数据、互联网访问行为数据、产品使用行为数据等，建立舆论分析模型；最后，根据舆论分析模型输出分析结果，为政府提供决策依据。

该场景拟解决的关键问题：舆论分析模型。

4．气候预测

（1）场景简介

在气候预测与灾难预防方面大数据连同其他技术手段也发挥了极大的作用。例如：2011年美国国家气象局在全国2000辆客运大巴上装备传感器，随着巴士的移动沿途搜集温度、湿度、露水、光照等数据，并立刻传回国家气象局数据中心。这些气候实时、高精度数据使天气预测逐渐走向"实"报及"精"报。此外，美国联邦政府国家邮局也正在规划在全部邮政车上安装传感器，在邮政车投件收件的同时，实时采集社区的空气质量、污染指数和噪声等数据指标。

美国国家与大气管理局通过在近海、外大陆架、内大陆架和沿海安装传感器，建立覆盖全美海岸线的海浪监测网络。监测网络不仅能监测海浪的能量和方向，还能计算海浪的传播速度、偏度和峰度。对海浪的监测，不仅能提高沿海地区对海啸、风暴等自然灾害的应急能力，还能改善海上交通安全并未海能发电提供关键的分析数据[56]。

利用物联网及铺设基站优势，可进行气候数据监测，并利用数据分析技术进行气候预测。

（2）场景所需要的数据

移动物联网相关数据。

（3）场景的详细描述

该场景所针对的目标顾客群：移动大数据用户。

一个对该场景实现过程详细描述的例子：首先，收集物联网记录数据，确定数据的关联关系；其次，根据上述关联关系，建立基于各类数据的重要识别模型及配套业务运行机制；再次，根据这一识别模型，面向重要气候变化进行预测；最后，完成后续反馈沟通，以便使模型不断优化完善。

该场景拟解决的关键问题：预测监控模型及配套预警机制。

5. 信息化防控

（1）场景简介

在治安管理方面，大数据也使智能信息化防控成为可能。例如：在苏州市，覆盖城乡的信息化防控网络，在警力与人口配比不足万分之十的情况下，使打击处理案件数、刑拘转捕率、技术支撑率均为全省最高，实现了"以十抵万"的办案效率。在西班牙首都马德里，通过平台化整合警察、消防、医疗系统，使救援时间大幅度缩短，巡逻队、消防车、救护车能够在8分钟内到达81%的突发事件现场[57]。

基于内部用户数据、外部医疗、消防、防控数据，利用数据分析技术，并借由系统平台，缩短救援时间，提供防控效率。

（2）场景所需要的数据

移动用户数据，外部医疗、消防、防控相关数据等。

（3）场景的详细描述

该场景所针对的目标顾客群：移动大数据用户。

一个对该场景实现过程详细描述的例子：首先，收集内外部数据，确定数据的关联关系；其次，根据上述关联关系，建立基于各类数据的重要行为识别模型及配套业务运行机制；再次，根据这一识别模型，面向近期发生的一系列数据对重要行为及需求进行预测；最后，完成后续反馈沟通，以便使模型不断优化完善。

该场景拟解决的关键问题：相关监控预警模型。

4.10 互联网行业

4.10.1 行业概述

某些电子商务网站可以通过对用户购物偏好的数据分析，例如参考之前的订单、商品搜索记录、愿望清单、购物车，甚至用户的鼠标在某件商品上悬停的时间，提前将用户可能购买的商品配送至距离最近的仓库，一旦用户下单，商品立刻就能送至用户家门口，借此方式提高用户满意度。

随着网络和信息技术的不断普及，人类产生的数据量正在呈指数级增长，而云计算的诞生，更是直接把我们送进了大数据时代。"大数据"作为时下最时髦的词汇，开始向各行业渗透辐射，颠覆着很多特别是传统行业的管理和运营思维。在这一大背景下，大数据也触动着电商行业管理者的神经，搅动着电商行业管理者的思维；大数据在电商行业释放出的巨大价值吸引着诸多电商行业人士的兴趣和关注。探讨和学习如何借助大数据为电商行业经营管理服务也是当今该行业管理者面临的挑战。

大数据应用，其真正的核心在于挖掘数据中蕴藏的情报价值，而不是简单的数据计算。那么，对于电商行业来说，管理者应该如何来借助大数据为电商行业的运营管理服务呢？同时大数据应用又将如何突出其在电商行业的情报价值呢？对此，乐思大数据情报信息中心从以下四个方面整理总结了大数据在电商行业的创新性应用。

（1）大数据有助于精确电商行业市场定位

成功的品牌离不开精准的市场定位，可以这样说，一个成功的市场定位，能够使一个企业的品牌加倍快速成长，而基于大数据的市场数据分析和调研是企业进行品牌定位的第一步。电商行业企业要想在无硝烟的市场中分得一杯羹，需要架构大数据战略，拓宽电商行业调研数据的广度和深度，从大数据中了解电商行业市场构成、细分市场特征、消费者需求和竞争者状况等众多因素，在科学系统的信息数据收集、管理、分析的基础上，提出更好的解决问题的方案和建议，保证企业品牌市场定位独具个性化，提高企业品牌市场定位的行业接受度。

企业想进入或开拓某一区域电商行业市场，首先要进行项目评估和可行性分析，只有通过项目评估和可行性分析才能最终决定是否适合进入或者开拓这块市场。如果适合，那么这个区域人口是多少？消费水平怎么样？客户的消费习惯是什么？市场对产品的认知度怎么样？当前的市场供需情况怎么样？公众的消费喜好是什么，等等，这些问题背后包含的海量信息构成了电商行业市场调研的大数据，对这些大数据的分析就是市场定位过程。

企业开拓新市场，需要动用巨大的人力、物力和精力，如果市场定位不精准或者出现偏差，其给投资商和企业自身带来后期损失是巨大甚至有时是毁灭性的，由此看出市场定位对电商行业市场开拓的重要性。只有定位准确乃至精确，企业才能构建出满足市场需求的产品，使自己在竞争中立于不败之地。但是，要想做到这一点，就必须有足够量的信息数据来供电商行业研究人员分析和判断。在传统情况下，分析数据的收集主要来自统计年鉴、行业管理部门数据、相关行业报告、行业专家意见及属地市场调查等，这些数据多存在样本量不足，时间滞后和准确度低等缺陷，研究人员能够获得的信息量非常有限，使准确的市场定位存在着数据瓶颈。随着大数据时代的来临，借助数据挖掘和信息采集技术不仅能给研究人员提供足够的样本量和数据信息，还能够建立基于大数据数学模型对未来市场进行预测。当然，依靠传统的人工数据收集和统计显然难以满足大数据环境下的数据需求，这就需要依靠相关数据公司（如深圳乐思软件）自动化数据采集工具的帮助。

（2）大数据成为电商行业市场营销的利器

从搜索引擎、社交网络的普及人手一机的智能移动设备，互联网上的信息总量正以极快的速度不断暴涨。每天在 Facebook、Twitter、微博、微信、论坛、新闻评论、电商平台上分享各种文本、照片、视频、音频、数据等信息高达几百亿甚至几千亿条，这些信息涵盖着商家信息、个人信息、行业资讯、产品使用体验、商品浏览记录、商品成交记录、产品价格动态等海量信息。这些数据通过聚类可以形成电商行业大数据，其背后隐藏的是电商行业的市场需求、竞争情报，闪现着巨大的财富价值。

在电商行业市场营销工作中，无论是产品、渠道、价格还是顾客，可以说每一项工作都与大数据的采集和分析息息相关，而以下两个方面又是电商行业市场营销工作中的重中之重：一是通过获取数据并加以统计分析来充分了解市场信息，掌握竞争者的商情和动态，知晓产品在竞争群中所处的市场地位，来达到"知彼知己，百战不殆"的目的；二是企业通过积累和挖掘电商行业消费者档案数据，有助于分析顾客的消费行为和价值取向，便于更好地为消费者服务和发展忠诚顾客。

以电商行业在对顾客的消费行为和取向分析方面为例，如果企业平时善于积累、收集和整理消费者的消费行为方面的信息数据，如消费者购买产品的花费、选择的产品渠道、偏好产品的类型、产品使用周期、购买产品的目的、消费者家庭背景、工作和生活环境、个人消费观和价值观等。如果企业收集到了这些数据，建立消费者大数据库，便可通过统计和分析来掌握消费者的消费行为、兴趣偏好和产品的市场口碑现状，再根据这些总结出来的行为、兴趣爱好和产品口碑现状制定有针对性的营销方案和营销战略，投消费者所好，那么其带来的营销效应是可想而知的。因此，可以说大数据中蕴含着出奇制胜的力量，如果企业管理者善于在市场营销加以运用，将成为电商行业市场竞争中立于不败之地的利器。

(3) 大数据支撑电商行业收益管理

收益管理作为实现收益最大化的一门理论学科，近年来受到电商行业人士的普遍关注和推广运用。收益管理意在把合适的产品或服务，在合适的时间，以合适的价格，通过合适的销售渠道，出售给合适的顾客，最终实现企业收益最大化目标。要达到收益管理的目标，需求预测、细分市场和敏感度分析是此项工作的三个重要环节，而这三个的环节推进的基础就是大数据。

需求预测是通过对建构的大数据统计与分析，采取科学的预测方法，通过建立数学模型，使企业管理者掌握和了解电商行业潜在的市场需求，未来一段时间每个细分市场的产品销售量和产品价格走势等，从而使企业能够通过价格的杠杆来调节市场的供需平衡，并针对不同的细分市场来实行动态定价和差别定价。需求预测的好处在于可提高企业管理者对电商行业市场判断的前瞻性，并在不同的市场波动周期以合适的产品和价格投放市场，获得潜在的收益。细分市场为企业预测销售量和实行差别定价提供了条件，其科学性体现在通过电商行业市场需求预测来制定和更新价格，最大化各个细分市场的收益。敏感度分析是通过需求价格弹性分析技术，对不同细分市场的价格进行优化，最大限度地挖掘市场潜在的收入。

大数据时代的来临，为企业收益管理工作的开展提供了更加广阔的空间。需求预测、细分市场和敏感度分析对数据需求量很大，而传统的数据分析大多是采集的是企业自身的历史数据来进行预测和分析，容易忽视整个电商行业信息数据，因此难免使预测结果存在偏差。企业在实施收益管理过程中如果能在自有数据的基础上，依靠一些自动化信息采集软件来收集更多的电商行业数据，了解更多的电商行业市场信息，这将会对制定准确的收益策略，赢得更高的收益起到推进作用。

(4) 大数据创新电商行业需求开发

随着论坛、博客、微博、微信、电商平台、点评网等媒介在PC

端和移动端的创新和发展，公众分享信息变得更加便捷自由，而公众分享信息的主动性促使了"网络评论"这一新型舆论形式的发展。微博、微信、点评网、评论版上成千上亿的网络评论形成了交互性大数据，其中蕴藏了巨大的电商行业需求开发价值，值得企业管理者重视。

网络评论，最早源自互联网论坛，是供网友闲暇之余相互交流的网络社交平台。在微博、微信、论坛、评论版等平台随处可见网友使用某款产品的优点点评、缺点"吐槽"、功能需求点评、质量好坏与否点评、外形美观度点评、款式样式点评等信息，这些都构成了产品需求大数据。同时，消费者对企业服务及产品简单表扬与批评演变得更加的客观真实，消费者的评价内容也更趋于专业化和理性化，发布的渠道也更加广泛。作为电商行业企业，如果能对网上电商行业的评论数据进行收集，建立网评大数据库，然后再利用分词、聚类、情感分析了解消费者的消费行为、价值取向、评论中体现的新消费需求和企业产品质量问题，以此来改进和创新产品，量化产品价值，制定合理的价格及提高服务质量，从中获取更大的收益。

大数据，并不是一个神秘的字眼，只要电商行业企业平时善于积累和运用自动化工具收集、挖掘、统计和分析这些数据，为我所用，都会有效地帮助企业提高市场竞争力和收益能力。

4.10.2 大数据应用场景描述

1. 电子商务公司预测式发货

（1）场景简介

某些电子商务网站可以通过对用户购物偏好的数据分析，例如参考之前的订单、商品搜索记录、愿望清单、购物车，甚至用户的鼠标在某件商品上悬停的时间，提前将用户可能购买的商品配送至距离最近的仓库，一旦用户下单，商品立刻就能送至用户家门口，借此方式提高用户满意度。

通过用户身份属性信息、位置信息、手机上网日志、流量使用情况等数据，分析用户偏好，预测用户最近关注并打算购买的商品，为电子商务公司或其他传统零售公司精准营销提供目标客户及客户画像。

（2）场景所需要的数据

用户身份属性信息、位置信息、手机上网日志、流量使用情况等数据。

（3）场景的详细描述

该场景所针对的目标顾客群：移动大数据用户。

一个对该场景实现过程详细描述的例子：首先，了解电子商务公司需求及产品；其次，对用户身份属性信息、位置信息、手机上网日志、流量使用情况等数据进行分析，并梳理与电子商务公司需求及产品的关联关系，建立关联模型；再次，根据关联模型，面向每一用户近期发生的一系列数据（用户搜索、用户访问信息、终端信息、位置、关注业务或商品、倾向偏好等）对用户需求进行预测；最后，将模型输出的目标客户及客户画像提供给电子商务公司，由电子商务公司向目标客户进行精准营销，并协助完成后续反馈沟通，以便使模型不断优化完善。

该场景拟解决的关键问题：用户需求及偏好分析模型。

2. 依托搜索数据进行消费者调查

（1）场景简介

借助自身大数据的关键技术和核心优势，通过消费者行为分析和洞察，搜索引擎公司为兴业银行新产品开发设计、业务流程完善优化、业务推广模式创新等提供咨询建议和解决方案。同时，利用搜索平台和各种创新技术，推进兴业银行营销模式创新和互联网销售渠道建设，共享营销渠道。

可利用短信及飞信客户端、邮箱等产品，利用技术手段帮助互联网公司或其他传统行业开展消费者洞察，为其优化产品、完善业务流程、推广业务创新等提供决策支持。

（2）场景所需要的数据

用户属性信息、用户使用产品的相关数据信息、用户反馈信息等。

（3）场景的详细描述

该场景所针对的目标顾客群：是移动大数据用户的互联网公司目标客户。

一个对该场景实现过程详细描述的例子：首先，明确互联网公司进行消费者洞察的目的；其次，基于移动用户属性，筛选用户的目标客户；再次，根据用户属性信息、用户使用产品的相关数据信息等，建立模型，选定线上调查利用的产品（短信、飞信、邮箱或其他产品客户端等）；最后，依托选定的产品帮助互联网公司进行线上消费者调查，并将调查反馈信息进行统计分析，最终完成调查报告。

该场景拟解决的关键问题：目标用户确定；线上调查产品选型；反馈信息统计分析。

3. 利用与社交网络的合作引流增销

（1）场景简介

电商企业与社交网络签署战略合作协议，依托各自领先的电子商务和社交媒体优势，探索和建立更具想象力的开放生态体系及商业模式。双方在用户账户互通、数据交换、在线支付、网络营销等领域进行深入合作，并探索基于数亿的社交网络用户与电子商务平台的数亿消费者有效互动的社会化电子商务模式。

移动大数据中拥有丰富的用户社交数据，这些数据作为用户社交数据的重要组成部分对其他行业客户产生着强大的吸引力。可开放部分用户社交数据，并研发相关消费者洞察产品，为其他行业公司提供消费者洞察解决方案与精准的用户画像。

(2) 场景所需要的数据

用户社交行为信息、用户社交关系信息、用户偏好等。

(3) 场景的详细描述

该场景所针对的目标顾客群：移动大数据用户。

一个对该场景实现过程详细描述的例子：首先，梳理内部用户社交关系及行为关系相关数据，明确数据的关联关系；其次，根据上述关联关系，建立基于各垂直行业的消费者洞察模型；最后，根据这一识别模型，定期向外部合作公司提供消费者洞察报告，并完成后续反馈沟通，使模型不断优化完善。

该场景拟解决的关键问题：用户社交关系分析；用户需求分析。

4. 大数据助力游戏精细化运营

(1) 场景简介

企业大数据部门集中企业所拥有的所有数据，作为企业决策的大脑，提供人工智能的数据平台。游戏部门与大数据产品部门合作，借由大数据手段优化游戏运营，降低用户流失率。例如通过用户行为分析为用户打上标签，并进行相对应的营销活动。对沉默用户标签进行流失挽回，依据地理位置标签推广线下玩家活动，利用版本标签提醒老用户升级。通过用户身份属性信息、位置信息、手机上网日志、流量使用情况等数据，分析游戏用户偏好，预测用户对游戏产品的需求，为游戏公司优化产品、改善流程等提供决策支持。

(2) 场景所需要的数据

用户身份属性信息、位置信息、手机上网日志、流量使用情况等数据。

(3) 场景的详细描述

该场景所针对的目标顾客群：游戏产品用户且为移动大数据用户。

一个对该场景实现过程详细描述的例子：首先，了解游戏公司需求及产品；其次，对用户身份属性信息、位置信息、手机上网日志、流量使用情况等数据进行分析，并梳理与游戏公司需求及产品的关联关系，建立关联模型；再次，根据关联模型，面向每一用户近期发生的一系列数据（用户搜索、用户访问信息、终端信息、位置、关注产品、倾向偏好等）对用户需求进行预测；最后，将模型输出的游戏用户洞察结果提供给游戏公司，并完成后续反馈沟通，以便使模型不断优化完善。

该场景拟解决的关键问题：游戏用户洞察分析模型。

5. 智能视频图像分析

（1）场景简介

在大数据时代，面对海量的视频数据，智能视频分析技术在数据挖掘方面被赋予厚望。智能视频分析让视频监控从人工抽检，进步到高效事前预警、事后分析，实现智能化的信息分析、预测。

目前智能视频图像相关技术运用于广泛的行业，包括视频看护等家庭应用，安防、质检、保险、教育、交通等行业，以及其他公众企业应用。例如运用于安防及交通领域，通过视频图像信息库的建设及使用和车牌、车牌颜色、车身、车身颜色、车辆类型等特征识别，把车辆图片、车辆信息、车主信息、盗抢车辆库等结合起来，可以有效地进行车辆的查找、布控和案件线索搜索。

可利用自身物联网及技术优势，为其他需要智能图像及行为分析的公司提供用户洞察全套解决方案。

（2）场景所需要的数据

移动物联网相关数据，包括车辆智能定位数据、车辆报警、电梯运行监控数据等。

（3）场景的详细描述

该场景所针对的目标顾客群：移动个人用户及集团客户。

一个对该场景实现过程详细描述的例子：首先，了解其他物联网公司需求及产品；其次，对物联网用户行为数据进行分析，并梳理与物联网公司需求及产品的关联关系，建立关联模型；再次，根据关联模型，面向每一用户近期发生的一系列数据对用户需求进行预测；最后，将模型输出的用户洞察结果提供给物联网公司，并完成后续反馈沟通，以便使模型不断优化完善。

该场景拟解决的关键问题：用户相关数据与产品匹配关系分析。

6. 电子商务推荐

（1）场景简介

根据用户的网络日志洞察用户的商务需求和偏好，从而对用户的电子商务网购进行相应的推荐。移动大数据使其了解到用户在多个电子商务网站上的选购及下单的行为，甚至能通过用户的搜索行为，洞察用户的实际消费需求，从而进行更有针对性的推荐。

（2）场景所需要的数据

用户网络日志数据。

（3）场景的详细描述

该场景所针对的目标顾客群：移动个人用户。

一个对该场景实现过程详细描述的例子：首先，根据用户的上网日志信息，发现用户的网购特征以及网购偏好；其次，建立用户的偏好模型，并借此实现对每一用户以及用户群网购特征的挖掘；再次，根据一系列用户的实际行为进行模型的修正与优化；最后，将模型输出的用户洞察结果提供给电子商务公司，辅助电子商务公司完成对于某个用户网购的推荐工作，并完成后续反馈与沟通。

该场景拟解决的关键问题：用户网购偏好模型的构建。

7. 用户互联网行为特征标记

（1）场景简介

移动用户数量巨大，并且存有每一用户的网络访问日志，以及每一用户的移动位置特征。利用客户产生的这些数据来分析客户，深入挖掘他们的个性化特征，为他们的其他互联网活动进行有针对性的营销与推荐，进而形成更为优质的移动运营网络以及更为满意的用户服务体验。

（2）场景所需要的数据

用户网络日志数据、位置数据。

（3）场景的详细描述

该场景所针对的目标顾客群：移动个人用户、互联网企业。

一个对该场景实现过程详细描述的例子：首先，根据用户的上网日志信息、位置信息，发现用户的互联网行为特征及偏好；其次，建立用户特征与偏好模型，并借此实现对每一用户以及用户群特征的挖掘；再次，根据一系列用户的实际行为进行模型的修正与优化；最后，将模型输出的用户洞察结果提供给互联网企业，辅助互联网企业实现更好推荐、服务、改善用户体验等工作，并完成后续的反馈与沟通。

该场景拟解决的关键问题：用户互联网行为特征模型的构建。

4.11 银 行 业

4.11.1 行业概述

2012年8月，阿里金融开始为阿里巴巴用户提供无抵押贷款，用户只需要凭借过去的信用即可24小时随用随借、随借随还，审批比银行更快、贷款成本比银行更低、贷款的额度范围也比银行更宽，阿里金融之所以能比银行做得更好，就在于阿里金融比银行掌握更多的客户数据。

阿里巴巴提出的"平台+金融+数据"的战略给银行带来巨大

的挑战和压力。阿里金融在中小企业金融服务市场中，比银行有更大的优势[58]。

银行业的另外一个挑战是互联网融资，目前的融资模式主要有两种：交易所为中心的直接融资和银行为中心的间接融资。在互联网融资模式中，互联网企业可以把资金多的或者资金缺的有序排列，然后通过大数据确定出他们之间的风险定价，人与人之间的贷款与放贷需求可以自动撮合。

无论是互联网融资模式还是阿里金融的模式，对于银行的挑战本质上是对于客户的了解的挑战，也是数据的挑战。银行要么深化对于大数据的应用，要么被边缘化。

我们可以看到，不少银行已经开始尝试通过大数据技术来获得竞争优势。中信银行信用卡中心使用大数据技术实现了实时营销；交通银行使用大数据技术实现了事件式营销；建设银行则将自己的电子商务平台和信贷业务结合起来；光大银行建立了社交网络信息数据库；招商银行则利用大数据发展小微贷款市场。从实际来看，大数据给中国银行业带来了很大的帮助。例如，中信银行信用卡中心通过其数据库营销平台进行了1286个宣传活动。并且市场活动中答应客户在刷满一定金额或次数后送给他们的礼品，可以在客户刚好满足条件的那次刷卡后马上获得，实现了秒级营销，而不必像之前那样等待好几个工作日。其他方面的提升还包括：信用卡交易额增长了65%，超过银行业平均的14%；营销活动准备时间从10天，缩短到了2.5天；信用卡不良贷款（NPI）比率同比减少了0.76%；单位工时创收提升33%；笔均贷款额提升18%[59]。未来，银行还将利用大数据技术发展如下业务：完善客户的风险定价模型、实现多渠道数据的实时交互、加强数据质量、加强语义和语音分析、实时营销将会推广到更多的银行和更多的银行业务、将银行的电子商城业务和银行金融服务结合起来。

除了数据本身的大规模增长以外，银行业面临的更大的挑战是大数据带来的业务挑战，这包括：微型企业贷款市场上，银行与互联网起家的小额贷款公司难以竞争；在互联网支付中，网银支付所占比重越来越低，这使得银行越来越难以知道客户的消费行为；互联网融资模式的出现，在未来可能会超过以银行为中心的间接融资和以交易所为中心的直接融资模式，这会使得银行逐渐被边缘化。所有这些挑战，本质上是因为银行对于客户的了解程度，相对越来越弱。

大数据技术包括数据仓库、数据分析、数据管理。大数据在银行业的应用范围包括客户定价、产品营销、风险管理等领域[63]（见图4-4和表4-1）。

中国银行业的大数据应用场景

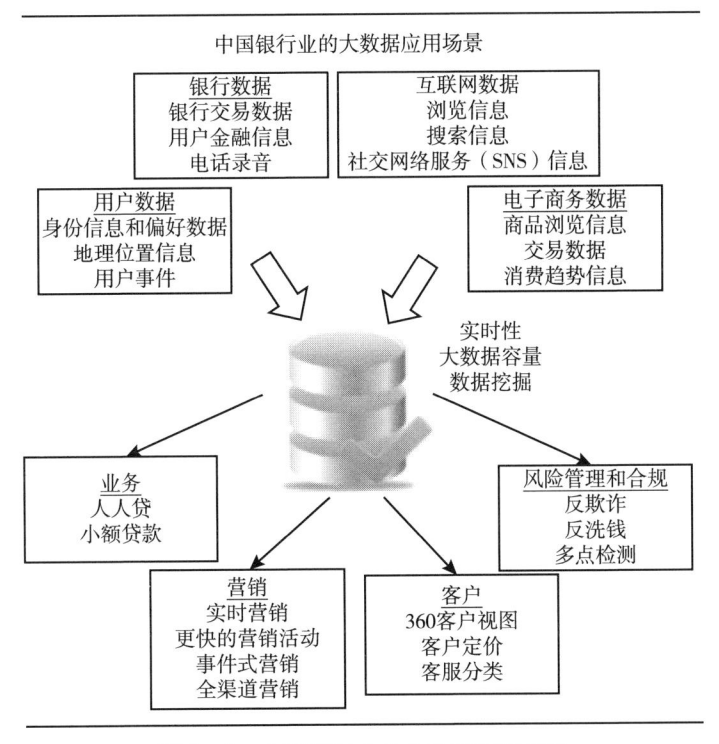

银行数据
银行交易数据
用户金融信息
电话录音

互联网数据
浏览信息
搜索信息
社交网络服务（SNS）信息

用户数据
身份信息和偏好数据
地理位置信息
用户事件

电子商务数据
商品浏览信息
交易数据
消费趋势信息

实时性
大数据容量
数据挖掘

业务
人人贷
小额贷款

营销
实时营销
更快的营销活动
事件式营销
全渠道营销

客户
360客户视图
客户定价
客服分类

风险管理和合规
反欺诈
反洗钱
多点检测

图4-4 中国银行业的大数据应用场景

资料来源：梁洁敏. 银行数据仓库系统的设计与实现 [D]. 济南：山东大学，2005.

121

表 4–1　　　　　　　　大数据在银行业的主要应用场景

场景	描述
应对利率市场化	现在,银行的外部环境发生了巨大的变化,混业经营、监管逐渐放开。利率市场化意味着银行需要自行对客户进行风险定价。目前,人民银行即将放开存款利率上限限制。那么,如何制定银行利率,甚至是个性化利率,就是银行面临的问题。银行可以基于大数据技术,对个人信用分析,制定不同的存贷款利率
客户营销	客户营销包括实时营销、社交网络营销和事件式营销三种。 实时营销是根据客户的实时状态来进行营销,如客户当时的所在地、客户最近一次消费等信息来有针对地进行营销; 社交网络营销目前主要是微博营销,这主要是捕捉用户的言论和行为,并有针对地开展相关营销活动; 事件式营销将改变生活的事件视为营销机会,如换工作、改变婚姻状况、置业等
客户行为分析	银行使用大数据技术分析用户的各种数据,包括电话语音、网络的监控录像、商城交易信息、支付信息、金融业务信息等多方面的信息。然后利用这些信息来对客户进行分类和服务,或者对客户进行风险评估和定价
风险管理方面应用	主要包括反欺诈、反洗钱、钓鱼网站监测、防信用卡丢失以及银行自己的声誉风险等
解决信息孤岛	银行的系统非常多,带来的问题是信息孤岛,过去,银行通常需要 24 小时的时间间隔去扫描各个业务系统,这会造成一些业务方面的问题。例如:现在绝大多数的交易都可以在多渠道上做,用户在做的过程中可能会遇到困难。遇到这种情况,客户会打电话到客服,相应的客服人员不太可能实时地知道这个问题。 新一代的解决方案是利用现在大数据的能力把分布在各个地方的原始数据和原始的日志定时每隔一分钟进行收集和抽取,放到分布式文件系统里,然后建立索引,这样一来就能够实时地查询

资料来源:作者整理。

　　银行的上述大数据应用场景与互联网的交集主要在于客户营销、客户行为分析、风险管理这几个方面,也即是说,银行在这几类场景下如果能够很好地利用移动大数据,将会对客户行为、信用风险等进行更为深入的洞察,从而带来更好的营销和风险管控的效果。

4.11.2 大数据应用场景描述

1. 高端客户的交叉销售

（1）场景简介

高端客户，主要指移动业务商务客户，或具有高端增值服务消费需求的客户。此部分客户消费能力高，忠诚度高，但不易被发现，需要通过各种手段才可以进行客户发掘。

可以进一步提高高端客户针对银行的黏性，同时相互补充高端客户识别算法上的缺陷，从而更为全面地实现对高端客户的认定；还可以为银行面向新的客户提供销售渠道，使原先不是银行的客户能够变为银行的客户，同时进行一些高端产品的销售。如招商银行当地金葵花客户与当地运营商高于每用户平均收入（ARPU）客户的交集就可以联合进行高端通信产品的销售。

（2）场景所需要的数据

用户的身份信息、用户的业务账单信息。

（3）场景的详细描述

该场景所针对的目标顾客群：银行的高端客户。

一个对该场景实现过程详细描述的例子：首先，与某银行达成高端客户交叉销售的合作意向；其次，与银行互将自己的高端客户信息在去隐私之后，交由双方共享；再次，双方针对共享的高端客户开展交叉销售；最后，双方根据高端客户的反馈，调整高端客户的交叉销售策略。

该场景拟解决的关键问题：高端客户的隐私保护策略。

2. 信用卡客户的挖掘

（1）场景简介

可根据银行信用卡的特点，通过潜在客户的经济能力、通信消费行为、活动区域、年龄、性别、职业、手机款型等多种信息的技术分析，为银行找到产品的目标客户，提高销售的成功率，节约销售成本。

如某银行高端信用卡的目标客户，可能具有以下特征：年龄在35~55岁、常活动在大型会议中心、高档酒店、机场等场所、职业为政府机关公务员或企业经理、现使用手机是智能手机等。在整体客户总量内，可根据产品的特征要素加以技术分析，找到最适合的银行信用卡目标客户，帮助银行完成客户挖掘。

（2）场景所需要的数据

用户的身份信息、终端信息、用户的互联网行为数据、用户的位置数据等。

（3）场景的详细描述

该场景所针对的目标顾客群：移动大数据用户。

一个对该场景实现过程详细描述的例子：首先，受某银行委托向其提供潜在信用卡客户的人员范围；其次，与银行一起确定信用卡客户的特征识别方法；再次，基于该方法在的用户群中寻找相应的客户，并将识别出的潜在信用卡客户提供给银行；最后，银行通过各种渠道（如手机短信、电话促销等）向潜在信用卡客户进行信用卡销售。

该场景拟解决的关键问题：信用卡客户的特征识别方法。

3. 客户行为分析与营销合作

（1）场景简介

移动大数据与银行的数据互为补充，移动大数据侧重于客户的语音通话行为、业务账单、互联网日志、移动位置等；而银行的数据则侧重于客户的商业消费、自动取款机（ATM）位置、信用等级等。两类数据的特点不同：移动大数据更侧重于客户的行为、社交圈、个人偏好等；而银行的数据更侧重于客户的消费水平等；且移动大数据对于客户位置信息的识别要比银行更为精确。

总之，双方的数据对于另外一方来说都具有很大的价值，对于客户分析的数据都可以对另外一方进行一个很好的补充。因此，双方都可以将自身数据或者分析的结果对另外一方提供相应的营销支持，从而形成双方的营销合作。如银行可以基于移动大数据用户位置信息实现对信用卡用户在某一商圈内的餐馆的促销；银行可以根据移动大数据对于用户偏好的洞察，为信用卡客户提供相应的促销活动。

若银行对自己的客户信息在隐私方面存在一定壁垒，导致银行的数据无法交由移动大数据共享，则可单方面拿自己抽象的分析结果与银行共享。如洞察用户的一系列行为，分析用户的行为特征，从而为银行金融产品（理财产品、黄金、外汇、银行卡、保险等）的营销提供合理的目标客户群，并帮助银行拓展营销渠道，通过手机短信、手机APP等形式进行相应的营销。

此外，还可以为银行客户提供相应的实时营销和事件式营销服务。实时营销，即根据客户当时所在的地理位置、偏好特征，来帮助银行实时地向其进行各类商业活动的营销；事件式营销，即根据洞察出来的客户事件，如结婚、装修、怀孕、生子、考学、求职、出国、创业、疾病等关键性事件及其消费特点，辅助银行对这些客户进行相应营销活动。

本场景与上两个场景的区别在于：上述两个场景分别针对"高端客户"和"信用卡客户"这两类主要的客户群，而本场景则侧重于所有客户；上述第一个场景"高端客户的交叉销售"既有新客户的挖掘，又有老客户的营销，第二个场景"信用卡客户挖掘"主要针对新客户的挖掘，而本场景仅限于已有客户的营销。

（2）场景所需要的数据

用户的身份信息、用户的互联网行为数据、用户的位置数据、用户的呼叫圈特征、用户的偏好特征等。

（3）场景的详细描述

该场景所针对的目标顾客群：移动大数据用户与银行的客户。

一个对该场景实现过程详细描述的例子：首先，与某银行达成客户营销合作的合作意向；其次，与银行互将自己的客户特征信息在去隐私或抽象之后，交由双方共享；再次，双方针对共享的客户开展营销；最后，双方根据客户的反馈，调整客户的营销策略。

该场景拟解决的关键问题：客户的隐私保护策略。

4. 客户信用风险分析

（1）场景简介

随着银行信贷规模持续增长，信贷品种不断增加，信贷风险管理也面临着很多挑战，一方面，通过贷后管理发现风险、化解风险，是保障银行信贷资产质量、提高经营业绩的一项重要工作。另一方面，信用风险管理不能仅限于贷款发放后的监控，而是要实施全过程的风险监控，及早发现风险，最大限度地减少风险可能给银行带来的损失。

可以基于其所具备的客户各类信息，建立客户信用风险评估模型，从而辅助银行对客户进行更为全面的风险管控方案。例如，从客户行为、客户位置特征、客户各类重大事件洞察等诸多方面，为银行提供相应的信息，帮助银行识别那些高风险的客户，降低他们的信贷额度，从而达到提高银行信贷资产质量的目的。

（2）场景所需要的数据

用户位置数据、用户互联网行为、用户呼叫圈特征、用户身份信息、用户偏好特征、重要事件的捕捉。

（3）场景的详细描述

该场景所针对的目标顾客群：银行的信贷客户。

一个对该场景实现过程详细描述的例子：第一，受某银行委托向其提供某些信贷客户的信用风险评估结果；第二，与银行一起确定客户信用风险预警模型；第三，基于该模型对银行的信贷客户进行信用风险评估，并将识别出的高风险信贷客户提供给银行；第四，银行对这些客户的信用风险在进一步确认后，采用一定手段（如降低其信用额度等）控制他们的信贷风险；第五，根据银行的反馈调整自己的客户信用风险预警模型，实现信用风险分析方法的不断优化。

该场景拟解决的关键问题：客户信用风险预警模型。

4.12 保 险 业

4.12.1 行业概述

1. 互联网保险产生之前的数据挖掘应用及其局限性

保险业信息化经过多年的发展，积累了一定的保单信息、客户信息、交易信息、财务信息等数据。因此，早在互联网保险出现之前，商业智能、数据仓库及数据挖掘技术就在保险业得以运用。但是，数据挖掘的运用效果却不那么乐观。

新华保险信息技术部副总经理周建军表示，目前，保险行业对于数据挖掘，大部分企业尚处于浅层次的应用，应用板块包括营销、客户分析、业务拓展、风险防御、高层决策等方面[64]。

民生人寿保险有限公司信息技术部副总经理刘东城也表示，目前，数据挖掘在保险行业进展比较缓慢[65]。早期的数据挖掘主要应用于保险企业的统计报表中。而统计分析的数据主要应用于企业业务发展和经营管理两方面。一方面，各个渠道的业绩如何？排名如何？这些数据都可以进行浅层次的分析，为各个销售渠道提供参考。另一方面，各种保险产品的经营情况如何？盈亏情况如何？不同产品如何分布？而这些数据的挖掘也可以为公司的管理层决策提供参考。目前数据挖掘在英大泰和的贡献有两方面，一是业务上的支撑，二是决策上的支撑。

英大泰和人寿保险公司项目经理王国林认为，业务上的支撑主要通过对客户的分析、保单的分析来实现，主要体现形式就是日常的业务报表[66]。决策支撑，主要是给决策层的数据参考，其中包括新产品如何开发，如何留住老客户等数据信息。英大泰和统计分析涉及面比较大，主要涉及13个保险业务的应用部门，大部分是营销和业务方面的应用，如个险、团险、银保、电子、客户、人力、财务、投资等方面。

除了业务、客户、渠道、决策等方面的应用，数据挖掘还被应用于保险业"反保险欺诈"中。阳光财产保险公司信息技术部总经理石运福认为，在数据分析过程中，一些数据对象可能因与一般行为模型不一致被视为异常而丢弃，但是，在保险欺诈、信用卡欺诈等异常行为识别上，专门针对异常数据的挖掘具有更重要的价值，因为保险欺诈行为作为一种非正常行为，它的数据特征、模型正是隐含在这些异常数据中的[67]。与此相比，传统数据分析就只能发现一些"保险欺诈"浅层次的特征，如重复投保、高额投保、频繁投保等，影响欺诈概率、欺诈金额等，数据挖掘在这方面正好弥补了传统数据分析的缺憾。

近些年，各家保险企业逐渐认识到商务智能（BI）、数据挖掘的重要性，BI也纷纷提到项目建设的日程上。但是，对于数据挖掘更深层次的应用，很多保险行业的信息主管们也表示，目前保险行业的一些现状已经成为制约数据挖掘深层次应用的瓶颈。

中国人民健康保险公司副总经理杨建表示，数据数量是制约保险行业数据深入挖掘的根本原因[68]。商务智能、数据挖掘的基础就是数据。数据如果没有一定量的积累，数据挖掘也很难达到有效的应用。一方面保险公司的系统非常繁杂，除了负责日常承保、理赔等核心业务的系统之外，往往还有专门的客服系统、CRM、网站、电子商务、财务系统、精算系统、准备金系统等。如果要使用数据挖掘就需要先建立数据仓库，抽取各个系统的数据，但是，往往很多公司各系统之间相对独立，这就出现了数据孤岛的现象，而数据也很难整合、统一到一起。此外，投入产出比也是保险公司建设数据挖掘的重要考量，目前，很多外企数据挖掘的配套方案都会包括咨询和实施，因此应用的方案一般都比较贵，而数据挖掘的建设回报并没有立竿见影的效果，所以，这一点也是很多保险企业的顾虑。除此以外，互联网保险出现之前，保险领域的数据采集能力是比较欠缺的，通常是客户在投保时填写的保单信息，而银行业所能采集到的客户位置信息、消费流水信息、消费商家及内容信息，在保险业当中都没办法采集，保险业所能采集到的理赔信息通常也只能在客户出险之后才能得到，而客户在未出险时正常状态的任何信息，保险业是采集不到的，这其实就极大地制约了保险业数据分析的应用。

相比于银行、互联网等领域，保险业的数据多为手工输入，而不是自动采集来的，这也从另一方面制约了大数据的应用。正是由于手工输入，会出现很多数据质量的问题：如常见的客户代码的不规范，同一个客户在不同的系统中（如核保核赔系统和财务系统）有不同的代码。甚至同一个客户在同一个系统中也有不同的代码。以保险公司的业务处理系统为例，同一个客户先后在同一个保险公司投保，不同的业务员可能会输入不同的客户代码。更常见的是那些没有实现大集中的分布式的应用，同一个客户在不同的分公司投保，业务员很可能会输入不同的代码。再如，在业务处理系统中，有些输入人员为了输入的方便，常常将一些内容不输入或者采用默认值，造成一些重要输入信息的缺失或错误。这些数据质量问题对数据分析系统造成严重的干扰和破坏。

2. 互联网保险产生之后的大数据应用需求

互联网保险的出现对大数据技术产生了真实的需求。在互联网保险的新模式下，保险公司借助互联网的渠道能够摆脱时空的限制与客户进行近距离的接触，从而使其采集客户行为数据的能力得到了极大的增长，客户在互联网保险网站上浏览了哪些保险产品、购买了哪些产品、出险了哪些保险、理赔了哪些保险……甚至客户对保险的评价、反馈、投诉等信息以及客户之间的社交网络的关系信息都可以很方便地记录下来，结构化与非结构化数据同时呈现出快速增长的趋势，保险公司因此而采集的客户数据很快增长到 TB 级，国内保险公司的数据总量规模接近 PB 级。

此外，互联网保险对个性化保险产品是迫切需要的。这是因为，在互联网上，购买保险的个人对于保险的需求往往千差万别，而互联网媒介有能力根据每个人的需求来定制各种保险产品，以满足不同的个性化需求。

互联网保险的产生使原先的"保险是推销出去"的（以保险产品为中心的）理念，转化为"保险是客户买回去的"（以客户为中心的）理念。那么，以客户为中心就必须要在客户需要上下功夫，与客户的移动互联网信息或者电信位置信息打通，实时判断客户当前所处的情境，分析客户需要，并据此进行保险产品的动态生成与推荐；或者根据客户自定义的保险产品来动态评估风险、动态定价，从而为客户实时地生成保单，这些都是互联网保险出现之后，保险业的新变化。而这些变化，都需要以大数据的应用为基础，没有大数据技术，上述保险理念的转变就无从谈起。

英大泰和人寿保险公司项目经理王国林认为，未来数据挖掘真正的意义在于如何留住老客户，保险行业有一句非常著名的理论，"留住一个老客户，比挖掘一个新客户更加重要"，对于一个保险企业来说新单量大说明业务拓展得好，但是，老客户续保多则反映很多因素，如产品、服务、宣传、企业决策等[69]。利用数据挖掘，在技术上可以研究出不同年龄、职业、城市甚至是民族、性别的客户有哪些共性，续保的客户又有哪些共同的行为特征。未来，客户精细化分析，业务追踪、产品配套分析都将是大数据技术应用的最大主题。

在各个数据孤岛方面，民生人寿保险有限公司信息技术部副总经理刘东城认为，未来，保险行业将进行客户归并，逐渐形成一个统一的数据平台[70]。现在北京、上海有些行业协会已经在慢慢提倡这一想法。数据统一之后就可以作为行业的数据平台与医院、社保进行对接，与此相关的各种措施也会逐一进行，如用户信息的保密、数据安全等。也许以后我们购买保险产品就像我们现在在网上购买飞机票、火车票一样简单，大数据技术的深入应用，也会为客户量身定制保险产品。

在数据质量管理方面，随着保险业竞争的加剧，保险业以客户为中心转型，各个保险企业都建立了主数据管理（MDM）、客户信息视图系统（SCV）等以客户为基础的系统，相应地为了满足报表平台和BI方案的应用需求，客户数据质量管理平台也应运而生。但在这样的大背景下，用信息技术来做数据质量管理，对现有系统数据质量的提升或许是唯一的途径。客户数据质量管理平台主要完成质量评价指标（data quality index，DQI）定义的客户数据质量指标评价体系的自动化评估和管理过程，使评估过程常态化，提升对客户数据质量的监控能力。对DQI定义的数据质量检查指标保有率、唯一性、真实性、完整性、规范性进行流程化管理，并实现具有数据标准、数据质量、元数据管理功能的全面数据治理平台。总之，保险业对数据质量的评估，监控和改善逐渐建立在数据质量管理平台之上完成。

3. 保险业大数据的典型应用场景

保险业大数据的典型应用场景主要包括如下四大方面的十余个小方面，其中，可以在保险产品营销、风险管理及客户关系管理这几个方面对保险业的大数据应用提供支持。

①渠道管理：交叉销售；代理人甄选；营销响应。

②业务创新：保险产品的实时、动态生成；保险产品的实时、动态定价；产品差异化竞争。

③客户关系管理：客户洞察（包括行为分析、需求分析、所处情境分析）；客户细分；客户个性化服务（精准营销、产品的智能推送）；客户流失预警；客户挽留计划。

④风险管理：某一产品的赔偿能力分析；某一产品的市场风险分析；客户的信用风险分析；客户的反欺诈行为识别。

4.12.2 大数据应用场景描述

1. 保险产品的营销

（1）场景简介

可依靠其手机定位系统、全量级的数据优势，实现对其用户的行车方式、日常差旅情况、生活健康程度的一种全方位洞察，从而介入车险、意外险及寿险领域，或者对相关险企提供数据支持。

如在车险领域，可开发手机 APP，用以记录车辆使用情况、行驶里程、停放地点、驾驶员驾驶速度、提速和刹车行为等；在意外险领域，可以洞察用户的差旅状态、出差距离、采用的交通工具等，进行意外险产品的营销与推荐；在寿险领域，可通过开发手机 APP，并与可穿戴设备相配合，实现用户健康程度的洞察与建议。

（2）场景所需要的数据

用户位置数据、用户重要事件的捕捉。

（3）场景的详细描述

该场景所针对的目标顾客群：保险业潜在的客户。

一个对该场景实现过程详细描述的例子：第一，与某保险公司达成某项保险产品的营销合作；第二，与保险公司一起确定该保险产品的营销模型如何建立，以及合作的商业模式；第三，基于该模型对保险公司的潜在客户进行营销与推荐；第四，某些保险公司的潜在客户接纳了保险公司的产品,并进行了购买;第五,根据保险营销的效果完善原先的保险产品营销模型,实现该模型的不断优化。

该场景拟解决的关键问题:保险产品的营销与推荐模型。

2. 保险的新型营销模式

(1) 场景简介

各种社交平台是保险传播的重要形式,增加保险公司知名度的同时扩大客户源。以泰康"微互助"为例(见图4-5)。泰康于2014年2月在微信平台推出"求关爱"微互助"短期防癌疾病保险",引起市场和行业巨大反响。操作流程为:"公众号→微互助→弹窗→投保填单→自付1元→成功→转发朋友圈群求关爱(分享)→他人点入支付1元(送关爱)→静等他人付款为自己增加保额",朋友看到后无须从服务号开始,直接支付给别人后可转身给自己投保,简单、有趣[71]。

图4-5 泰康"微互助"

资料来源:鲁卓. 国内寿险公司市场营销策略研究——以泰康人寿保险股份有限公司为例 [D]. 北京:首都经济贸易大学,2014.

回归保险原始状态:①设计精巧:用团单的思维做个单,成功破局投/被保人与付款人不一致时缺乏可保利益的狭隘流程合规思维,在此基础上才能建立"传播→参与→扩散"链条,打破了保险难以传播扩散的宿命。②产品和流程设计见功夫:短、极简,把长期、复杂险种剁碎、流程剪短。③创意犀利:求关爱和给爱的过程抓住人心,过程好玩有趣。

移动大数据具有用户的社交圈信息(语音通话数据),可以比较准确地分析出某个用户的朋友圈。那么,在经过用户对某项保险产品的认可,并得到他允许开通朋友圈保险推销的应用之后,可以通过开发手机 APP 或者手机短信等渠道对其朋友圈进行保险产品的推广,从而为保险公司实现这一新型的保险营销模式。

(2) 场景所需要的数据

用户呼叫圈特征、用户身份信息。

(3) 场景的详细描述

该场景所针对的目标顾客群:保险业潜在的客户。

一个对该场景实现过程详细描述的例子:第一,与某保险公司达成某项保险产品采用新型营销模式进行合作;第二,与保险公司一起确定该保险产品营销模式的实施策略,以及合作的商业模式;第三,向保险公司的潜在客户推荐保险公司的保险产品,以及相应的新型营销模式;第四,该保险公司的潜在客户投保产品,并允许向其朋友圈进行推荐,"求关爱"或者"求互助";第五,向该用户的朋友圈推荐相应的保险产品,并得到了朋友圈某些用户的购买,"给予关爱"或者"给予互助";第六,与保险公司根据保险营销的效果完善原先的保险营销模式,实现该模式的不断优化。

该场景拟解决的关键问题:无。

3. 风险管理

(1) 场景简介

随着寿险业、车险业竞争越来越激烈,理赔服务效率日益成为民众选择保险公司的重要因素。许多寿险公司、车险公司开始精简理赔受理的流程以吸引保户的青睐。但是精简理赔审核流程后却被部分客户利用理赔程序的漏洞滥报保险金，造成保险公司沉重的财务负担。

寿险欺诈与滥用通常可分为两种：一是非法骗取保险金，即保险欺诈。由于这类事件常会涉及较大金额，会引起理赔人员的特别关注，因此对公司伤害并不大。二是在保额限度内重复就医、浮报理赔金额等，即医疗保险滥用。这类事件虽然金额较低，但是数量庞大，公司不重视则赔付剧增，如每案均查成本又过高，因此对公司伤害反而较大。因此如何兼顾效率与风险监管，成为保险业特别关注的问题，这方面大数据即可发挥其作用。

车险理赔欺诈事件也是层出不穷，不但损耗公司资源，还会影响整体理赔金发放的服务效率。通过大数据挖掘，能够利用过去的欺诈事件建立预测模型，将理赔申请分级处理，可以很大程度上解决这一问题。这方面数据挖掘的应用主要表现为：车险理赔欺诈侦测、业务员及修车厂勾结欺诈侦测以及显示理赔欺诈追查方向等。

可借助其用户的位置数据、用户的互联行为数据、用户身份数据来分析用户行为，识别和洞察用户的骗保行为，从而辅助保险公司降低保险风险减少保险金的滥用比例。

（2）场景所需要的数据

用户位置数据、用户身份信息、用户互联网行为。

（3）场景的详细描述

该场景所针对的目标顾客群：保险业的客户。

一个对该场景实现过程详细描述的例子：首先，与某保险公司达成对于某项保险产品进行客户风险管控的意向；其次，与保险公司一起确定该保险产品风险管理模型（风险的识别方法）；再次，基于自己的数据实现对该保险产品风险预警和分析，在发现有风险问题的事件时，及时通知保险公司；最后，保险公司根据通知，及时采取相应的措施，将风险减小到最低。

该场景拟解决的关键问题：不同保险产品的风险识别模型。

4. 客户关系管理

（1）场景简介

保险业是一个比较特殊的行业，前置成本显著高于一般服务业。保单创生之初发生的成本包括代理人佣金、被保险人的体检费、保单印制费等，这部分首期成本最高时可以超过投保人所交的首期保费，有待于后续保费来摊销，因此如果投保人在一定期限内退保，即使保险公司不付给投保人退保金，保险公司也会存在一定损失，因此续保率一直是保险公司相当重要的经营指标，高续保率几乎就是获利能力的同义词。那么是什么原因造成客户退保？有无一些迹象可循以事前预知，从而在客户离去之前予以贴心的服务，以降低客户离去的意愿？这个问题上同样可以通过大数据挖掘来制定客户流失预警分数，以协助制定行销策略来挽回可能流失的顾客。例如某寿险公司在流失模型中发现，有一群顾客容易因为客服热线等待时间过长而流失，公司给这一类顾客的账单打印的专线号码与其他客户不同，只通过这个成本不高的措施（不需要大幅扩增客服专线数量）减少顾客久候问题，就可以成功提升顾客忠诚度。

可借助其用户的互联行为数据（搜索数据）、用户语音通话记录（是否在近期经常拨打保险公司服务电话），以及用户身份数据来分析用户行为，识别和洞察用户的情感，以及可能存在的退保行为和不满意行为，从而辅助保险公司维系其客户关系，降低客户退保风险，从而提升保险公司的利润水平。

（2）场景所需要的数据

互联行为数据（搜索数据）、用户语音通话记录（是否在近期经常拨打保险公司服务电话）、用户身份数据。

（3）场景的详细描述

该场景所针对的目标顾客群：保险业的客户。

一个对该场景实现过程详细描述的例子：首先，受某保险公司委托针对其客户关系管理提供必要的数据支持；其次，与保险公司一起确定该公司客户关系管理的模型与方法，需要构建相应的客户情感分析模型以及客户退保意向识别模型；再次，基于已有的方法实现对该保险公司客户的分析与预警，在发现有任何退保意向或者不利因素时，及时通知保险公司；最后，保险公司根据通知，及时采取相应的措施挽留客户，将客户流失风险减小到最低。

该场景拟解决的关键问题：客户情感分析及退保意向模型。

4.13 证 券 业

4.13.1 行业概述

相对银行、保险而言，证券公司对于移动大数据需求并不是那么迫切，其主要的大数据分析应用场景包括预测股价、电子化信息纰漏、证券业监管以及客户洞察等几大方面。其中能够介入的主要就是预测股价这个方面，且该场景的研究带有更多的科研性质，而非商业性质。

1. 预测股价

各种消息对证券市场的影响内容抓取：抓取各种网页内容，首先分析行业相关性，对网页内容进行预处理，其次呈现给证券分析人员，由证券分析人员通过历史数据的分析，挖掘个股与大盘或者行业板块的相关程度，从而筛选出最具相关性的个股，作为将来预测行业或者大盘股价的依据。通过这种方式最终发布出来，这样就会形成针对证券公司内部做决策的依据，同时外部可以形成一些数据的产品，这也是在数据中心的建设过程中间做的一个应用，而且这种应用将来可以逐步延伸，跟交易系统关联起来。

目前，国外已经有一些金融机构将数据分析与社交网络进行结合，通过大数据分析来预测未来某些金融现象。2011年5月，英国对冲基金Derwent Capital Markets建立了规模为4000万美元的对冲基金，该基金是首家基于社交网络的对冲基金，该基金通过对Twitter的数据内容来感知市场情绪，从而进行投资，成立第一个月，便获得1.85%的收益率，远高于市场0.76%的平均数[72]。

无独有偶，通过分析Twitter用户对股票的敏感度以及市场情绪也成为科学机构的研究对象，2012年初，美国加州大学河滨分校公布了一项通过对Twitter消息进行分析从而预测股票涨跌的研究报告[73]。

2011年2月，印第安纳州大学信息和计算机系副授约翰·博伦（Johan Bollen）正式发表文章《人们在Twitter上的情绪能预测股票》[74]。

2. 电子化的信息纰漏

深圳证券交易所官网有一个XBRL上市公司信息服务平台。点击进去你会发现，它是一个Web分析工具，投资者可以不需要终端软件，即可在网页页面同时比较一家上市公司5年的同期财务数据[75]。

尽管内容还不尽完善，但几秒钟之内就能进行纵向比对，这在pdf和word信披模式下是无法做到的，数据和挖掘工具一旦完善，将极大地方便投资者。

与深圳证券交易所相比，上海证券交易所XBRL Online提供的Web分析工具，内容和功能则要丰富得多，财务和非财务的数据都可以检索，还提供3家以内同行业公司的财务数据比较，以及同一公司5年内同期数据的时间维度比对。横向纵向可比较的财务指标达到26项。

不过，两家交易所无一例外都标明：本平台已尽力确保XBRL实例与上市公司报告之间的数据一致性，XBRL实例文档中披露的信息仅供参考，请以pdf版本为准。

3. 证券业监管

一方面，2013年12月，证监系统利用大数据发现了上海的基金老鼠仓，事情不大，却标志着基金监管已经可以跟踪到"实时数据"；另一方面，证监会近期还在通报2012年上市公司年报现场监管情况，相较之下，上市公司监管仅从时效性来看，与基金监管存在差距[76]。

基金与上市公司信披的最大不同是，前者被强制要求以XBRL形式披露每天的日报、季报、年报等数据，后者采用pdf或者doc文档形式。

对于交易所来说，无论XBRL是否法定披露义务，十余年来，沪深两大交易所已经手握相当数量的上市公司XBRL实例文档，在大数据来临的时代，这些数据如何规范地进行商业化运作是交易所需要思考的另一大课题。

4.13.2 大数据应用场景描述

（1）场景简介

股价的预测不仅对于证券业，而且对于广大投资者都具有广阔的市场空间。目前在科研界已经证实，通过微博数据、社交网络数据可以准确预测股价。移动大数据所拥有的数据不仅仅是用户的互联网行为数据，还具有用户的位置数据、用户的通信业务数据、用户的偏好数据等，其数据的丰富性要比微博和社交网络数据更高一些。所以，利用好移动大数据及时准确地预测股价，是基于现有数据有能力做到的一个场景。只是该场景所实现的模型（即如何根据现有的数据来预测股价）仍需要在科研方面做出一定深入的研究。

（2）场景所需要的数据

用户互联行为数据。

（3）场景的详细描述

该场景所针对的目标顾客群：股民。

一个对该场景实现过程详细描述的例子：首先，与某证券公司合作开发股价预测系统；其次，根据股票市场特点，研究基于用户互联网行为数据的股价预测理论模型；再次，将股价预测理论模型形成软件系统，并向证券公司和股民进行推广；最后，证券公司及股民在购买股价预测系统之后，使用该系统预测某一股价的走势，并采取相应的买卖措施。

该场景拟解决的关键问题：基于用户互联网行为数据的股价预测模型。

4.14 其　　他

除了上述行业可以参与的大数据分析应用场景之外，以下场景可以归属于多个行业，并在多个行业中发挥价值。

1. 数据货币化

（1）场景简介

除了前述的一系列行业之外，还可能存在着某些企业对的特定数据有分析需求，但未能预料的一些数据货币化场景。因此，可以立足于现有的自身数据，在考虑数据去隐私化的基础上，适当地将数据或者数据的分析结果开放给其他企业，以实现数据的变现。

以下给出了一些其他的运营商是如何开展数据货币化工作的：

①德国电信和沃达丰通过开放应用程序编程接口（API）的方式，向数据挖掘公司等合作方提供部分匿名用户的地理位置数据，以

掌握人群出行规律，并有效地与自身基于位置的服务（LBS）应用相对接，提升自身 LBS 个性化服务的精准度[77]。

②AT&T 与星巴克咖啡店展开合作，挑选高忠诚用户，并将去隐私化的用户数据出售给星巴克，帮助其进行新品宣传、精细化营销等[78]。

③Verizon 收集用户位置、Web 浏览等数据，将这些数据与第三方拿到的用户年龄、性别等特征数据结合起来，对其聚类后，将聚类结果出售给体育场、商场等营销部门[79]。

（2）场景所需要的数据

目前所拥有的所有移动大数据。

（3）场景的详细描述

该场景所针对的目标顾客群：其他企业。

一个对该场景实现过程详细描述的例子：首先，受某企业委托将其部分数据开放给它使用，该企业支付一定的费用；其次，基于企业需求，考虑开放的数据种类，这些数据的清洗方法以及这些数据的去隐私策略；再次，按照上述策略，准备好这些数据的使用接口（API 或者其他方式），将数据以某种形式开放给该企业；最后，该企业使用移动大数据进行分析，并为企业的经济效益提升实现帮助。

该场景拟解决的关键问题：数据去隐私策略。

2. 品牌推广

（1）场景简介

对于一个企业而言，品牌推广往往是使其保持一定市场份额的关键工作。在品牌推广渠道方面，除了广告牌、宣传活动等实体推广渠道外，彩信、短信等数字化推广渠道也必不可少。凭借其已有的业务数据、互联网数据、用户位置数据等，通过对企业品牌或业务数据、用户群等数据的分析，并结合 GIS 系统，分析品牌在地理区域方面的发展状况，识别发展落后区域，加大品牌或业务在某地区的推广力度，同时有针对性地在发达区域进行增值业务、新兴业务的推广。

为某企业所实现的品牌推广，仍需结合该企业的相关数据，如 CRM 数据等，首先从企业的软件系统中提取品牌被用户订购的数据、业务发展数据，其次通过企业系统中给出的客户手机号与系统中所关联的用户手机号的对应关系，分析系统中这些用户的行为特征、偏好特征及位置移动特征，识别品牌发展的重点区域、重点客户、落后区域等，为企业的品牌推广战略的制定提供决策支持。

Verizon 通过采集 NBA 球队菲尼克斯太阳队主场观众位置数据进行了精准分析，并结合球队品牌赞助商的推广行为，得以了解观众对赞助商的喜好，帮助球队及赞助商改善球票、赞助商品等的推广策略[80]。

（2）场景所需要的数据

用户身份数据、用户位置数据、用户互联网行为、用户业务数据等。

（3）场景的详细描述

该场景所针对的目标顾客群：具有自有品牌的企业。

一个对该场景实现过程详细描述的例子：首先，受某企业委托为其品牌推广提供一定的数据支持；其次，从企业的软件系统中提取品牌被用户订购的数据、业务发展数据等；再次，通过企业系统中给出的客户手机号与系统中所关联的用户手机号的对应关系，分析在系统中这些用户的行为特征、偏好特征及位置移动特征，识别品牌发展的重点区域、重点客户、落后区域等，将这些分析结果提交给企业；最后，企业根据分析结果制定相应的品牌发展战略和计划。

该场景拟解决的关键问题：基于用户位置特征与偏好特征的品牌推广策略。

3. 用户情感分析

（1）场景简介

用户情感分析是很多企业维系客户关系所需要做好的首要工作。只有了解了客户的情感、情绪，才能更好地开展客户服务工作，才能更持久地维系住客户的关系，从而防止客户的流失。

可以通过客服系统中用户的通话数据，用户近期呼叫详细记录（CDR）、CRM特征变化等分析，运用特征提取、语音识别、文本识别等技术，对用户的情感进行一定标准的划分，并对单个用户进行智能的情感识别与预测，对所有用户的总体趋势进行一定的判断。所能给出的用户情感及其变化有利于企业了解用户真实情感，促进客户维系。

其他企业在用户情感分析方面的案例有：

MoodScope：微软亚洲研究院开发的安装于智能手机的情感识别软件。MoodScope借助手机上的各种传感器和用户行为预测用户情绪，并作出恰当反馈。如当侦测到用户愤怒时，它就会推荐一些有趣影片，平和用户心绪[81]。

加拿大贝尔（Bell Canada）、Sprint PSC等运营商与语音识别厂商Nuance展开合作，采用非特定人服务器模式，大大提升了客服系统的自动化率，不仅提升用户体验，同时也优化了客服系统的运营效率[82]。

（2）场景所需要的数据

用户CDR数据、CRM数据（合作企业的CRM客服语音）、用户互联网行为。

（3）场景的详细描述

该场景所针对的目标顾客群：具有客户关系管理需求的企业。

一个对该场景实现过程详细描述的例子：首先，受某企业委托为客户关系管理工作提供一定的用户情感分析数据；其次，从企业的软件系统中提取客户的 CRM 语音数据、文本数据及手机号码；再次，通过企业系统中给出的客户手机号与系统中所关联的用户手机号的对应关系，分析在系统中这些用户的互联网访问行为特征、偏好特征，并洞察这些客户在企业 CRM 客服语音系统中的客服语音记录，识别用户的情感及其变化，将这些分析结果提交给企业；最后，企业根据分析结果制定相应的客户关系管理战略和计划。

该场景拟解决的关键问题：基于用户 CDR、CRM、互联网访问数据的用户情感识别模型。

4. 市场洞察

（1）场景简介

凭借海量、立体的用户信息和 APP 使用信息，可以对某些行业、市场进行全方位的洞察，帮助自身或第三方企业制定正确的市场营销策略。目前，百度指数、阿里数据魔方等产品均有涉及部分市场洞察业务，但是相比于所掌握的数据丰富度，互联网企业所掌握的数据丰富度要较低，所以移动大数据分析在市场洞察上具有一定优势。

百度指数的舆情管家可一站式呈现任意关键词最热门的相关新闻、微博、问题或帖子，拓宽营销活动的影响力。阿里数据魔方可以向商家提供行业宏观情况、商家品牌的市场状况、消费者行为情况等，帮助商家制定正确的销售、营销计划。

可以根据互联网日志、手机 APP、CDR 等数据，基于自然语言处理技术、机器学习技术等，进行某一个行业市场的趋势分析、搜索分析、舆情分析等，为行业企业提供咨询分析报告，指导行业发展。

（2）场景所需要的数据

用户位置数据、用户互联网行为、用户业务数据等。

（3）场景的详细描述

该场景所针对的目标顾客群：所有行业及其企业。

一个对该场景实现过程详细描述的例子：首先，根据移动大数据，结合行业咨询机构的合作，建立某一行业趋势及市场前景的分析模型；其次，根据分析模型，实现数据挖掘，形成对行业未来趋势的洞察与预测；再次，发布这一研究报告的摘要，并将其推广给行业中的若干企业；最后，企业采购移动大数据的行业研究报告，并根据其中的内容进行相应的企业战略的制定。

该场景拟解决的关键问题：基于现有移动大数据的行业分析模型。

5. 人群流动特征分析

（1）场景简介

人群流动特征分析无论对于国家政府统计人口信息，还是对于企业分析客户行为特征，尤其在交通、物流、公安、统计局等领域，都具有重要的现实意义。占有全国70%的手机用户，凭借对每一手机用户的位置信息的洞察，可以全面地掌握全国人群的流动特征，从而为政府、企业提供数据支持。同时，还可根据用户的移动路径绘制区域性的人群流动图，为自身或第三方企业提供人群分布参考，或将结果输出给相关位置APP，帮助企业选址、城建部门进行城市规划建设等。

在人群流动特征分析方面的典型案例有：

AT&T：分析匿名的用户位置数据并提供给零售企业等客户，让其了解某个时段某个地点的人流量分布，据此决策新店选址、促销时段等[83]。

微软城市功能区划分：微软与运营商及GPS厂商合作，通过分析各个时段、节假日等的用户流动情况，对城市的功能区进行划分，并提供给城市建设相关部门，优化城市建设格局[84]。

（2）场景所需要的数据

用户位置数据。

（3）场景的详细描述

该场景所针对的目标顾客群：政府部门或企业。

145

一个对该场景实现过程详细描述的例子：首先，受某企业或政府某部门委托完成对于特定区域人群流动特征的分析；其次，根据用户位置数据，建立某一区域人群流动特征分析模型；再次，根据分析模型，实现数据挖掘，形成对政府或企业的分析报告；最后，政府或企业采购人群流动特征分析报告，并根据其中的内容进行相应的战略制定。

　　该场景拟解决的关键问题：人群流动特征分析模型。

第5章

应用案例分享

5.1 基于大数据的区域教育数据中心

5.1.1 我国教育数据中心的问题分析

1. 我国基础教育分析

目前在中国，教育大致经历了板书教学、多媒体教学、大数据驱动教学和人工智能教学等四个阶段。如今我国大部分地区教学停留在多媒体教学，仍然处于传统教育的范畴，还无法做到海量教学信息的收集和分析。同时由于技术、资金和观念等因素的限制，大数据和人工智能教育仍然处于试用阶段，短期内无法实现大规模普及。但是传统教学与时代的发展越来越不匹配。在追求个性化、精细化、透明化、终身学习和智能化的社会背景中，传统教学已经不能很好地培养出符合时代发展所需求的人才。社会对于教育管理部门、学校和教师的要求越来越高，对于传统单向式、封闭式和经验驱动型的教学批评越来越多。根据艾瑞咨询发布的报告显示（如图5-1所示），六成左右的家长不认为中小学教育能最大限度地发挥学生特长，五成以上家长认为目前中小学教育存在考评标准固化、教育资源分配不科学、教师结构失衡和教学方式单一等问题。

家长观念：中小学教育存在的主要问题和困惑

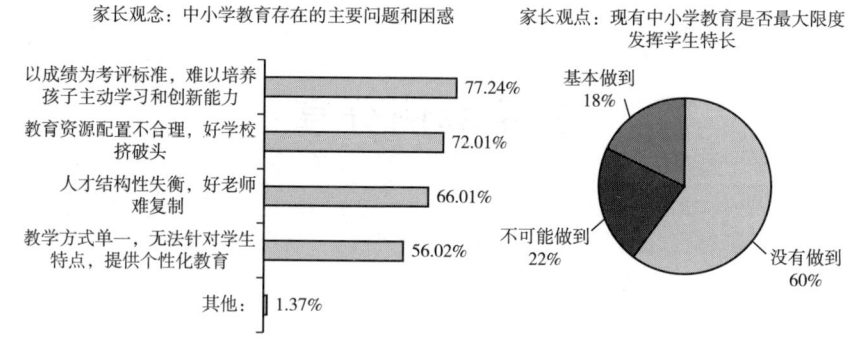

- 以成绩为考评标准，难以培养孩子主动学习和创新能力 77.24%
- 教育资源配置不合理，好学校挤破头 72.01%
- 人才结构性失衡，好老师难复制 66.01%
- 教学方式单一，无法针对学生特点，提供个性化教育 56.02%
- 其他 1.37%

家长观点：现有中小学教育是否最大限度发挥学生特长

- 基本做到 18%
- 不可能做到 22%
- 没有做到 60%

图 5-1　我国教育主要面临的问题分布

注：样本：N-1008；由好未来教育研究院联合艾瑞咨询联合发起，2014 年 8 月 12 日～8 月 19 日通过线上调研获得。

资料来源：iiMedia Research。

2. 我国传统教育数据中心存在的问题

（1）各个教学机构"信息孤岛"现象严重

由于绝大多数学校之间没有一个可靠的互联网络系统，基本上各个学校之间各自为政，只对上级主管部门提供学生基础信息。数据基本上在纵向流通，没有形成学校之间的横向数据流通。例如会导致学校之间对于学生的转学、教师调动、升学的信息接收有限，转出学校无法提供全面学生或教师信息，转入学校也无法掌握转入学生或调入教师的信息，无法短时间内提供与之相匹配的教学活动，这在无形之中增加了教学时间成本。

（2）教育数据单向流动和纯粹的空间转移

传统以上级部门、学校和教师主导的教学活动中，教师也在一定程度上收集学生的各种教学信息，但只是为了收集而收集，很少对数据进行筛选、分析和反馈。一方面是因为这个工作已经超出了教师的工作范围。教育大数据的分析和提取，需要在专业人员的操作和指导之下才能完成。另一方面教师应学校和主管部门的要求，被动获取和提供学生的教学数据。导致学生的教学数据由教师流向学校再由学校流向教育主管部门。学校和教育主管部门也没有积极向第三方专业大数据机构合法提供学生教学数据以分析学生教学活动，从而为学生制定个性化、精准化和高效化的学习策略。

（3）数据收集设备简陋、缺乏分析工具

目前国内大部分学校处于多媒体教学时期中，大部分数据收集依赖电子计算机和笔录，缺乏各种电子终端，基于计算机和人工的数据收集工作不仅耗时费力、缺乏实时性和精准性。而且收集的这些数据量很小，也不全面，无法满足大数据分析所需要的数据量。同时学生仍以纸质教材为主，数字教材目前仅在部分教育资源雄厚的学校实现，这进一步限制了教育大数据的获取。此外大数据分析工具的专业性，使得学校难以获得和使用专业的大数据分析工具。而且由于很多学校大数据收集设备简陋，使得专业大数据第三方出于经济上的考量，很难帮助学校进行数据挖掘、分析和反馈。

（4）教育数据标准不一，数据通用性差

近年来各个教育部门之间采用的数据汇集、处理、分析、可视化、数据维护、数据库存储系统、网络安全系统等采用的标准不一、各系统之间协作程度低和数据关联度低等问题，导致不同系统之间的数据独立性很强，数据与数据之间关联度低。由于没有采用统一的数据技术标准，使得学校等公共教育机构在提供产品和服务时，不得不根据自身使用的技术工具来制定产品或服务，这会出现在同一区域不同学校提供不同类别的产品或服务。这在一定程度上增加了区域内教学信息的混乱，上级教育主管部门难以精准获得管辖区域内的教育报告。

（5）IT设备更新慢、跟不上网络发展的速度

我国大部分地区的学校，无论在硬件和软件上都无法满足大数

据时代海量数据的处理要求。网络技术的更迭速度越来越快，要求也越来越高，然而部分学校却因为资金、技术和人才方面的问题导致升级受到限制，而难以对其IT设备进行更新换代。即使有条件，花费也巨大，提升了教育的成本。同时由于软件建设、维护和运行的滞后，使得硬件在使用时无法有效发挥其功能，无形之中导致资源的浪费。

（6）信息安全保障滞后

近年来关于学生信息泄露、学生信息被当作商品进行非法买卖等的报道屡见不鲜，原因在于信息保护措施不到位、安全防护等级不高、管理人员安全意识不够等原因。更深层次的原因在于，原有的数据信息处理系统在体系、结构和技术上，已经不能满足大数据网络时代对于安全的要求。要加强数据信息安全，就必须得在系统体系结构等方面进行升级和改进。

5.1.2 区域教育数据中心平台的搭建和整合

1. 基于大数据的区域教育数据中心的搭建

（1）宏观层面区域教育数据中心的搭建

该数据中心将采用地市云数据中心—区/县数据中心—教学点三级结构开展系统建设。因考虑到经济、技术的可行性和标准化建设，所以各个层级机构对应不同的权责。具体来说，教学点因技术和经济实力有限，主要负责教育数据和与教育有关数据的采集，主体为学生；区/县数据中心主要负责汇集区域内各个教学点之间的数据，其对应的主体为各个教学点；地市级大数据中心负责将区/县数据进行分析和备份，数据中心通过自身技术对教育数据进行处理，将数据存储于私有云中，区/县或学校的师生，可以通过注册账号获取相应权限的数据信息。

（2）微观层面系统平台架构设计

区域教育大数据中心的基本框架设计如图 5-2 所示。

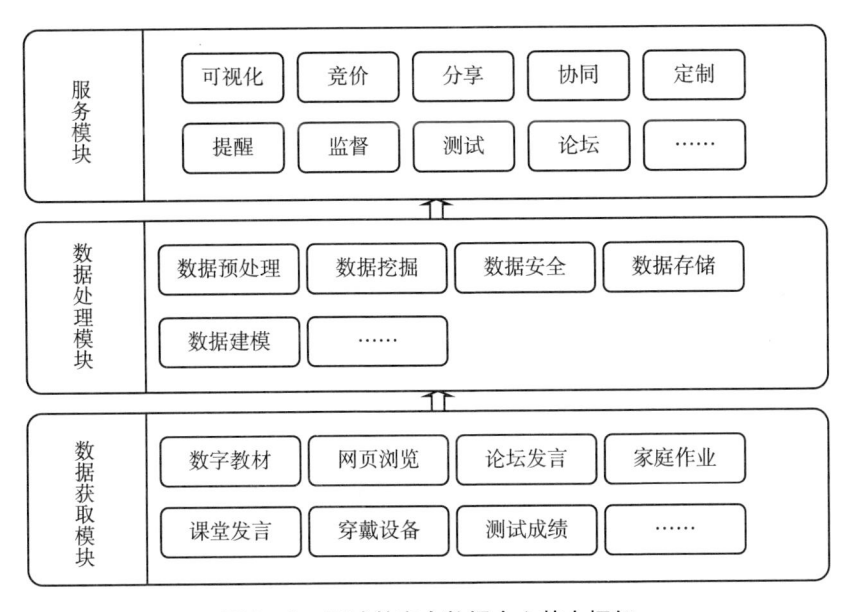

```
┌─────┬─────────────────────────────────────────────────┐
│服务  │ ┌────┐ ┌────┐ ┌────┐ ┌────┐ ┌────┐              │
│模块  │ │可视化│ │竞价│ │分享│ │协同│ │定制│              │
│     │ └────┘ └────┘ └────┘ └────┘ └────┘              │
│     │ ┌────┐ ┌────┐ ┌────┐ ┌────┐ ┌────┐              │
│     │ │提醒│ │监督│ │测试│ │论坛│ │……│                │
│     │ └────┘ └────┘ └────┘ └────┘ └────┘              │
└─────┴─────────────────────────────────────────────────┘
              ↑
┌─────┬─────────────────────────────────────────────────┐
│数据  │ ┌──────┐ ┌──────┐ ┌──────┐ ┌──────┐             │
│处理  │ │数据预处理│ │数据挖掘│ │数据安全│ │数据存储│       │
│模块  │ └──────┘ └──────┘ └──────┘ └──────┘             │
│     │ ┌──────┐ ┌──────┐                                │
│     │ │数据建模│ │  ……  │                               │
│     │ └──────┘ └──────┘                                │
└─────┴─────────────────────────────────────────────────┘
              ↑
┌─────┬─────────────────────────────────────────────────┐
│数据  │ ┌──────┐ ┌──────┐ ┌──────┐ ┌──────┐             │
│获取  │ │数字教材│ │网页浏览│ │论坛发言│ │家庭作业│         │
│模块  │ └──────┘ └──────┘ └──────┘ └──────┘             │
│     │ ┌──────┐ ┌──────┐ ┌──────┐ ┌──────┐             │
│     │ │课堂发言│ │穿戴设备│ │测试成绩│ │  ……  │           │
│     │ └──────┘ └──────┘ └──────┘ └──────┘             │
└─────┴─────────────────────────────────────────────────┘
```

图 5-2 区域教育大数据中心基本框架

资料来源：作者绘制。

该结构分为三层，分别为数据获取模块、数据分析模块和服务模块：

①数据获取模块。

通过 Web 服务器，进行数据信息收集，信息时效性强，必须保持数据库信息与用户端信息同步更新，所以客户端在该层主要负责原始信息的采集和录入，包括学生上课信息、网课信息，教师课件信息、数字教材、测试成绩、论坛发言等。

目前教育模式主要为授课者和被授课者，教育数据可以从学习者的学习行为，例如，学生在线学习的时长、学生在线学习期间鼠标点击次数、在某一部分学习内容上停留的时间，学生与学生、老师之间讨论的信息和穿戴设备收集的相关数据信息等数据来分析学生的学习状态。教育数据同样也来自于教师的教学行为，例如，批改线上作业、布置作业、学生对老师的评价等信息。教育平台包含了学生的学习行为、个人偏好、情感状态等个人信息，通过数据挖掘技术能快速准确的了解学生在某一段时间内的学习状态，利于教师适当进行干预。

②数据处理模块。

数据处理模块是该系统的核心模块，其对应的职责主要是将数据收集模块所汇集的数据进行初步、深度的处理，由于分布式系统中收集的信息不仅数量大、种类多，而且很多数据是非结构化的。这使得在该模块中，必须对数据进行分类和结构化处理，才能更好地存储和分析数据。

数据预处理：包括数据清洗、数据集成、数据变换等，数据清洗使得数据重复性和错误大大降低，增强了数据一致性。数据预处理能使数据标准化，最大程度提高数据分析效率和准确率。

数据挖掘：由于自媒体时代的到来，各种可穿戴设备、传感器触屏媒介的大规模普及，这使得信息产生的数量巨大，数据规模由 GB 跃升到 TB（1024GB = 1TB）、PB（1024TB = 1PB）、EB（1024PB = 1EB）乃至 ZB（1024EB = 1ZB）级别。如此巨大的数据中隐藏着大量的可利用价值，如何对这些海量的数据进行分析并提取，成为当前研究的热点。以数据挖掘为代表的大数据技术是当今数据提取的重要方法，数据挖掘技术主要方法有：主观贝叶斯方法可用于学习风格动态更新；协同过滤算法可用于学习同伴推荐；深度学习技术使得我们可以模拟人脑的工作机制来对数据进行解释，这项技术对于处理图片、文本和声音等信息起着举足轻重的作用。通过数据挖掘技术深度提取教育信息，可以精准把握用户问题，制定出科学化、精细化和个性化的学习方案。

数据安全：在任何情况之下，保证系统数据的安全性是必不可少的。在建立系统之初，系统安全须作为一个重要的组成部分，应作为一个系统来考虑，而不仅仅局限于某一个技术。系统安全应该是多个安全技术共同组成的一个事前预警—事中修复—事后备案的安全系统。该系统应建立必要的系统防火墙，定义相关的访问规则，确保系统内部数据不被非法访问和外流。同时对系统数据进行加密也必不可少，数据加密对于数据传输的作用不可忽视，尤其是这种具有巨大可利用价值的教育数据。用户核定和用户权限，一个庞大的数据中心其对应的用户种类繁多，系统应识别不同的用户并为其分配不同的权限。同时系统日志也必不可少，系统日志能对相关人员对系统的操作进行实时监控并记录在案。此外还能对系统故障发出警告，尽量缩短系统修复时间。

数据存储：采用分布式存储系统，使得各个数据媒介中采用的存储单元链接起来，这种物理上分开，但逻辑上互为一体的存储系统优势明显。一方面该系统理论上可以通过增加储存节点来增加存储容量，保证了系统的灵活性，还可以提高并发用户访问量和访问速度。更重要的是在保证系统数据安全层面，数据库之间高度的独立性使得分布式存储系统不会因局部存储节点的故障而影响系统其他节点的访问，也不会因为网络的故障而影响到对局部数据库的操作。对于所有的数据信息，区域教育数据中心应单独从云数据服务提供商那里，合法获得私有云数据存储和备份服务，最大限度地保证数据的安全性，并减少相关存储设备的开支，确保系统的低碳、高效和安全。

数据建模：将用户相关联的各种零碎的信息通过大数据技术整合，从而为各个特定群体用户建立用户画像，将庞大群体细分为一个个有着共同特点的群体。用户所需要服务的目标具体而明确，从而推出精致、契合、优秀的教育产品或者服务。提高用户满意度和黏性。如果条件允许，在技术、资金保证的前提之下，可以无限缩小目标群的基数，做到为每个人提供不同的服务。

③服务层。

本层又分为数据共享、数据可视化、数据协同、定制服务、竞价等功能。

数据共享：基于该系统可以使各个学校互联，每个学校主体都为其分配一个账号，利用此账号登录系统，可以获取合法的、所需的其他学校的教育信息。各学校之间可以在教育资源、教师信息和学生信息之间无缝交流。实现学校之间的优势互补，提升整个区域的教育水平。例如，可以为学生的转入学、升学，人员的人事信息流动提供信息化、精确化的流通载体，保证区域教育信息流的无限畅通。数据共享破除了各个教育教学机构信息孤岛现象，缩小区域学校之间的教育差距。

数据可视化：基于教育各方面的数据得出可视化教育报告，为其辖区内学校和学生提供简单、明确和精准的数据报告，供学校、师生和教育主管部门等参考，促进了教育信息的双向流动，有利于教育在纵向环节的竞价：区域教育数据中心可以根据教育报告，从结合实际出发制定教育服务需求。在系统竞价板块中，公示教育服务需求。通过竞争机制引导专业第三方教育服务机构为各个学校或教师学生提供教育服务，这种方式不仅能最大限度地为学校节约经济、时间成本，也能最高效地为学校提供教育咨询和服务。

数据协同：该系统内部各个子系统之间数据同步，在其权限之内，一个账号就可访问该系统为其分配的各个子系统，如学校的财务系统、教务系统和人事系统。数据应该保持实时信息同步。

私人定制服务：教师和学生可以根据职业发展和兴趣爱好，要求大数据中心对其进行测试并得出报告，量身定制个人教育服务。同时，数据中心可以引导教师或学生与第三方教育服务机构对接，进行定制教育，尽可能做到满足不同教育主体的需求。

提醒、监督、和测试：系统这几个功能主要起到一个智能代理的作用，基于数据得出的报告，为学校的教学活动安排提供必要的提前告知、事中监督和事后预测。例如，智能代理替代教师对学生进行测试，教师只需将测试的题目存储到试卷数据库中，监考、批改、评判等完全可以由人工智能完成。鉴于未来人工智能的发展，这部分功能将愈加完善，为学生和教师自动处理一部分教学工作。

论坛：该系统提供一个区域内面向所有师生和家庭的论坛，在该论坛内，教师可以发布课件、作业和教案。学生和学生之间、教师和学生之间、教师和家长之间可以对教学问题进行充分的探讨、交流意见、发表看法，使各方联动起来参与教育各个过程，实现教育事业的大众参与。

2. 以区域教育数据中心为核心的教育生态体系的整合

通过上述大数据时代区域教育数据中心的构建，我们认为教育数据中心作为区域大数据教育体系的一个环节，仅仅依赖于教育数据中心这个平台是难以满足大数据教育服务体系的要求的，要围绕区域教育数据中心与周边环境整合成一个良好的区域教育生态系统。这得从学校的教育设施、人才队伍和管理水平等方面进行必要的改善。

（1）提升区域基础教育信息化水平

大数据教育朝着人工智能方面发展，传统的多媒体教室已不能满足智能化教育的要求，为此建立智能教室、智能实验室和智能校园等刻不容缓。各个学校的相关 IT 设备的采购、管理和维护，必须由区域数据中心统一标准、统一采购和按需分配，借此改善和升级学校的相关设备，提升学校的智能化水平。

（2）完善技术标准

区域教育数据中心应该联合大数据技术相关企业商议制定技术标准，为各个学校提供技术指导，规范辖区内大数据教育活动的开展。同时教育数据中心应加强与大数据企业的交流与合作，使得数据资源拥有方和数据技术处理方合法对接，形成优势互补，产生"1 + 1 > 2"的效益，借此推出新的教育产品、教育技术、教育模式、教育设施等，形成一个基于大数据的产业链。

（3）加快大数据教育人才队伍的建设

一个大数据教育中心不能过于依赖数据，更重要的是要有能对这些数据做出相应策略的团队。这个团队大致分为三个领域的专家：业务专家、教育专家和技术专家。

业务专家：主要来源于大数据教育改革示范教学机构，其根据各个学校的数据信息，通过实地调研、走访和分析等，总结出本区域的实际教育需求，策划教育大数据平台的前期建设和后期改进方案，不断为区域数据中心的发展提出可行性建议，推动数据中心的功能、服务和体系完整。

教育专家：主要来源于骨干教师、教育能手等群体，由于长期在基层开展教学活动，使得教育专家不仅积累了丰富的教育经验，也了解教育行业发展的规律和方向，教育专家通过理论来指导学校在大数据方面的应用，促进传统学校的转型，使得大数据教育理念得到推广，为区域教育大数据发展提供思路、建议和方案。同时教育专家依据自身教学经验，对业务专家提出的教育需求进行必要的改进，使其建设方案更加贴合实际教学的需要。

技术专家：主要是各大数据网络公司技术人员，其主要工作职责是将业务专家和教育专家对于大数据教育发展的思路、建议和可行性方案进行技术实现。打造符合该区域需求的数据中心系统并不断完善、升级该系统，同时在系统运行过程中通过技术手段对用户数据进行定期分析，以此为参考并联合教育服务第三方打造新的教育产品、延伸教育服务。

（4）转变教育管理理念

大数据教育模式下，由于新技术的采用，教育模式的转变，在大数据的引领之下，教育管理也应该转变。无论是宏观层面的教育管理体制和结构，还是微观层面的，诸如期末考评、教学方式、升学制度、职称制度等，都要进行必要的改革，以适应大数据时代的精准化、精细化和人性化的要求。如学校应该建立专门的职能部门对其教育数据进行管理，将教育数据作为一项核心资产进行管理。同时在学校日常管理中不能像过去一样依靠经验拍脑门式的决策，而是应该将过去基于历史数据和新产生的数据进行精准分析，科学制定教学管理策略。此外还有加强学校教育和家庭教育的对接，重视家庭教育的作用等。

（5）完善相关保障和监督制度

政府监督确保系统不被非法使用，系统安全是重中之重。任何系统如果没有外部监督，就难以确保系统数据的安全性，政府应该从制度层面，制定和完善相关的法律法规，以法律形式为教育数据的安全作出保障。在此基础上引入第三方监督机构对数据中心进行监督，确保数据中心操作的透明、公开，在明确的标准和严格的要求下，保证数据中心的安全。同时政府应该加大宣传，营造一种尊重数据安全的社会氛围，使人们自觉维护数据的合法使用。

3. 基于大数据的区域教育数据中心的作用

（1）激发学生学习兴趣

在以往的课堂教学中学生往往处于被动的一方，教师往往被视为权威，学生被灌输各种成果化的知识；教师往往也省却了知识的考证环节，直接给学生知识的最终结果。这种填鸭式的教育，使得学生无法深刻理解各学科知识的来源，也无法体验其中充满乐趣的考证过程。例如，传统课堂中的教育，由于多年来的照本宣科，课堂既乏味又枯燥。得益于教育资源分享，任课教师得以充分和同行交流，学习新的教学方式，丰富课堂教学形式。

（2）提高教学管理水平

在大数据教育的作用之下，教育数据驱动着学校管理方式不断朝着科学化、精准化和人性化发展。大数据的充分利用使得教育决策效果更加直观，教育工作者以数据为参考依据，在政策执行过程中根据数据监测反馈及时调整和改进，使决策更加贴合实际，满足教学需求。

(3) 全民参与教育

大数据教育带来的开放性和共享性等特点，使得教育覆盖人群无限扩大，带动国民主动积极地参与教育，为教育的发展献言献策。无形之中汇集了大众的智慧，为教育的发展提供多种角度的发展思路。

(4) 带动第三方教育服务业的发展

在大数据时代，知识获取模式由过去的专家生产内容模式转为个人生产内容的模式，知识量剧增，终身学习时代到来。由于人们对于知识的辨别能力有限，因此产生了专业知识整理、分析提取和定制知识服务的知识服务商，带动教育产业的发展。

5.2 基于大数据的个性化医疗服务

5.2.1 基于大数据的个性化医疗服务模式

1. 个性化医疗服务模式总体设计

本书所研究的个性化医疗服务主要分为三大部分，由个性化诊断、个性化治疗和个性化护理三大部分共同组成，每一模块围绕且服务于其核心个性化医疗具体之间的关系如图 5-3 所示。

个性化医疗全生命周期服务流程开始于个性化诊断环节，医疗服务需求个体可结合与个体自身相关的医疗大数据，通过云计算、大数据等相关技术形成一个基于个体自身的个性化医疗诊断报告。根据诊断报告，若无重大疾病，个体进行自我个性化健康护理；若存在重大疾病，个体无法进行自我健康护理时，可到医疗机构等进行个性化治疗服务，个性化护理过程实际上贯穿于整个个性化医疗服务的中后期，整个个性化医疗服务周期的结束以个体康复为标志。以上，个性化诊断、个性化治疗、个性化护理形成一个闭环的个性化医疗服务流程，同时，当前一个个性化医疗服务全生命周期流程结束时，后一个个性化医疗服务周期开始。

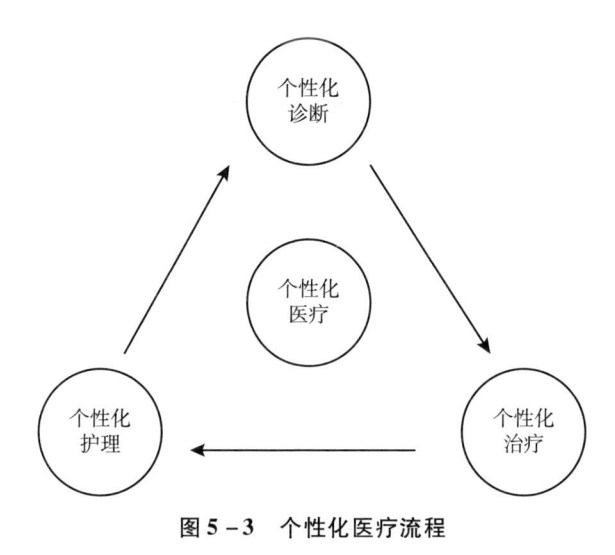

图 5-3 个性化医疗流程

资料来源：作者绘制。

2. 个性化诊断模式设计

（1）个性化诊断

个性化诊断是指通过对个体自身相关的医疗大数据进行数据挖掘分析，并结合具体的医疗诊断需求，对患者的各项体征数据进行分析，从而诊断该个体是否患有某项疾病或者是否存在患病的风险等。

（2）个性化诊断流程设计

个性化诊断是全个性化医疗服务周期的初始关键环节，其关键在于对多源医疗数据的分析挖掘来发现问题，旨在以数据驱动来实现个性化诊断。

图 5-4 为个性化诊断服务模式流程，在该环节内，首先，对多

源异构医疗数据进行采集及融合存储,构建整个个性化医疗服务周期的核心数据基础,主要包括以个体为核心的健康监测数据、临床数据、生物数据及运营数据;其次,利用云计算及大数据分析技术对个体健康状况进行预测分析,包括对离线医疗数据或者在线实时监测医疗数据的挖掘分析,如可通过分类算法、决策树算法进行疾病预测;最后,由前述预测分析生成个性化诊断结果,并以文档报告或者消息流的方式推送至个体终端,以便满足个体对自身健康状况的实时了解。

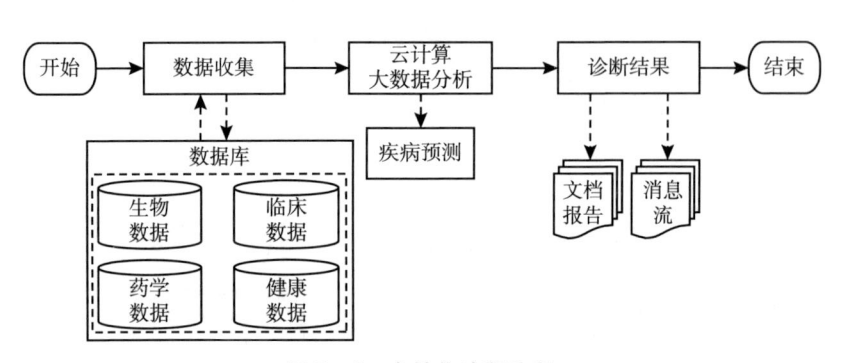

图 5 – 4　个性化诊断流程

资料来源:作者绘制。

3. 个性化治疗模式设计

(1) 个性化治疗

个性化治疗是指在某个体患者患有某项疾病的前提下,分析其自身的医疗数据,或者相关的外部医疗大数据来对其提供个性化的治疗服务,如可根据外部医疗数据来推荐相关的医院、科室或者根据其自身病症数据为其提供个性化的临床治疗方案等。

(2) 个性化治疗流程设计

个性化治疗是个性化医疗服务全生命周期中的重点环节,个性化诊断环节通过数据来发现问题,而在个性化治疗环节,健康状况存在问题则是已知的，该环节强调通过医疗大数据来解决已知问题，通过大数据分析挖掘来对个性化治疗服务环节提供决策方案支持，即在数据支持的前提下，以已经发现的问题来驱动实现个性化治疗。

个性化治疗业务流程如图 5-5 所示。首先，根据个性化诊断环节的诊断结果，依照病情轻缓程度采取不同的个性化治疗服务模式：当诊断结果为较为轻缓时，个体可进行自我健康管理，基于此流程，将会给出基于大数据技术的个性化自我健康管理指南；当诊断结果为较为严重时，该流程可基于医疗大数据和相关大数据推荐算法向个体推荐合适的就诊医院和科室。其次，在临床治疗阶段，该模式可根据疾病数据库、药学数据库或其他医疗数据库，通过医疗大数据、大数据挖掘技术为医生提供针对病案的个性化临床路径方案、用药方案等决策方案支持，以实现该环节的个性化治疗。

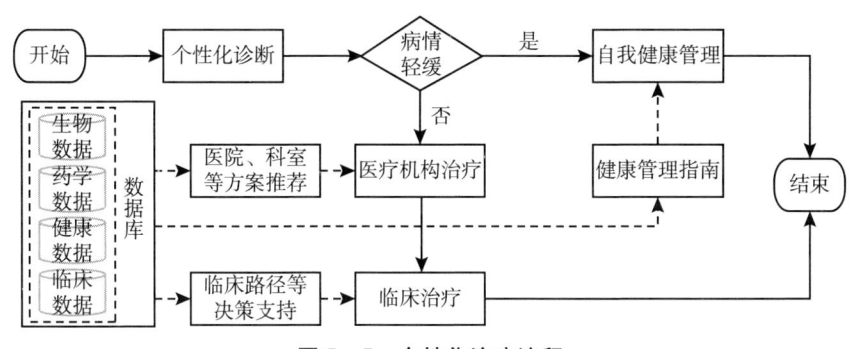

图 5-5　个性化治疗流程

资料来源：作者绘制。

4. 个性化护理模式设计

（1）个性化护理

护理是诊断和处理人们对现存的或潜在的健康问题反应的需求产物，在临床治疗和康复管理中发挥着重要的作用。个性化护理是指根据患者的医疗数据提供针对性的临床观察、监测或护理方案，也可实现个性化的临床心理护理或综合康复护理需求。

（2）个性化护理流程设计

个性化护理是个性化医疗服务全生命周期的保障环节，个性化护理强调以个体患者为中心进行护理，打破以前的粗放式、盲目式的护理方式，从而实现个体化、精准化、针对性护理，个性化护理重点针对治疗环节的特定疾病的特定治疗状况进行护理，实现定向护理。

个性化护理业务流程如图5-6所示。由前期的个性化诊断及治疗环节顺势过渡到个性化护理阶段，或者由个性化诊断环节直接来到个性化护理阶段，以下重点分析存在护理需求时的服务模式：首先，护理需求的产生可分为主动产生和被动发现，主动产生的护理需求依赖于系统平台的预测发现，被动发现的护理需求依赖于患者个体或护理人员的人为发现；其次，对所产生的护理需求进行处理，此时可通过对过往药学数据、病历数据和护理数据的挖掘为医护人员提供个性化护理方案的决策支持；最后，当一个护理需求得到解决处理后，患者若治愈则整个个性化医疗服务全生命周期结束，否则继续进行后续护理需求的发现与解决，或者进行更长周期的个性化医疗服务。

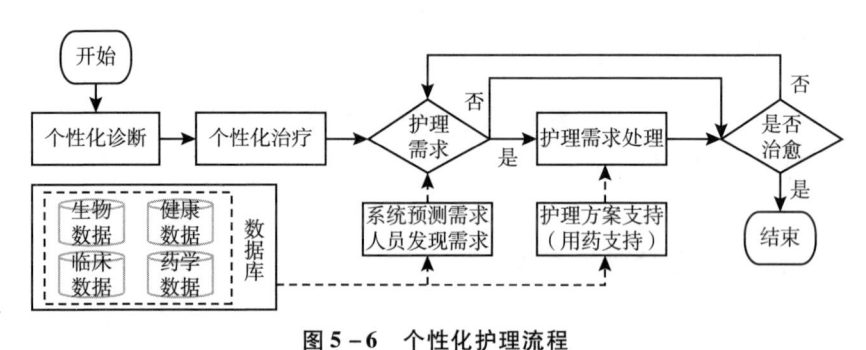

图5-6 个性化护理流程

资料来源：作者绘制。

5.2.2 大数据技术在个性化医疗服务中的应用

在本章节中，主要研究大数据技术在前面所提出的个性化医疗服务三大环节中的实际应用。首先明确医疗大数据的挖掘流程，然后将大数据技术应用到每一个性化医疗服务环节中，在每一环节应用中，设计基于真实医疗业务需求的数据挖掘实验，以充分明确大数据技术在个性化医疗服务中应用的可能性。

1. 基于大数据技术的医疗数据挖掘流程

数据挖掘流程通常由需求分析、数据处理、构造模型、数据挖掘及结果分析等几个步骤组成，其中存在多个环节的循环，往往会根据数据挖掘结果的好坏对挖掘过程进行反复实验，以求得合适的挖掘结果。医疗大数据的挖掘流程与此类似，都遵循常规数据挖掘或者知识发现的一般过程[36-37]。大致流程如图5-7所示。

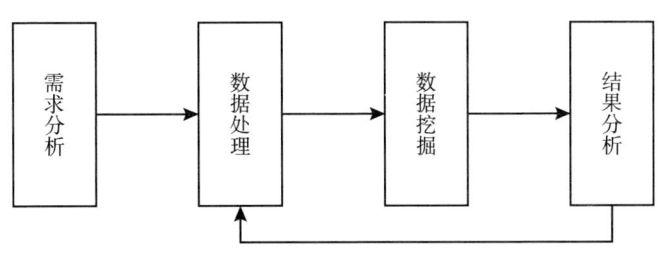

图 5-7 数据挖掘流程

（1）需求分析

该阶段的重点在于明确数据挖掘的具体需求。一般情况下，根据现实业务场景需要，分析问题的逻辑，明确数据挖掘的方向。在医疗数据挖掘中，根据需要解决的医学问题，查阅过往相关研究中是否存在解决此类问题的技术方案，结合专业知识以确定医疗大数据挖掘的目标。

(2) 数据处理

数据挖掘离不开数据的支持，数据的选择及数据处理的好坏将会直接影响到数据挖掘的效果，因此数据处理是十分关键的一步。通过需求分析阶段明确的业务需求，选取需要的数据类型，可分为两大步骤：数据采集与数据预处理。数据采集的过程可从现有数据中心或外部数据源进行采集，而后的数据预处理过程则是对初始源数据进行数值化处理、缺失值处理、标准化处理等，数据预处理的方式也将影响数据挖掘的结果。对于医疗大数据来说，考虑到其数据的多源异构性，需要根据实际情况对此采取适合医疗领域要求的预处理方法，如隐私数据的加密或者转换替代等。

(3) 数据挖掘

该阶段通过所选择确定的数据挖掘模型开展实质性的数据挖掘工作。在业务需求分析进一步明确、所需数据处理完毕的基础上，可以对同类型不同数据挖掘算法进行选择，并设计具体数据挖掘过程，然后对模型训练流程代码进行编写、测试及运行，得到数据挖掘结果。

(4) 结果分析

在结果分析环节中，主要对上一阶段数据挖掘结果进行评估。一是要从模型本身的角度来评估结果的好坏，二是从实际的业务场景角度来分析结果的可适用性，以确定是否满足最初设定的需求目的。如果未达到预期，则可对数据处理及数据挖掘环节反复进行，最终得到结果有效的模型，从而获得相对准确的数据挖掘结果。

2. 大数据技术在个性化诊断服务中的应用

本小节通过具体实验来说明大数据技术在个性化诊断服务中的应用。对于个性化诊断环节的疾病预测需求，可采用分类算法进行疾病分类预测，在文献研究分析的基础上，选定 KNN 有监督分类学习算法来分类预测某一个体是否患有糖尿病，并通过进一步对数据集的处理，来评估、优化分类预测的准确度，以满足疾病诊断的需求。

(1) KNN 算法概述

①KNN 算法。

K 近邻（K - nearest neighbor，KNN）是数据挖掘领域中预测与分类使用的一种有监督算法。KNN 算法主要是从已知数据集中查找与待测试样本最相似的 K 个样本，然后在这 K 个样本中选择类别比例占比最大的类别，作为待测样本的分类或预测结果。

②KNN 算法具体实现过程。

假设所有已知样本数据点 m 都是属于 n 维空间 R^n，第 i 个样本 $m_i = (m_1^i, m_2^i, m_3^i, \cdots, m_n^i)$，$m_t^i$ 即第 i 个样本中第 t 个属性的特征值。则 m_i，m_j 之间的距离相似度为：

$$d(m_i, m_j) = \sqrt{\sum_{t=1}^{n}(m_t^i - m_t^j)^2} \quad (5-1)$$

输入待测样本 m_s，假设 m_1，m_2，$\cdots$，m_k 表示与 m_s 经过样本相似度计算并排序后的前 k 个样本，若分类后的结果是散列的，则：$f: R^n \to v_i$，返回值 $\bar{f}(m_s)$ 是对 $f(m_s)$ 的预测分类，它是最靠近 m_s 的 k 个样本中最普遍的 f 值：

$$f(ms) \leftarrow \underset{v \in V}{\operatorname{argmax}} \sum_{i=1}^{k} \delta(v, f(m_i)) \quad (5-2)$$

其中，$V = \{v_1, \cdots, v_s\}$，这里 v_i 表示第 i 个类别的标记。$\delta(x, y)$ 是类别判断函数，当 $x = y$ 时，$\delta(x, y) = 1$；否则 $\delta(x, y) = 0$。

最后，得到的 $\bar{f}(m_s)$ 就是待分类样本 m_s 的类别预测结果。

③KNN 算法特点。

KNN 作为一种基于实例的机器学习挖掘算法，KNN 算法原理易于理解，容易编程实现，不需要过多人为干预与准备工作，属于惰性机器学习算法中的一种，训练样本时花费的时间短；样本集可以随时添加，增加样本类别，易于扩展到多分类问题；随着样本数量增多，有较高的收敛速度；训练样本集中的任何样本都可能是中心样本，分类精度更高。

(2) 基于 KNN 算法的糖尿病患者预测分析

①实验准备。

考虑到医疗大数据隐私性及安全性的限制,该节数据挖掘的实验中所采用的糖尿病数据集来自加州大学欧文分校(UCI)开源数据库,该数据库是加州大学欧文分校创建的开源的用于机器学习的权威数据库。

糖尿病(diabetes)数据集可用于糖尿病预测诊断,该数据集共有 768 个样本数据、9 个特征属性,其中特征变量是否患病(outcomes)为离散变量:1 代表患有糖尿病,共有 268 个患有糖尿病的样本;2 代表未患有糖尿病,共有 500 个不患有糖尿病的样本。该变量作为目标特征变量,即为后续的待分类预测值。其余 8 个特征属性分别为(括号中为相应的特征英文表示):怀孕次数(pregnancies)、胰岛素(insulin)、血压(blood pressure)、皮脂厚度(skin thickness)、血糖(glucose)、身体质量指数(BMI)、糖尿病遗传函数(diabetes pedigree function, DPF)、年龄(age)。部分样本数据如表 5 - 1 所示。

表 5 - 1　　　　　　　　糖尿病数据集部分数据样本

样本	outcomes	pregnancies	glucose	blood pressure	skin thickness	insulin	BMI	DPF	age
1	1	6	148	72	35	0	33.6	0.627	50
2	1	8	183	64	0	0	23.3	0.672	32
3	1	0	137	40	35	168	43.1	2.288	33
4	1	3	78	50	32	88	31	0.248	26
5	1	2	197	70	45	543	30.5	0.158	53
…	…	…	…	…	…	…	…	…	…
268	1	9	170	74	31	0	44	0.403	43
269	1	1	126	60	0	0	30.1	0.349	47
270	2	1	85	66	29	0	26.6	0.351	31

续表

样本	outcomes	pregnancies	glucose	blood pressure	skin thickness	insulin	BMI	DPF	age
271	2	1	89	66	23	94	28.1	0.167	21
272	2	5	116	74	0	0	25.6	0.201	30
…	…	…	…	…	…	…	…	…	…
764	2	9	89	62	0	0	22.5	0.142	33
765	2	10	101	76	48	180	32.9	0.171	63
766	2	2	122	70	27	0	36.8	0.34	27
767	2	5	121	72	23	112	26.2	0.245	30
768	2	1	93	70	31	0	30.4	0.315	23

②实验过程。

第一，基于原始数据的 KNN 算法预测。

在实验过程中，为保证预测准确率的真实性及选取最优结果 K，将 nNeighbor 值的迭代空间范围设置为 1~100，即 K 的取值范围，分别对每一个 k 值下的模型进行训练和测试。如图 5-8 所示，训练准确率（training accuracy）曲线为模型训练集数据的准确率，测试准确率（test accuracy）曲线为模型测试集数据的准确率。可知，当 k 值小于 10 时，训练集的准确率较高，而测试集数据预测准确率较低，两者相差较大，这种情况下训练集数据存在过拟合现象，不能更好地应用于未知数据的预测，随着 k 值的扩大，两者的准确率较为接近，且均呈现出下降的趋势。

由实验可知，当 k 值结果为 18 时，模型训练预测较好。此时验证集准确率 test accuracy 值为 0.7865。

第二，数据标准化之后的 KNN 算法预测。

为了进一步探究模型结果是否还能最优，又采用归一化数据处理方法对初始数据集进行标准化处理。同理，将 nNeighbor 值的迭代空间范围也设置为 1~100，分别对每一个 k 值下的模型进行训练评估。

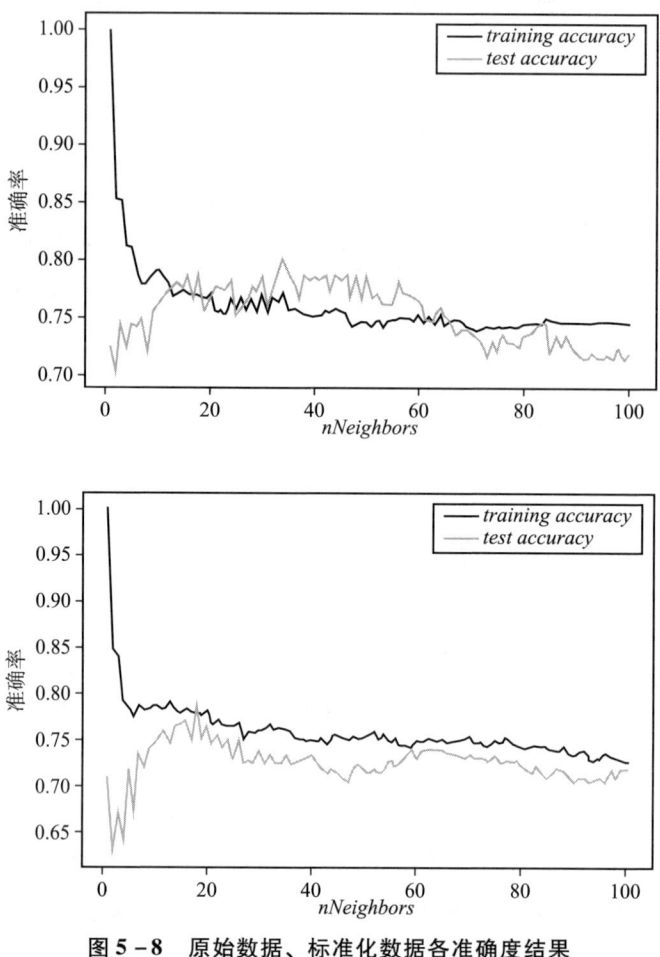

图 5-8　原始数据、标准化数据各准确度结果

由实验结果可知最优 k 值为 34，此时的 test accuracy 值为 0.8121。

第三，结果分析。

对比分析原始数据与标准化数据之后的 KNN 模型的训练集准确度和测试集准确度，如图 5-9 所示。

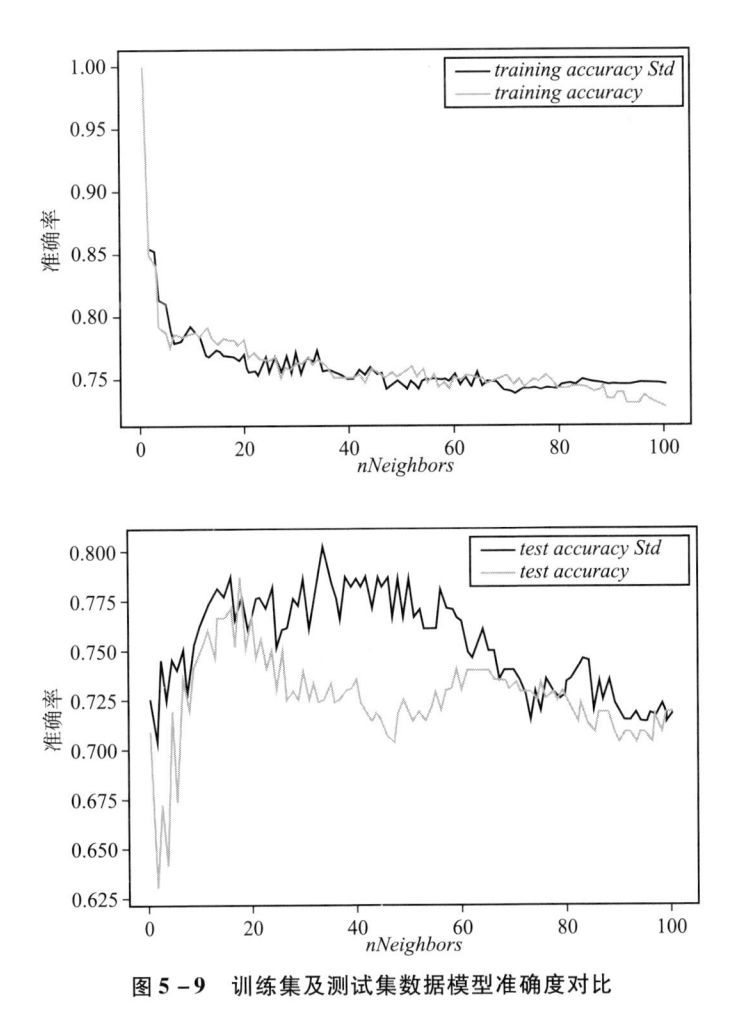

图 5-9 训练集及测试集数据模型准确度对比

由图 5-10 可以看到训练数据集准确率前后相对变化较小，而验证数据集准确率则变化较为明显。为进一步分析评估结果，接下来分别对 $k=18$、$k=34$ 时的结果进行单独评估，主要参考数据挖掘领域经常使用的精准率和查全率指标。

由前面可知，原始数据的最优 nNeighbor 值为 18，对其评估结果如表 5-2 所示。

表 5-2　　　　　　　　　原始数据结果评估

项目	precision	recall	f1-score	support
1	0.72	0.63	0.67	67
2	0.81	0.87	0.84	125
avg/total	0.78	0.79	0.78	192

注：precision（精确度）：正确预测为正的，占全部预测为正的比例。recall（召回率）：正确预测为正的，占全部实际为正的比例。f1-score（f1 值）：精确率和召回率的调和平均数。support（各分类样本的数量或测试集样本的总数量）。avg/total（平均值/结果）：所有标签结果的平均值。

而标准化之后的最优 *nNeighbor* 值为 34，对其评估结果如表 5-3 所示。

表 5-3　　　　　　　　　标准化数据结果评估

项目	precision	recall	f1-score	support
1	0.85	0.52	0.65	67
2	0.79	0.95	0.86	125
avg/total	0.81	0.80	0.79	192

由此可得，标准化之后的精准率 precision 和查全率 recall 均大于标准化之前的结果，即 0.81 > 0.78，0.80 > 0.79。至此说明，对原数据进行标准化处理之后再进行算法数据挖掘有助于提升 KNN 分类算法在模型训练预测水平的准确度。

以上实验表明，通过 KNN 算法可实现对普通个体是否患有某项疾病做个性化预测分析，将有助于满足个体自我健康管理的需求。

3. 大数据技术在个性化治疗服务中的应用

本小节通过具体实验来说明大数据技术在个性化治疗服务中的应用。个性化治疗服务环节，旨在为医护人员提供个性化的医疗决策支持或者说为病患提供个性化的治疗方案。本小节尝试通过无监督学习算法（K‑Means）来对病患进行聚类分析，该算法可根据数据的自身特点将病患聚类成不同医疗单元，从而有利于医护人员对不同病患群体实施不同的治疗方案。

（1）K‑Means 算法概述

①K‑Means 聚类算法。

聚类（clustering）模型简单来说就是将存在一定共性的事物划分到一组，聚类算法是一种无监督学习算法，在聚类过程中，无须对样本数据集进行标签划分，聚类算法仅需知道如何计算数据集之间的相似度，即可实现样本数据的聚类划分。

K‑Means 聚类算法基于样本间的距离来进行类的划分，它认为样本数据之间的距离越近，则表明两者之间的相似度越大，划分在同一类别中的可能性也就越大。该算法根据人为设定的 K 个类别，最终可将样本数据集划分为 K 个类别，同时聚类结果能够保证任一类别中任何一个样本到其所属类中心的距离均小于该样本到其他类中心的距离[41‑43]。

②K‑Means 算法具体实现过程。

假设有无标签数据集：

$$X = \begin{bmatrix} x^{(1)} \\ x^{(2)} \\ \vdots \\ x^{(n)} \end{bmatrix} \tag{5-3}$$

该聚类算法旨在将数据集聚类为 K 个簇 $C = C_1, C_2, \cdots, C_k$，最小化损失函数为：

$$E = \sum_{i=1}^{k} \sum_{x \in C_i} \| x - \mu_i \|^2 \tag{5-4}$$

其中，μ_i 是为簇 C_i 的中心点：

$$\mu_i = \frac{1}{|C_i|} \sum_{x \in c_i} x \qquad (5-5)$$

为求得上述最小化损失函数的最优解,需要遍历各个划分簇,K-Means 算法模型内部使用贪心策略来求取一个近似解,具体求解过程如下:

第一步,在设定 K 值的前提下,在样本数据集中模型随机选取 K 个样本点作为各个簇的初始中心点 $\{\mu_1, \mu_2, \cdots, \mu_k\}$。

第二步,计算求解所有样本数据与各个簇的中心点之间的距离值 $dist(x^{(i)}, \mu_i)$,然后把该样本点划分到离其距离最近的簇中 $x^{(i)} \in \mu_{nearest}$。

第三步,根据每个簇中重新归类的所有样本点的特征,重新计算各簇的中心点:

$$\mu_i = \frac{1}{|C_i|} \sum_{x \in c_i} x \qquad (5-6)$$

第四步,重复计算第二、第三步骤,直到每个簇的中心点值不再变化为止,则表明该次聚类结束,根据聚类结果可知每个簇中的所有样本数据。

③K-Means 算法特点。

K-Means 算法的实现原理和聚类过程相对清晰明了,结果是可追溯的,不仅可以处理比较离散的小容量数据集,而且在对大数据集合进行聚类时,相比其他的算法会更加高效,并且结果比较理想,可伸缩性比较好,因此适合本书中医疗数据集的使用;但是 K-Means 算法对初始聚类数目 K 的依赖比较大,K 值选取得是否合适,关系到结果的好坏,因此在实验中需要对不同 K 值进行多次实验。

(2) 基于 K-Means 算法的高血压患者聚类分析

①实验准备。

该医疗数据集来自每年大健康体检中心与阿里天池合作举办的数据挖掘竞赛项目中公开的数据集,数据真实有效。

本次实验数据集选取 599 个样本数据用于高血压患者聚类分析，包含 5 个特征属性：收缩压（Sys）、舒张压（Dia）、甘油三酯（Tl）、高密度脂蛋白胆固醇（Hdl）和低密度脂蛋白胆固醇（Ldl）。部分样本数据如表 5-4 所示。

表 5-4　　　　　　　高血压数据集部分数据样本

样本	Sys	Dia	Tl	Hdl	Ldl
1	105	47	0.92	1.44	2.31
2	109	48	0.77	1.17	1.76
3	96	52	0.91	1.75	2.33
4	96	53	0.81	1.28	2.81
5	103	53	0.47	2.19	1.74
...	...	...	...	...	...
298	170	110	1.05	1.88	2.85
299	164	111	2.16	1.07	2.82
300	160	118	4.5	2.55	2.1
301	170	120	1.58	1.21	2.12
302	170	120	1.68	1.24	3.52
...	...	...	...	...	...
595	170	110	1.05	1.88	2.85
596	164	111	2.16	1.07	2.82
597	160	118	4.5	2.55	2.1
598	170	120	1.58	1.21	2.12
599	170	120	1.68	1.24	3.52

②实验过程。

由于 K-Means 算法本身的局限性，即类别数 K 值受人为限定的局限性较大，因此，在本次实验中，选取了多个 K 值，通过对比评估不同 K 值下的聚类效果，选取最为合适的 K 值（见图 5-10）。

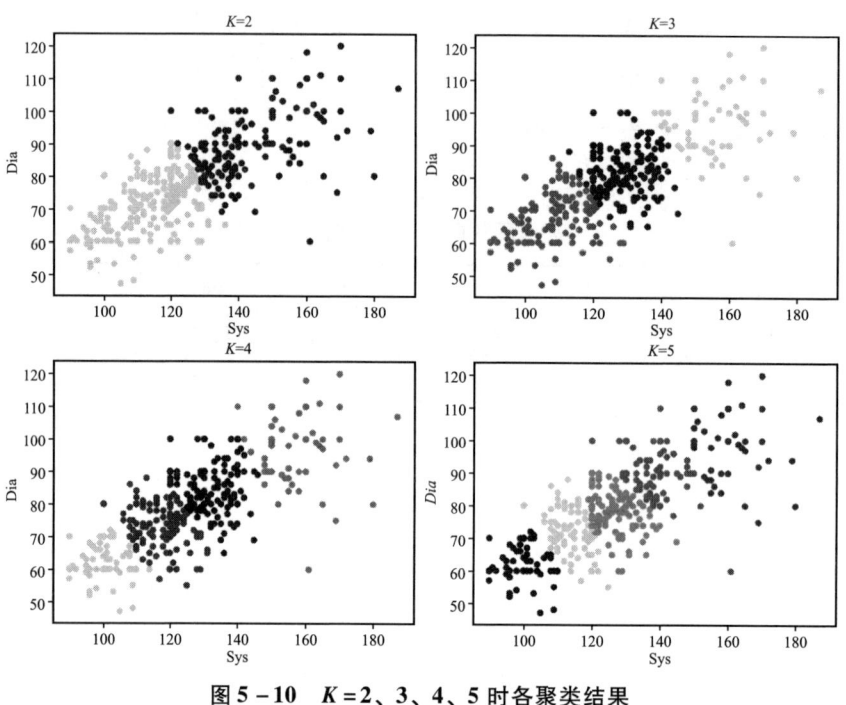

图 5-10　K=2、3、4、5 时各聚类结果

③结果分析。

一般来说，在数据挖掘工业界，在评估聚类算法聚类效果好坏时，通常考虑同类中样本间的稠密程度和不同类间的样本离散程度。基于这一原则，本书在评估医疗数据集的聚类效果时采用轮廓系数（Calinski - Harabasz index），在该指标下，得到的 C - H 分数值 s 越大则表明聚类效果越好。

轮廓系数 C - H 分数值 s 的具体计算公式如下：

$$s(k) = \frac{\operatorname{tr}(B_k)}{\operatorname{tr}(W_k)} \frac{m-k}{k-1} \quad (5-7)$$

其中，m 为模型训练数据集样本总数，k 为所聚类类别数。B_k 为不同类别之间的协方差矩阵，W_k 为同类别内部样本数据的协方差矩阵，tr 为该矩阵的迹。

在该评估方法中，同类别内样本数据的协方差越小则聚类效果越好，而不同类别之间的协方差越大效果越好，这样得到的轮廓系数 C－H 分数值将会越高。上述实验过程中不同 K 值对应的评估结果如表 5－5 和图 5－11 所示。

表 5－5　　　　　　　　　　不同 K 值轮廓系数

K	2	3	4	5
C－H 分数值	785.8271	804.3829	764.1402	723.6283

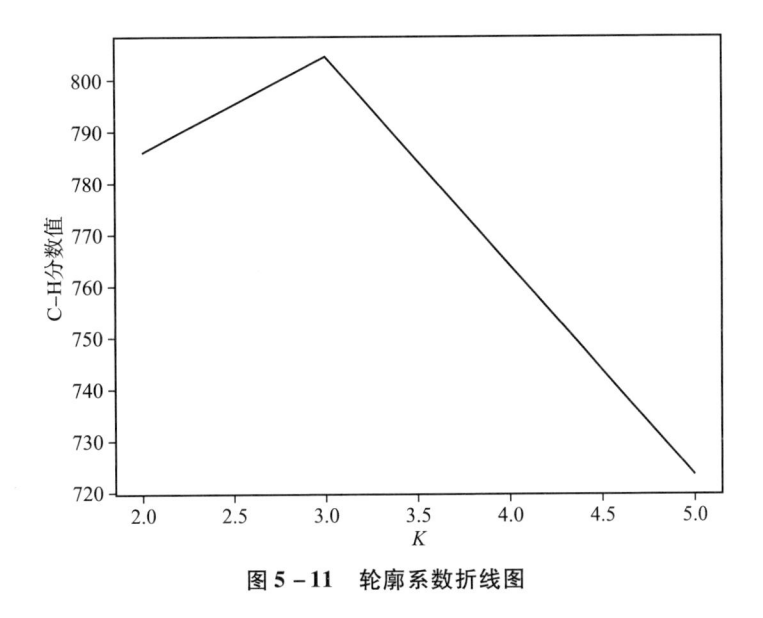

图 5－11　轮廓系数折线图

由表 5－5 和图 5－12 可以明显地看到 K 值由 2 到 3 时，评估结果向好，而从 3 到 5 时，评估结果变差。所以针对该次高血压实验数据集，当聚类类别数为 3 时，聚类效果较好。

当聚类类别数为 3 时，每个簇的簇中心点的五个特征值分别如表 5－6 所示，可以看出在某些特征维度上的类之间的区分度较为明显。该实验通过对病患数据的聚类分析，实现治疗单元的划分，有利于为医护人员在对不同类别患者进行治疗时提供个性化治疗方案决策支持。

表 5-6　　　　　　　　各类别中心点特征值

K	Sys	Dia	Tl	Hdl	Ldl
0	154.9080	98.1494	1.9898	1.4224	2.8181
1	108.4600	69.7400	1.3834	1.4487	2.5662
2	128.7977	83.6526	1.8031	1.3760	2.8467

4. 大数据技术在个性化护理服务中的应用

本小节通过具体实验来说明大数据技术在个性化护理服务中的应用。个性化治疗服务环节中,旨在医护人员为病患个体提供特定疾病的定向护理。随机森林算法在数据分类挖掘过程中将会对各个特征因素进行重要度分析,本小节正是基于此,从而实现糖尿病患者护理过程中的重点护理因素分析,以实现特定疾病的个性化定向护理。

（1）随机森林算法概述

①随机森林算法。

随机森林（random forests, RF）算法是在决策树模型和重采样算法（Bagging）的基础上建立起来的集成学习算法。该集成算法在模型训练过程中可产生多棵单一决策树,然后输入数据集,模型中每棵决策树均可对输入数据进行决策,产生多个预测决策结果,算法内部将会采用投票机制,最终会选择多数占比类别作为模型预测结果[43-44]。

②随机森林算法具体实现过程。

随机森林是由多棵单一决策树 $\{h(a, \theta_k, k=1, 2, \cdots, k)\}$ 所构成的集成分类器,其具体算法流程如下:

第一步,首先采用 Bagging 方法对给定的训练样本集 X 进行采样,即通过有放回的采样方法,得到自助样本集 θ_k。

第二步，在 CART 决策树算法的基础上，生成每个自助样本集 θ_k 所对应的二叉树，具体过程如下：

假设 θ_k 共有 M 个特征属性，在构造各个节点的决策树中，从所有的特征中任意选出 m 个特征当作模式识别的候选特征属性，一般取 $m = \sqrt{M}$，并向下取整，计算这 m 个特征向量的节点基尼系数（Gini），并选择 Gini 不纯度最小的特征向量作为最优的分类特征属性，假设数据集 θ_k 有 Y 个目标类别，第 y 个类别的概率为 P_y，则基尼系数表达式为：

$$Gini(\theta_k) = \sum_{y=1}^{Y} p_y(1 - p_y) = 1 - \sum_{y=1}^{Y} p_y^2 \qquad (5-8)$$

对于样本 θ_k，如果根据某特征 $m1$ 的值把样本分为 θ_k1、θ_k2 两部分，则在特征 $m1$ 条件下，θ_k 的基尼系数为：

$$Gini(\theta_k, m1) = \frac{\theta_k 1}{\theta_k} Gini(\theta_k 1) + \frac{\theta_k 2}{\theta_k} Gini(\theta_k 2) \qquad (5-9)$$

依据选择出来的最优特征属性将节点分成两类，接下来从剩余的特征属性中选出次最优的特征属性，并保证每棵二叉树能够充分生长，且不进行剪枝。

第三步，重复第一、第二步骤直到生成的这棵树可以准确地将训练集中的样本进行分类或者用掉所有的特征属性为止，然后对生成的 K 棵决策树进行组合，从而构建随机森林模型。

第四步，对于任意的测试样本，该样本的所欲类别往往通过投票的方式进行决定，具体结果如下：

$$c = \mathrm{argmax}_c \left(\frac{1}{K} \sum_{k}^{K} I(h(a, \theta_k) = c) \right) \qquad (5-10)$$

其中，k 表示单一决策树的个数，$I(\cdot)$ 表示指示器函数，c 表示得到票数最多的测试样本所属类别。

③随机森林算法特点。

相对于单一算法，集成算法精度更高，准确性更好。相对于其他基于集成学习的方法，随机森林可以克服单一模型的缺点，处理高维度数据，对数据集的适应能力强，可以处理离散性数据和离散性数据，数据集无需规范化。随机森林模型准确率高，更易于使用，高效处理数据，易于并行化计算，可以处理大多数问题，可应用于特征数目或者样本量极大的大规模数据。同时在建模过程中只选择最重要的特征，可以处理噪声和缺失值，无须额外处理。随机森林模型具备的两种随机性，使随机森林模型具有更少的过拟合倾向和一定的抗噪声能力。随机森林模型本身属于非线性模型，可以良好处理非线性数据，非线性数据可以选择随机森林模型作为基准模型。

（2）基于随机森林算法的糖尿病重点护理因素分析

①实验准备。

本次随机森林实验数据集仍使用上节中的糖尿病数据集，这里不再重复介绍。

②实验过程与结果分析。

随机森林算法其本身就是建立在单一决策树算法之上的优化模型，但是其仍受决策树单一树的深度 max_depth 参数的影响，因此在本次实验中，将会分别设定测试不同的树的深度值，并对每一深度下的结果进行分析，具体如表 5-7 所示。

表 5-7　　　　　　　　　不同深度下的模型评估

max_depth	3	4	5	6	7
训练准确率	0.795	0.821	0.851	0.884	0.934
测试准确率	0.766	0.792	0.766	0.823	0.792

由表 5-7 可知，当树深度逐渐加大时，训练集的准确度越来越高，但是测试集数据的准确度由上升转为下降，说明在后来的深度设置上存在模型的过拟合。因此，当随机森林最大深度为 6 的时候，该

算法在训练集及测试集数据上模型效果总体较好,因此选择最大深度为 6 时来对糖尿病重点护理因素进行分析。

在上述随机森林算法实验中,树的最大深度为 6 时,模型评估结果较好,基于该结果来分析糖尿病患者在个性化护理服务中需要重点关注护理方面。由表 5-8 及图 5-12 可知,各因素的重要度排名: Glucose > BMI > Age > DiabetesPedigreeFunction > Pregnancies > Insulin > BloodPressure > SkinThickness,即在护理阶段可根据以上因素的重要度来进行相应的医疗定向护理,可在一定程度上最大化护理资源的使用效益。

表 5-8　　　　　　　　各因素护理重要度

Pregnancies	Glucose	BloodPressure	SkinThickness	Insulin	BMI	DPF	Age
0.0806	0.3016	0.0730	0.0606	0.0742	0.1675	0.0958	0.1467

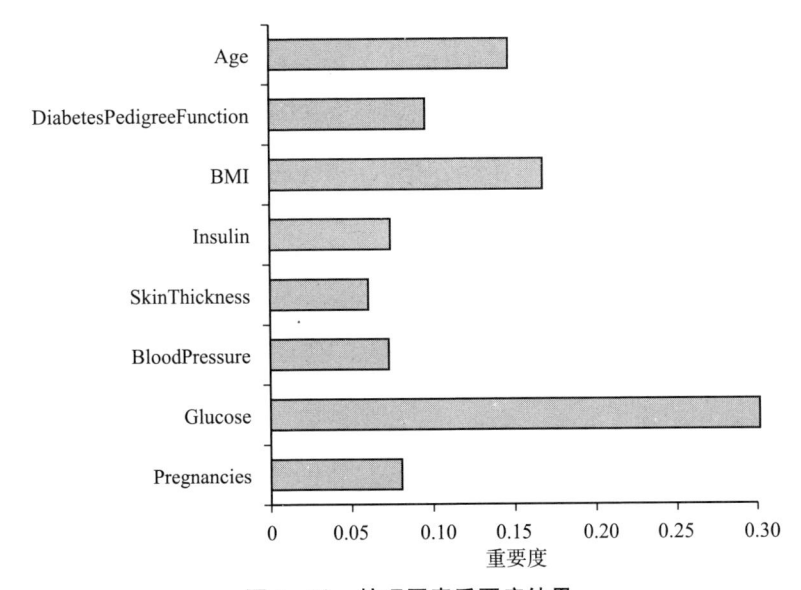

图 5-12　护理因素重要度结果

5.2.3 基于大数据的个性化医疗服务平台设计

1. 平台设计需求分析

(1) 功能性需求分析

①平台架构功能需求分析。

大数据个性化医疗服务平台试图通过对多源医疗大数据的收集，并对医疗大数据结合现实场景业务处理分析，以实现医疗大数据对个性化医疗的助力。基于以上，可将平台的架构功能需求分析分为三个方面：数据存储需求、数据分析需求、用户应用需求[43-44]。

数据存储需求：旨在收集多源多终端的异构医疗数据。由于医疗数据来源的多样性和结构的复杂性，对数据进行结构化标准化分析处理，在此基础上，将数据统一存储在平台的数据中心，为后续的处理提供数据支持。

数据分析需求：旨在能够根据用户提交的应用需求来提供各种数据分析能力。即平台设计需具有足够的算力和数据分析能力，来满足不同用户提交的在线、离线等各种医疗数据分析需求。

用户应用需求：旨在为不同用户提供不同的业务需求功能。

②用户对象需求分析。

该个性化医疗大数据平台的用户对象主要包括普通用户群体、医护人员群体及平台的运维信息技术人员。根据用户对象的不同，需分别设计不同的需求。

普通用户需求分析：普通用户群体可通过平台对自身的身体健康状态进行监测、获取相应的个性化医疗建议等，并有权对自身的体征数据进行管理。

医护人员需求分析：医护人员可通过该医疗平台对就诊患者的医疗数据进行查询使用，实时观察病人的健康情况，此外也可获得病人外的医疗大数据，从而为医护人员提供医疗决策支持，为病人指定更加合理的个性化治疗、护理方案。

运维人员需求分析：运维等信息技术人员可通过该平台对其他用户主体的功能权限进行管理，同时也可实时监控该大数据平台，保证该平台的稳定性与安全性等。

（2）非功能性需求分析

①平台设计可行性分析。

技术可行性：基于大数据的个性化医疗服务模式的关键技术，在于对医疗大数据的分析挖掘来实现医疗服务的个性化预测、诊断与护理。本书通过对个性化医疗服务模式流程进行设计，结合相关大数据技术与医疗大数据，将其应用到具体业务中去。因此，从技术层面上来讲，基于大数据的个性化医疗服务模式是可行的。

经济可行性：基于大数据的个性化医疗服务模式研究的主要成本花费在相关人财物的成本耗费中，如数据的采集成本、软硬件采购建设成本等。但是上述的这些成本耗费多是一次性的，一次建设完成后，往后长时间内不再耗费巨额资金，后续的系统或平台的维护和使用成本相对来说很低，再加上目前国家正在加大扶持医疗大数据健康产业的发展，因此，从经济层面上来讲，也是可行的。

操作可行性：针对本书的研究来说，其操作可行性在于个性化医疗服务平台对多方用户的实际操作应用的友好程度。鉴于移动互联网、物联网技术及通信技术的快速发展，该平台所涉及的不同阶段、不同应用主体的个性化医疗服务，均有可现实操作的可行性，无论是对于个体患者还是医护人员等不同用户群体，个性化医疗服务应用平台的操作性都是可行的。

②平台设计目标。

实用性：大数据个性化医疗服务平台的最终目的是为了实现真实场景业务下的充分应用，因此必须保证其实用性。在其设计开发的整个过程中，应本着为个性化医疗服务的指导思想。同时实用性也体现在功能应用方面的简易操作性，要确保个体或者医护人员等在进行具体操作时的便捷性，注重用户体验满意度。

稳定性：平台的稳定性是实用性的根本保障，平台稳定性的实质是每一个组成模块的稳定性及各组成模块之间操作接口的稳定性。具体体现在：高可用性，平台在运行时要尽可能避免出现故障；高并发性，要满足多用户的多并发性需求。

③平台设计原则。

系统性：平台是由多个相互独立但又有所联系的子模块构成的，因此，个性化医疗服务平台的设计开发是一个系统工程。在整个平台开发设计时，应协调好部分与整体的关系，做好各子模块的内容设计分析，做好各模块之间的接口连接，避免各层级之间的内容开发重叠，以便实现整个平台。

扩展性：平台的扩展性一方面要考虑平台对第三方应用接口的扩展性，如数据接入标准的扩展性；另一方面要考虑数据中心的可扩展性，基于大数据的应用，在数据存储中心规划时，要充分考虑医疗大数据的增长需求。

安全性：平台的安全性可以从两个角度来考虑：硬件安全性和软件安全性。硬件安全性涉及硬件设施的安全，如存储设备、灾备中心机房的安全性；软件的安全性涉及虚拟化设施的安全，如数据存储策略、数据访问等方面的安全性。

2. 平台架构设计

（1）总体架构

基于大数据的个性化医疗平台总体架构以面向服务架构（SOA）设计方法为前提，在综合分析平台需求的前提下，同时在遵循平台的设计目标及原则的要求下，将其分为四个层次和两个支撑体系，具体为：基础设施层、数据中心层、信息处理层和应用展示层，信息标准支撑体系和信息安全支撑体系。基于大数据的个性化医疗服务平台总体架构如图5-13所示。

```
┌─────────────────────────────────┐
│         应用展示层               │
│          ⇧ ⇩                    │
│         信息处理层               │
信息        ⇧ ⇩              信息
标准       数据中心层          安全
支撑        ⇧ ⇩              支撑
体系                           体系
│         基础设施层               │
└─────────────────────────────────┘
```

图 5 – 13　平台总体架构

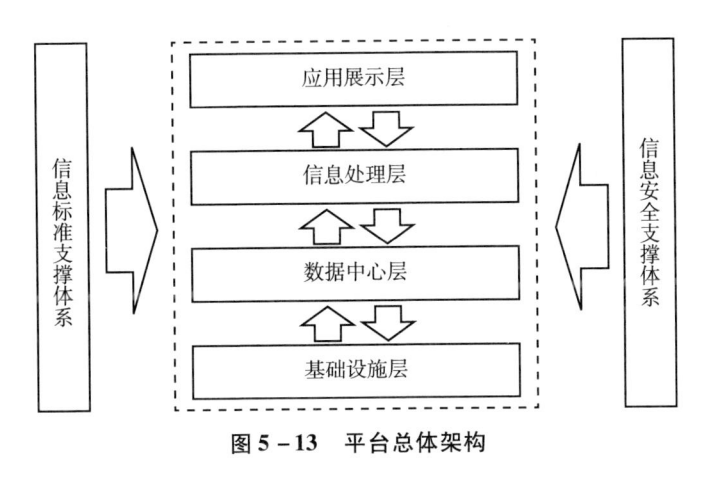

资料来源：作者绘制。

①基础设施层。

基础设施层用来提供平台运行所需要的基础设施，包括网络通信设备、计算机软硬件系统、大数据存储设施、云计算设施、穿戴设备等各种医疗终端设备，这些设备设施是整个个性化医疗平台的基础部分。

②数据中心层。

数据中心层的主要作用在于对多源异构医疗数据的融合存储处理，以便为信息处理层提供数据支持，主要包含：一是源数据的采集，包括对穿戴设备等终端的非结构化数据的实时采集，也包括对各种结构化数据的采集；二是对多源异构数据的预处理、标准化处理；三是数据的存储，对标准化处理后的医疗大数据进行存储。

③信息处理层。

信息处理层上下衔接应用展示层和数据中心层，是实现个性化医疗服务模式的重要场所。信息处理层通过交互数据中心层的医疗大数据，利用相关大数据技术进行数据分析挖掘，从而将海量数据转化为有效信息，从而为个体患者或医护人员提供个性化的决策指南。

④应用展示层。

应用展示层主要用来为各类用户提供医疗服务功能。通过该平台，个体患者可以随时查看自己的健康档案等，或者享受个性化的医疗服务；而医护人员可使用该平台获取专业的医疗信息服务，如临床路径决策支持、护理方案支持。

⑤信息标准支撑体系。

信息标准体系是整个个性化医疗服务大数据平台开放的关键。信息标准涉及各个模块之间或其内部的技术标准、业务流程规范等，如数据的存储应用规范标准、各层次服务组件的接口标准等。因此，要在综合考虑国内外相关信息标准的基础上，从各个方面构建完整合理的网络系统。

⑥信息安全支撑体系。

信息安全涉及系统安全、数据安全、应用安全等多方面的软硬件安全，要符合国家政府行业的相关法律法规的规定，以特定的方式构建起安全的网络系统。

（2）技术架构

个性化医疗服务大数据平台的技术架构主要由六部分组成构成，其中业务应用层将在下一小节阐述，其余为数据来源层、数据传输层、数据存储层、资源管理层及数据处理层，以便充分利用现有的大数据相关技术。具体如图5-14所示。

数据来源层负责收集、聚合各种终端的数据如个人穿戴设备、医疗机构个人计算机（PC）检测终端产生的各项数据。

数据传输层作用在于采集结构化、非结构化数据及实时数据，将其传输到大数据平台的存储组件。Flume可用于海量日志的采集、聚合及传输，也可对数据做简单的处理，sqoop用于在Hadoop数据存储系统与传统关系型数据库之间数据的传输，kafka作为一个流数据平台，也可提供数据的短暂缓存、分布式订阅消费及简单的数据处理。

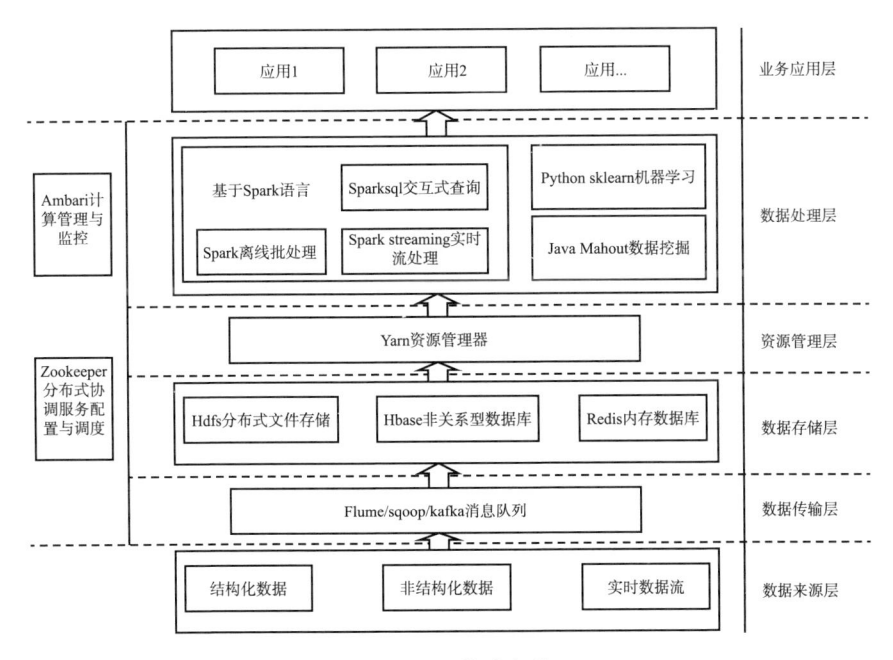

图 5-14 技术架构

资料来源：作者绘制。

数据存储层作为大数据平台的基础，用于存储各种数据。Hdfs 分布式文件系统便于存储扩展，且具有存储稳定性；Hbase 非关系型数据库便于横向扩展；Redis 内存数据库便于实时数据的存储处理。

Yarn 资源管理器、Ambari 计算管理与监控、Zookeeper 分布式协调服务配置与调度这三者综合起来便于管理大数据平台的各项资源，能够提高大数据平台的稳定性，确保计算资源的合理调度使用。

数据处理层是大数据平台的计算核心，主要用于数据挖掘，衔接硬件资源，为应用层提供各种模型处理。可提供离线批处理、实时数据流处理等业务需求。

（3）数据架构

个性化医疗大数据服务平台的数据架构设计遵循低耦合性和高内聚性的原则，低耦合性可保证数据架构模块在大数据平台中的可扩展性及易调用性，高内聚性可保证模块内部的稳定性。具体数据架构如图 5-15 所示。

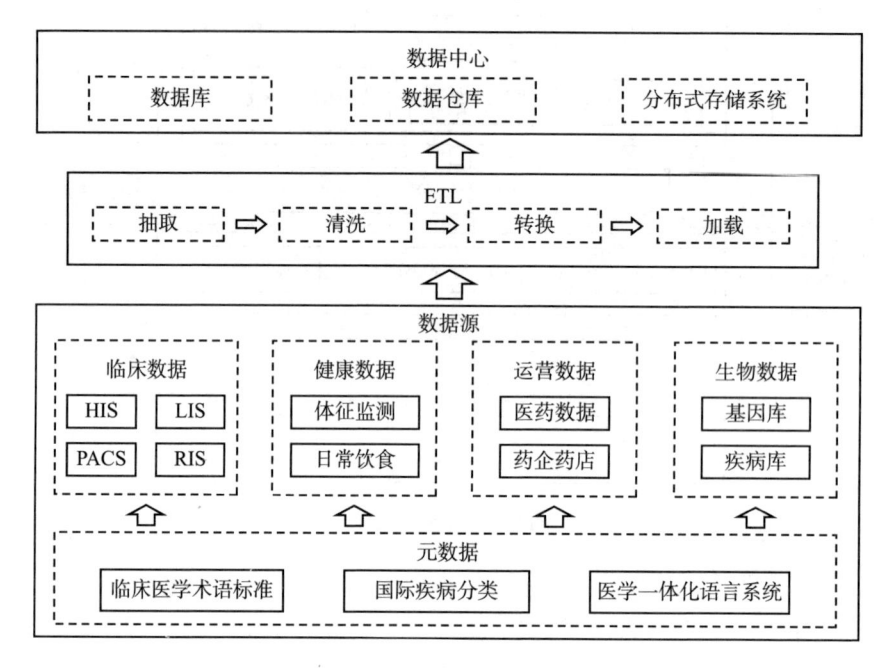

图 5-15 数据架构

资料来源：作者绘制。

数据源模块主要用来对接各种医疗大数据采集源：临床数据、健康数据、运营数据、生物数据及医疗元数据。在本书数据源设计中，临床数据主要包括医院信息系统（HIS）数据、医院实验室信息系统检验科数据（LIS）、医学影像存档数据（PACS）及放射信息系统数据（RIS）；健康数据主要由个体日常体征数据和日常饮食健康行为数据构成；运营数据主要涵盖医疗行业相关数据，如各种医药用品的元数据及药店药企等的日常运营数据；生物数据主要涉及各种基因数据、人类遗传学数据及各类疾病相关的研究数据；元数据则是用来规范上述源数据传输存储的医疗标准化参考标准，如临床医学术语标准、国际疾病分类标准及医学一体化语言系统等。

ETL模块内部按照实际医疗场景业务需要对所采集的多源数据进行抽取（extract）、清洗转换（transform）、加载（load）多环节的处理，最后存储到数据中心模块的各类存储设施中：数据库、数据仓库、分布式存储系统等。

（4）功能架构

个性化医疗服务大数据平台的最终目的是为用户服务，在设计其功能架构时将根据不同的用户主体来进行功能的设计。具体如图5-16所示。

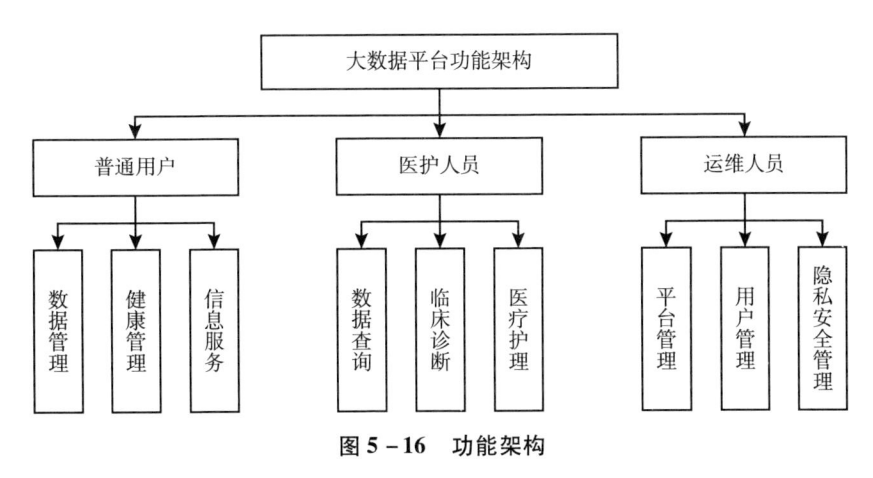

图5-16　功能架构

资料来源：作者绘制。

如图5-16所示，对于不同的平台应用主体享有不同的应用服务功能：

对于普通用户来说，可进行数据管理、健康管理及信息服务功能。个人有权对自己的数据进行自主管理，包括自身一些健康数据的授权上传及删除；个体也可通过该平台进行健康管理，通过移动互联网可实时查看自身的健康状态，可与医护人员在线交流，自身健康状况监测提醒等；对于信息服务功能，用户可接受一些消息流医疗信息，了解医疗常识。

对于医护人员来说，可享有数据查询、临床诊断、医疗护理等服务功能。数据查询是指医护人员在授权情况下可对患者的电子病历等医疗数据进行查询，或者查询其他公共医疗数据；临床诊断和医疗护理指医护人员可通过大数据平台进行诊疗方案和护理方案的查询，为其提供临床决策支持，便于个性化诊断与护理。

对于平台运维人员来说，其主要负责平台管理、用户管理及隐私安全管理。平台管理主要负责平台的稳定性及适用性，确保普通用户和医护人员进行正常的功能应用；用户管理、隐私安全管理则更多强调平台的安全性，确保各自用户享有各自对应的功能，防止黑客攻击、数据流量劫持或者隐私数据的泄露。

3. 平台保障体系

（1）基础设施保障

基础设施是整个个性化医疗服务大数据平台的物理硬件基础设施，是整个大数据平台可落地应用的实体支撑，主要从终端设备设施、网络通信设施、数据存储设施及云计算平台设施来分析平台的基础设施保障。

①终端设备设施。

终端设备设施在整个个性化医疗服务过程中与各类用户对象发生实质的交互关联。终端设备按照其功能可分为数据采集和应用服务设备两大类，具体来说，数据采集设备在整个平台中担任数据的生成采集的角色，如个体使用的穿戴设备可实现健康数据的采集；应用服务设备是各类用户在医疗服务过程中使用的各种设备，如医护人员在医疗护理过程中使用的各类监测仪器。终端设备设施决定着医疗服务中最初原始数据的采集及服务应用的使用。

②数据存储设施。

数据存储设施是大数据平台的存储核心。数据存储设施用来存储文字、影像、视频等结构化或非结构化的医疗大数据，为保证医疗大数据的安全，对数据存储设施提出了更高的要求。就物理层面来说，数据存储节点设施要有足够的数据存储能力、读写能力，此外，还需要采取安全稳定的数据存储策略，如构建数据中心的灾备云。

③云计算平台设施。

云计算平台设施是指为个性化医疗服务提供大规模离线或在线实时分布式计算的设备设施。云计算平台设施的重点在于其节点的计算能力，因此，云计算平台要有足够稳定的、安全的规模算力，能满足不特定情况下需求时间和需求数据量的计算服务，这就要求分布式云计算平台要具有安全稳定性。

④网络通信设施。

网络通信设施在整个平台中起着连接上述各个方面设施的作用。包括各种网络设备，如有线网络、无线网络、交换机、路由器等。网络通信设施是数据流通和服务应用的前提，否则一旦网络通信设施产生故障，各种设备、各个节点将处于孤立状态。

（2）信息技术保障

①数据标准化技术。

医疗大数据具有多源异构性，为实现医疗大数据的聚合及应用，医疗健康数据标准化是不可缺少的基础和前提条件。如果不进行数据标准化规范，平台各用户主体之间的数据将无法统一使用，因此需要数据标准化技术来规范处理各个阶段的数据，实现数据的标准化存储，便于应用。

②物联网技术。

物联网技术旨在将现实世界的物联系起来，可通过局域网或因特网等通信技术把不同空间的传感器、机器、人和物等主体连接在一起，从而将人与人、物与物、人与物进行连接，物联网技术搭载了各种传感器装置设备、红外线感应技术、定位及识别技术，从而可搭建起信息化、智能化、多应用、宽覆盖的数据传输网络。

③移动互联网技术。

移动互联网将互联网技术、平台、商业模式应用与移动通信技术相结合，通过智能移动终端，采用移动无线通信方式来获取开展相应的服务业务。

④生物信息技术。

生物信息技术可助力实现精准医疗、个性化医疗，如生物芯片技术、高通量基因测序技术及基因组学类技术。生物信息技术的发展使得狭义层面的个性化医疗具有实际的可操作性。

⑤云计算、大数据技术。

云计算是一种基于网络的、可配置的共享计算资源池，云计算与大数据技术是计算技术分布式处理、并行处理和网格计算的新发展。同时大数据技术狭义上也为具体的业务应用提供算法支持，二者为个性化医疗服务奠定了应用技术基础。

（3）信息安全保障

①数据隐私安全。

数据隐私是指个人、组织等实体不愿或者不想被外部所知晓的信息，涉及数据的模糊性、隐私性和可用性。医疗数据自身的特殊性要求必须更加注重隐私保护。需要在数据采集、数据共享、数据分析等方面对数据采取隐私保护策略，如模糊化匿名化处理或者加密处理。

②数据可信控制。

数据可信控制是指要对数据的真实性和准确性做好控制，对于来源多且对数据准确真实性要求高的医疗大数据来说，数据的可信控制显得尤为重要。医疗大数据产生可信问题的原因可从以下两个角度来理解：一是原始错误，即数据产生时即为错误数据；二是过程错误，即数据传播过程中产生错误。因此，在进行数据的采集处理过程中，要注意数据采集的真实性、数据处理的准确性等方面。

③数据访问控制。

数据访问是健康医疗数据应用的前提，对于不同的用户主体，数据访问是必经过程。

为保证数据的访问安全，需要采取适当的控制措施。现阶段常用的数据访问控制方法有以下几种：面向不同用户角色的访问控制、面向任务实现的访问控制和面向应用行为的访问控制等。

（4）政策法规保障

政策法规保障主要考虑国家层面对医疗大数据服务行业发展的各个环节制定法律法规，可从医疗数据标准规范、医疗数据采集应用、数据隐私安全保护等层面进行。

数据标准化规范可应用于数据的采集存储过程中，医疗数据的采集应用可规定医疗数据的使用范围、开展的业务形态等，数据隐私安全保护利于用户医疗数据保护、减少隐私泄露等安全问题的发生。政府相关部门通过开展立法工作，可规范治理大数据医疗行业的发展乱象，促进该行业健康有序发展。

5.3 基于大数据的运动健康服务

5.3.1 运动健康APP的现状及问题

1. 运动健康APP类型

运动健康APP按照功能进行分类，主要包括以下几种：记录运动健康数据；指导运动项目学习；运动信息传播；健康相关等。

但目前的大部分APP都在综合各个方面的功能，例如一款名叫Keep的运动健康APP，主要功能是提供健身方案或塑形方案。但目前Keep已经实现了运动记录的功能，推出了跑步记录等功能。同时，一些单纯的跑步记录类APP也推出了运动方案推荐的功能，所以运动健康APP已经没有清晰的分类，80%是综合类运动健康APP，但是每个 APP 都有自己的主打功能，本书按其主要功能进行分类。

（1）运动指导类

该类是运动健康 APP 的主要组成部分，由于年轻人是使用 APP 最大的群体之一，而他们对减肥、健身也有很大的热情，运动指导类 APP 主要是为这类有明确运动需求的人开发的，针对这些有明确目标的用户，如减肥、塑形、增肌、改善身体状态等，根据目标来提供相应的运动方案或者运动模式以及饮食建议等。

（2）运动记录类

运动记录类主要分为两个方向：一个方向是记录自己的身体信息，如体重、血压、体脂、心跳的变化等，主要是记录身体的基本情况，并根据变化对身体做出评价以及建议；另一个方向是对运动的强度进行监测，如跑步的配速、心率、消耗的热量、移动路线等，这些可以让用户清楚直观地看到自己的运动强度，并记录实时信息。

（3）体育信息类

该类别主要用于传播体育信息，如腾讯体育、虎扑快讯、新浪体育、乐体育等。主要功能是分享体育信息和体育知识。

（4）其他类

其他类涵盖了舞蹈、球类、医疗监测 APP 等。

2. 市场主要的 APP 分析

（1）Keep

该软件是健身软件中最有代表性的也是用户量最高，在苹果手机应用商店中占有比重相对较大的健身指导类软件，主要功能是对基础不相同和健身目标有差异的人群提供相对应的训练计划，并提供视频介绍辅助用户标准的完成健身动作，不同于其他软件的是其跟随联系模式，不只是简单地提供健身方案和动作标准，还可以通过语音视频督促用户同时训练。

(2) 健身宝典

该软件是健身软件中比较早期的软件，功能十分简单，起初只有简单的健身动作简介，按照相应的健身需求分类，主要按锻炼身体的部位划分，包括肩部、胸部、手臂、大腿、小腿、背部、肩部等，其中每个部分的内容都有各种详细的动图演示和肌肉分解图片，以及相关注意事项。该软件是运动健康 APP 发展初期的产物，内容较为翔实，结构简单、功能单一、逻辑简单，但健身理念知识介绍得很详细，为后期 APP 发展做出了巨大贡献，而且率先使用了动图介绍和肌肉分解图的介绍形式。

(3) 悦跑圈（running）

该软件基础功能主要是通过 GPS 记录运动轨迹、通过陀螺仪传感器等记录步频速度等信息，悦跑圈的特色是举办线上马拉松活动，用户无法参加线下马拉松时可以参加线上马拉松，也可以获得悦跑圈的纪念奖牌。悦跑圈还有跑团这个模块，附近的朋友可以组建跑步团体，该模块增强了用户对软件的依赖。

(4) 春雨医生

"春雨医生"是我国手机应用平台上比较全面的移动健康咨询手机 APP，从 2011 年创立之初到如今几年的时间，拥有了超过 7000 万的用户、20 万注册医师和近亿条疾病信息，每 12 小时都有 10 万人以上的流量，是世界上最大的医患交流平台。

3. 运动健康 APP 目前存在的问题

(1) 内容同质化程度严重

中国手机 APP 市场正进入爆发式增长时期。在没有权威的监管机构和书面规定的环境下，恶性竞争、共同模仿和直接抄袭现象时有发生。在苹果手机应用商店中，有 1871 个使用减肥关键字搜索的相关结果。内容部分互相借用，排名快速上升的新应用程序将直接被盗取并嫁接到其他应用程序中。由于缺乏明显的产品差异化定位和产品种类划分，缺乏功能和卖点，用户下载任意一个，获取信息内容差异不大。

（2）运动健康 APP 的推荐计划没有针对性

目前的健身类 APP 主要以 Keep 为代表，其中最为核心的内容就是健身计划以及动作指导，其中健身计划中主要包括减脂、增肌、塑性三大部分，每部分包含三个等级，即初级、中级、高级，用户根据自己的运动基础和运动知识来选择。大部分的健身类 APP 都是采用该分类方法，可以按大致需求制定自己的健身计划，但是每个用户都有自己的身体特点，并不能笼统地分为三大类，不同的身体应该有相应的不同的锻炼方法，但目前的 APP 都是根据身高、体重等基本信息或用户的主观判断来决定一个人的身体归为哪一类，而且不同时间的身体状态并不相同，训练的方法也不尽相同，APP 提供的训练方法没有针对每一个用户，也没有考虑当时用户的身体情况。既然 APP 的健身计划是其核心，如果能更具有针对性，可以大量减少用户的丢失。

（3）APP 数据如何共享获取

健身应用程序需要大量数据进行分析，大数据也非常重视各种数据类型的数据和大量的数据。单个应用程序的信息类型数量有限，因此它需要一些额外的信息来源。

根据《2016 年中国移动互联网发展报告》显示，中国社交网站平均每月活跃用户数量为 5043.5 万人。而即时通信平均一个月的活跃人数规模达到了 95027 万人，其中运动健康类 APP 的月均活跃用户规模为 587 万人，大量的 APP 关联微信、QQ 以及各类社交网络，但是关联仅仅是基本身份信息的共享，每天社交网络会产生大量的身体信息、心情、出行安排等数据，如果能合理运用这些数据，将会给用户带来更好的用户体验。

（4）APP 数据利用不充分

目前市场上有大量的运动健康 APP，总用户量高达两亿人，有大量的活跃用户，这些用户每天每个人产生大量的运动数据，这些数据不应该只用来营销。

了解消费者的需求是销售的重点，每一个产品都有自己的用户群体，符合该用户群体的需求。就是这些用户的运动数据和社交记录，成为了设计师设计产品、销售部门的营销方案、广告文案的重要依据，这些数据帮助商家了解用户的需求。

大数据应用于跑步 APP 得到大量的数据，这些数据被用来研究用户的需求，制定营销方案，数据的价值并没有得到完全的利用，仅仅依靠销售服装以及周边没有将数据分析得到的信息效益最大化，这些数据的背后有着巨大的想象空间，这些数据可以为运动健康 APP 服务，帮助用户了解自己的身体，制定更好的锻炼计划以达到理想的运动目标。

5.3.2 基于大数据运动健康 APP 的研究

1. 大数据分析技术的具体实现方法

根据数据的内容相识点进行分类，首先是大的聚类（群分析），将人按体型分类，以一组调查数据为例。

基尼系数：

$$Gini(D, A) = \frac{|D_1|}{|D|}Gini(D_1) + \frac{|D_2|}{|D|}Gini(D_2)$$

①是一种不等性度量；
②是介于 0~1 之间的数，0 为完全相等，1 为完全不相等；
③人群中包含的类别越混乱，$Gini$ 越大（类似于熵的概念）。

首先计算每个特征（是否健全、性别、身高、体重、体脂）的整个数据集的基尼系数。例如，是否健全的结果是"是、否"，先将整个数据分为两部分，后将两部分继续按特征进行分类如表 5-9 所示。

表 5-9　　　　　　　　　身体数据信息

序号	是否健全	性别	身高（厘米）	体重（公斤）	体脂率（%）
1	否	男	186	78	24
2	是	男	154	45	28
3	是	男	184	88	29
4	否	男	175	75	28
5	是	男	172	80	31
6	是	女	166	46	30
7	是	男	169	60	29
8	否	男	177	70	27
9	是	女	170	52	29
10	是	女	156	49	32

首先对是否健全进行基尼系数增益值最大的属性作为决策的根节点属性：

$Gini$（是否健全）$= 1 - (3/10)^2 - (7/10)^2 = 0.42$

基尼系数增益计算过程见表 5-10 和表 5-11。

表 5-10　　　　　　　　　健全统计

类别	是否健全
是	7
否	3

表 5-11　　　　　　　　性别与健全统计

类别		性别	
		男	女
是否健全	是	7	3
	否	3	0

$Gini$（健全）$= 1 - (3/7)^2 - (4/7)^2 = 0.4898$

$Gini$（不健全）$= 1 - (3/3)^2 - (0/3)^2 = 0$

$\Delta\{性别\} = 0.42 - 7/10 \times 0.489 - 3/10 \times 0 = 0.077$

身体脂肪率属性是一个数值属性，首先需要按升序对数据进行排序，然后使用相邻值的中间值作为从最小值到最大值的分离值，将样本分成两组（见表 5 – 12）。例如，当人体脂肪率为 20 和 30 时，中值为 25。倘若以中间值 25 作为分割点，集合 s1 是小于 25 的样本，集合 s2 代表大于等于 25 的样本，所以 $Gini$ 系数增益为：

$\Delta\{体脂率\} = 0.42 - 1/10 \times 0 - 9/10 \times [1 - (6/9)^2 - (3/9)^2] = 0.02$

表 5 – 12 $Gini$ 系数

健全	否	否	是	否	是	是	是	是	是	是
体脂率	24	27	28	28	29	29	29	30	31	32
中点值	25.5	27.5	28	28.5	29	29	29.5	30.5	31.5	—
$Gini$ 系数	0.02	0.045	0.077	0.003	0.02	0.12	0.077	0.045	0.02	—

接下来用同样的算法计算即可。

对于每个特征，根据其所有可能的值 a，将数据集分为 A = a 和 A! = a 两个子集，计算集合的基尼指数；遍历所有特征 A，计算所有可能值 a 的基尼系数，选择与 A 的基尼系数最小值对应的特征点和分割点作为最优分割点，将数据分为两个子集。最后的分类结果如图 5 – 17 所示。

以上只是部分计算，实际存在的特性和分类依据会有很多，经过不断的迭代，会将人的身体类型按不同特性细分成若干个类，使得每个人都能在数据模型上找到与之对应的类。

```
        是否健全
      ↙       ↘
    否         性别
              ↙    ↘
          体脂率    体脂率
```

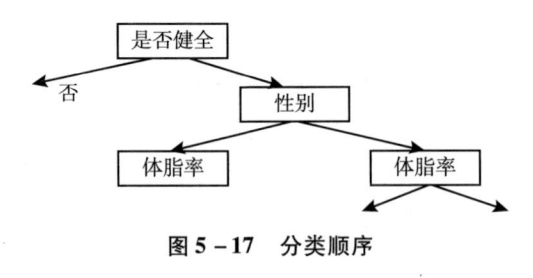

图 5-17 分类顺序

资料来源：作者绘制。

2. 数据的来源

（1）社交网络获取

2021年2月3日，中国互联网络信息中心（CNNIC）在京发布第47次《中国互联网络发展状况统计报告》（以下简称《报告》）。《报告》显示，截至2020年12月，我国网民规模达9.89亿人，较2020年3月增长8540万人，互联网普及率达70.4%，较2020年3月提升5.9个百分点。

平均而言，每秒有200万用户使用谷歌（Google）搜索。这些海量的数据中，包含着每个用户的信息，可能包括饮食、行程、心情等。许多类似的信息可以通过企业之间的合作、使用开放式应用程序编程接口（API）或网络爬虫获得。大量的数据可以为APP方案的生成提供决策支持。

如今80%的运动健康APP都会绑定各类社交软件，这些社交软件中包含大量的用户信息，各类可穿戴设备也都绑定着各类的运动APP以及社交软件。这些设备可以获得大量的用户身体的物理信息，如血压、心率、体脂等，如果能将所有的信息综合起来即可准确地呈现出用户的身体状况以及适合的运动方案或医疗建议。

（2）智能穿戴设备

目前物联网不断崛起，大量的可穿戴设备进入人们的生活中，而物联网也是数据的提供源之一，与现有互联网数据的混乱性和低价值密度相比，各种数据采集终端，如可穿戴设备和汽车网络等直接收集的数据资源具有更多价值。例如，经过智能可穿戴设备的多年发展，可穿戴式智能腕带和手表日趋成熟，其他新型智能穿戴设备不断涌现。据IDC推断，到2016年末，全球可穿戴智能设备销售将超过1亿台，比2015年增加29.0%，到2020年，可穿戴设备市场同比增长20.3%，达到2.136亿台。类似手环等设备可以在全天内不间断地记录用户得到各种信息，并且各个领域都具有广阔的应用前景。一旦技术取得突破得以完善，设备监测精度可以满足医疗需求，并且供电时长显著增加，它将全面进入应用于实体阶段，从而成为重要的大数据来源。再比如，汽车联网进入了一个快速增长时期。据Strategy-Analytics预测，到2016年，安装网络市场的普及率将达到19%，并将在即将到来的5年迎来发展的高潮时期，到2020年将达到49%。

虽然其他的数据来源不断丰富，但是否可以获取是一个极为重要的问题，一方面受目前技术水平所限，数据收集、数据清洗技术和数据质量（如汽车联网和可穿戴设备）的准确性尚未达到实际要求；另一方面由于我国社会体制等问题，行业和地区分工，数据隔离和孤岛现象常见，全面的数据资源获取仍有诸多困难。根据中国信息通信研究院2015年对800多家国内公司进行的调查显示，超过50%公司使用内部业务平台数据，管理平台数据和客户数据作为大数据应用程序的最大数据源。内部数据仍然是大数据的主要来源，但对外部数据的需求日益强劲。目前，有32%的公司通过外部购买获得数据，只有18%的企业使用政府开放的数据。如何加快大数据资源获取建设，提高信息源质量，促进跨界整合和流通，是促进大数据应用进一步发展的首要问题。

（3）医疗信息

每年医疗和健康领域都会产生大量数据。从数据类型的角度来看，医疗机构的数据不仅与服务结算数据和行政数据有关，还涉及大量门诊病人的复杂数据，包括门诊病历、住院病历、影像记录、药物记录、手术记录、医疗保险数据等。作为医疗病人的医疗档案，其粒度非常详细。因此，无论数量或类型如何，医疗数据都能满足大数据的特点。同时，通过对疾病的流行病学分析，还可以对疾病风险进行分析和预警。

3. APP 的功能分析和设计

（1）功能结构图

运动健康应用系统的功能结构如图 5 - 18 所示。

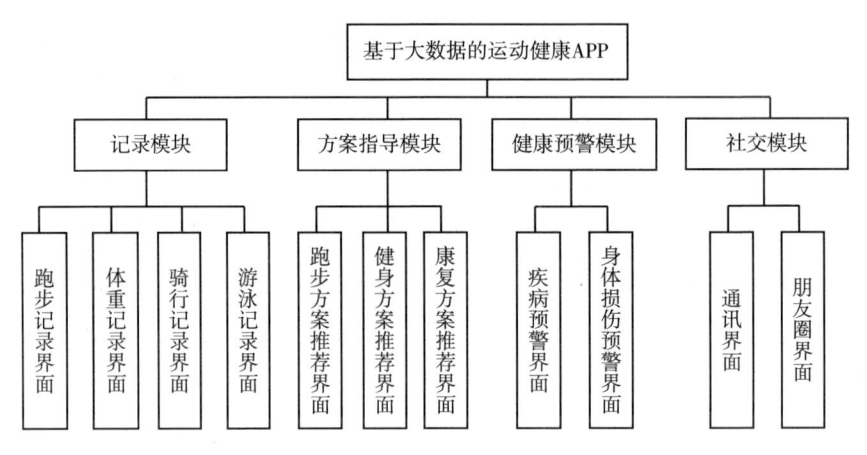

图 5 - 18　基于大数据的运动健康应用系统功能结构

（2）身体类型

由于每个人的身体差异很大，简单的身体类型划分并不能准确地描述所有人的身体类型，我们可以根据对身体的评估将身体类型进行量化，将身体类型分为更详细的等级，依据大数据得到的数据进行分析统计，建立数学模型，并用数学模型计算分析对象的各项指标及其数值。大数据可以根据社交网站和运动 APP 以及各种智能穿戴设备获取用户的饮食习惯、每周的锻炼时间、强度和心率以及一些基础身体信息，根据这些信息建立模型，并追踪每一个量级的人的锻炼模式和方法。如身高 183 厘米、70 公斤的男性，体脂率为 15%，根据此人的社交网络以及手机等数据来源可以知道其每天的运动量、饮食等信息，一段时间后其身体的变化为体重增加 2 公斤，体脂率降低 1%，说明最近一段时间的运动方式和饮食适合这一类身体条件的人增肌。大量相同的数据可以证明一系列活动的有效性和可信度，得出最有效果的锻炼方法，这样的计划不仅具有实时性，更具有针对性。

APP 可以根据判定的身体类型，为用户推荐身体类型相似、运动目标相同的好友，同时为他们推送相似身体类型的运动方案，这些方案根据健身目标不同，从达成运动目标的用户锻炼方案中筛选，如大量相同身体类型用户使用相似的方案可以达到运动效果，即可推送给所有该类型等级的用户。

（3）不同运动对身体影响的差异

不同的运动行为对不同的身体类型产生的影响是不同的，通过以下数据可以证明身体类型与运动的方式存在联系。

选取 100 名实验对象，分为 10 组，每组 10 人，男女各 5 人，每天锻炼 2 个小时，按处方内容进行锻炼，每周 4 次，要求每个参加实验的人员饮食以及起居相同。需要测量两次，第一次于开始实验时进行，第二次于结束时测量，如表 5 – 13 所示。

表 5 – 13　　　　　　　　　运动处方

处方类型组别	处方内容
速度	慢跑 + 慢跑并做徒手操 + 基本功练习 + 游戏（见机行事）+ 超长距离跑 + 30 米跑 + 放松徒手操 + 车轮跑放松
力量	徒手操 + 400 米慢跑 + 游戏（鸭步接力赛）+ 全身各部位肌肉的动作练习 + 呼吸调整运动 + 四肢抖动小跳放松
耐力	徒手操 + 游戏（方形接力赛）+ 游戏（蛇形绕人跑）+ 健美操 + 5 分钟跑 + 竹竿舞 + 放松操 + 跳 32 步舞

续表

处方类型组别	处方内容
灵敏	徒手操+400米慢跑+游戏（长江黄河）+折返跑接力赛+踢毽子比赛+传球+三人篮球赛+慢跑+双人抖动放松
柔韧	400米慢跑+徒手操+原地柔韧徒手练习+行进间练习+双人配合练习+闭目深呼吸+放松舞
增重	慢跑+徒手操+游戏（活动篮筐）+游戏（大网捕鱼）+抱球接力赛+力量练习+三人半场篮球赛+慢跑+站桩呼吸放松
全面	慢跑+徒手操+游戏（长江黄河）+俯卧撑（女立卧撑）+仰卧起坐+蛙跳+30米快速跑+游戏（运球往返投篮）+慢跑+踢腿抖手放手
瘦身	徒手操+游戏（贴药膏）+高抬腿+迎面接力跑+跳绳+台阶跑+长距离变速跑+放松操+慢跑

从实验的结果来看，对于原体重偏瘦且体脂率偏低的人，低强度高耐力的运动项目对其身体作用不够明显，但对高体重高体脂的人，就有很好的减重效果（见表5-14）。所以对于某一体重和体脂类型的人，类似的运动方案效果比较明显，如果数据足够庞大则可以判断出该身体体型最有效的运动模式。

表5-14　　　　　　　　运动效果变化

组别	性别	瘦体重（公斤）锻炼前	瘦体重（公斤）锻炼后	体脂（%）锻炼前	体脂（%）锻炼后
速度	男	49.24±3.50	49.93±3.63	14.52±2.43	13.76±2.18
速度	女	37.04±4.03	37.26±4.46	19.94±1.94	19.30±1.69
力量	男	48.85±4.10	50.40±4.56	15.69±4.19	13.71±2.54
力量	女	39.54±3.89	40.26±4.09	19.85±1.00	19.19±1.14
耐力	男	45.82±3.95	47.20±4.66	14.74±3.73	13.41±2.72
耐力	女	40.51±4.91	41.30±4.71	19.05±1.04	18.44±1.10

续表

组别	性别	瘦体重（公斤） 锻炼前	瘦体重（公斤） 锻炼后	体脂（%） 锻炼前	体脂（%） 锻炼后
灵敏	男	49.59±3.52	50.44±4.36	15.28±3.74	14.84±3.19
灵敏	女	37.56±3.72	37.44±3.07	19.83±1.18	19.54±1.13
柔韧	男	48.30±3.11	48.78±3.39	15.05±4.14	14.82±2.75
柔韧	女	37.79±3.25	38.36±3.53	19.47±1.32	19.05±0.91
增重	男	42.33±1.80	44.18±1.70	12.85±1.81	12.97±1.20
增重	女	33.31±1.88	34.82±1.80	18.47±1.53	18.57±0.81
全面	男	46.84±4.11	47.66±3.66	15.53±1.51	14.87±1.79
全面	女	37.89±3.74	37.15±2.70	19.64±1.45	19.36±0.98
瘦身	男	56.10±5.12	55.47±5.47	20.53±2.26	18.59±2.39
瘦身	女	47.14±2.63	46.68±2.77	23.12±2.80	21.39±2.26

（4）记录监测

记录监测是大部分 APP 所重视的功能之一，该功能主要是记录运动者的实时信息，信息分为两种：第一种是对用户的状态进行长时间的间隔的记录，如记录体重身高、体脂率等信息，在固定时间内进行单次或多次记录，其作用在于反馈身体在一段时间内的变化情况。第二种是对用户短时间内的运动进行实时监测，如在一次长跑运动中记录起跑到结束的配速、步频、步幅、爬坡高度、消耗热量等，在特定时间内进行不间断的监测，其作用在于反映运动的强度大小和身体相应的状态。

记录监测的本质是反馈身体的变化情况和实时状态，通过数据挖掘技术，对身体的状态进行分类建模，对用户的记录监测数据进行分析，获得身体状态与近期生活习惯或运动的相关性，使得运动监测不单单是简单的记录，更能有效地反映出身体变化与近段时间生活习惯之间的关系，为用户提供更有效的数据和建议，使用户更加清晰地意识到身体状况与生活的关系，有助于用户根据记录调整自己的生活作息。

（5）健康预警

每年有大量的医疗数据产生，而这些数据经过数据处理技术后，可以提取出大量与病症相关的信息。这些数据和统计的资料，也就是大数据的主要数据。现代社会医疗水平进步，对身体的监测可以通过简单的可穿戴设备完成，如手表、手环可以获得身体的基本运动状态、心率等，类似谷歌眼镜等可以获得一些工作时间周围环境的数据等。对于身体监测的信息，可以反映到手机 APP 中，根据手机的医疗信息和疾病之间的映射关系来看，可以简单判断身体的状况。通过细微的身体变化预测身体疾病也将成为可能，如通过用户身体内的尿酸值累计偏高，血糖、血压等指数不同于正常值，可以判断相应的痛风、糖尿病等疾病，当然通过简单的单个数据不足以判断，需要更加合理的依据。既然是身体监测，不但可以将身体分为各个运动类型，同时也可以记录疾病的出现过程，通过身体各项指标的变化值，分析出相应的数据与患病的可能性相关性，从而对用户身体出现状况进行预警，减少医疗开销，达到运动健康的目的。

5.4 基于大数据的物流配送系统

5.4.1 基于群智感知的物流配送系统目标与需求分析

1. 构建原则和策略

（1）构建原则

物流配送系统作为企业发展物流环节、提升自我竞争力的一项重要基础建设，企业必须要下大力气积极推进。回顾绝大多数管理信息系统的构建原则和群智感知技术的特有情况，在构建基于群智感知的物流配送系统程中我们需要遵循以下几个方面的原则：

①坚持一体化设计的原则。由于物流配送系统的规划建设涉及的部门较多、层次较深、业务较多，所以要进行一体化建设，只有上下齐抓、共同管理，才能发挥出整体效用。因此，要建立信息共享、流程畅通、上下联动、监控有效的一体化管理大系统，必须从全局出发，始终坚持"统一领导、统一规划、统一技术标准、统一数据运用和统一组织实施"的原则。

②坚持统筹规划、分步实施的原则。系统建设需要进行分级建设，分级建设时需要统筹安排的工作较多，这时不仅要考虑到现实需求，同时也要兼顾长远发展；既要考虑内部系统建设，也要兼顾企业、顾客、大众等一系列成员配套系统的建设；既要涵盖物流企业业务管理的要求，也要涵盖顾客获取物流信息的需求。必须遵循信息系统建设的基本原则，结合项目进度计划，进行统筹规划分步实施。

③坚持业务和技术相互促进，融合共建的原则。系统建设需要按照"管理加技术"模式，需要业务部门和技术部门共同进行。在进行系统设计、组织实施、关系协调等方面规划，业务部门要与技术部门相互沟通、加强合作，为了确保系统建设的顺利运行营造一个良好的环境。

④坚持先进性与实践性相结合，追求实效性的原则。虽然系统的建设需要一定的前瞻性，但同时也需要务实性，不可因为盲目地追求系统的前瞻性而忽略实际情况。在进行系统建设时首先要立足现实，根据公司的实际需求进行开发建设，与此同时也需要着眼于长远，必须高起点、严要求，选择先进的技术和设备，这样系统和设备才具有较长的生命周期，以确保其具有相应的扩展和发展空间。

⑤坚持安全性与保密性相结合的原则。在进行系统设计时要考虑

到系统的安全性，需要构建完整的安全策略，以保证能够防范网络上的黑客的恶意攻击和网络病毒，与此同时也要兼顾系统的保密性，以防内部的关键信息资源的丢失。

⑥坚持易维护性的原则。在系统后期维护与开发时，系统在企业进行系统更新或进行系统功能增加时，不应对已有的系统和功能进行过多的改变，不应破坏系统原有的结构，浪费人力物力。

（2）构建策略

在进行系统的构建过程中，需要采取如下的几种构建策略：

①全面贯彻"统一设计、分步实施、重点突破、整体推进"策略。基于群智感知的物流配送系统建设是一个系统工程，要作为一个整体来进行统筹规划，按照客户的需求、时效化的构建思路，统一标准化设计，分清系统构建任务的缓急轻重，规划设计成熟一个后再构建下一个，在构建完成以后进行推广反馈，进一步完善系统。

②以物流配送服务发展方向为主导、以业务服务为主线。系统的总体技术设计是以物流配送服务为基础的、按照物流配送的顺序来进行的，而不是以其他物流业务作为规划业务发展的基础，这为逐步优化物流服务职能的实现打下了坚实的基础。在进行项目总体技术设计时以业务服务为主线进行，实际上就是利用了信息技术对整体物流配送服务业进行了重新有效的整理，为系统的构建打下了坚实的基础。

③以客户订单信息集中处理为基础，加强社会交通信息资源的综合利用。信息的集中化处理是信息化建设的发展趋势，信息经过集中化处理可以有效地简化物流业务流程、精炼管理层次，在管理和监控更加有效和严密的同时降低了系统的成本，所以应该将社会交通的信息资源的综合利用作为重点进行建设。

④坚持构建系统的统一标准，确保系统的开放性与可扩展性，同时构建的系统还要达到安全可靠、有保密性的特点。

⑤系统构建以企业为主体，同时以合作的方式收集交通信息，利

用交通信息来进行配送规划，从而进行管理建设。

（3）构建目标

物流配送系统是利用先进的信息网络技术和群智感知技术，支撑企业物流管理、配送管理、社会交通信息服务、电子商务、库存管理等核心业务的综合物流信息服务平台。同时，要完善和实施上述系统建设所必需的网络安全运行维护环境，以及信息平台建设标准、规范的制定工作。系统构建要完成以下目标：

①易用性和安全性。系统建设的目标就是系统平台方便操作、简单易懂，同时要求系统能够灵活地进行后台配置、自动进行数据库备份。在保证系统易用性目标的同时也要确保数据的保密性和完整性，系统的安全性确保了系统是否能够有效地运行起来，这就要求我们建立系统时把安全性放在第一位。

②可移动性。由于系统还要解决交通问题，这就需要系统具有可移动性。系统是基于群智感知技术来收集交通信息的，重点解决基于4G 的交通信息收集问题、物流配送信息问题、交通拥堵问题。

③可扩展性。在基于群智感知技术物流配送一体化信息平台框架体系的基础之上，结合 RFID、物联网等相关技术，进一步开展货物远程监控、用户手机定位和仓储管理等技术的开发，并将这些技术集成到本项目的一体化信息平台下，扩展系统的应用层。

④实现对物流配送全程监控。货物从入库到配送的各个环节，可以通过 RFID 技术、物联网技术、手机定位技术和网络信息技术实现跟踪反馈，同时利用群智感知技术收集大量交通信息了解到交通状况，以便制定配送的下一步计划和策略。

⑤提高物流服务效率。通过实现对物流配送的全程监控可以让顾客轻松获取自己想知道的信息，以便顾客做出相应的措施，这样便可以提高顾客与配送双方的效率，提高配送满意度。

2. 建设内容与任务

（1）建设内容

根据系统建设目标，物流配送系统建设主要包括核心业务系统建设、安全体系建设、网络系统建设和初步的数据中心建设，具体如下：

①核心业务系统建设。建设和组织实施企业物流管理系统、电子商务系统、社会交通信息服务系统、配送管理系统以及库存管理系统等核心业务处理系统。通过这些系统的实施，提高企业物流管理与服务的科学性、合理性，提高物流相关信息的传播效率和使用效益。

②安全体系建设。建立统一的安全保障体系，建立全区全网络的安全监控管理系统，包括物理安全、网络安全、系统安全、数据安全、应用安全等，制定相应的安全管理体系，为物流系统提供有效的安全保障。

③数据中心建设。数据中心是数据处理、交换、存储备份和管理的中心。按照企业数据中心建设的总体规划，物流信息服务平台将采取数据中心和社会相关大数据的分级建设和管理的模式，在处理好企业自身相关数据的同时可以有效地利用到社会大数据，这样有利于配送方案的设计。

④运营维护体系建设。为了更好地促进配送系统的应用与运转，建设数据中心运营维护管理体系是必不可少的一项措施。建立数据中心的核心级运营维护中心，可以为系统高效、稳定、可靠地运转提高有效的监控、维护、管理和客户维护等手段。

（2）建设任务

项目建设的主要任务如下：

①核心业务系统建设。建设完成并组织实施企业物流管理系统、公共物流信息服务系统、社会信息服务系统、电子商务系统、电子政务系统、园区管理系统等核心业务处理系统以及应用支撑平台。

企业物流管理系统：为企业提供专业的物流管理服务，包括仓储管理、运输管理、售后管理等功能服务。

公共物流信息服务系统：提供物流信息的资源共享，包括货运信息、司机信息、配送信息等资源的共享。

社会交通信息服务系统：提供社会交通信息资源共享服务，包括交通拥挤程度、交通突发事件、生活配套服务等信息资源的共享。

电子商务系统：提供电子商务支持，为企业合作的上下游企业和社会大众提供服务信息发布的功能，为消费者提供在线购物的服务。

库存管理系统：为库房管理提供信息支持，包括对库房的库存位置、库存数量、检查核对等的支持。

应用支撑平台：应用支撑平台建设将坚持一体化建设的原则，首先要厘清各大核心业务之间的脉络关系，理顺各个核心业务的脉络，划分清晰的表层和底层业务处理边界，底层满足稳定性和扩展性需求，表层满足灵活性、扩展性和个性化业务需求。抽象和开发出稳定、可扩展的一系列最基础的业务和技术组件，其他各个业务系统将逐步构建和整合在这个平台之上，使项目主要业务系统成为一个有机的整体。

②安全体系建设。在物理安全、网络安全、系统安全、数据安全、应用安全等方面进行全方位建设。建立起本地和同城异地的数据备份系统，并建立应用于系统平台的简易身份认证系统和授权系统，在系统网络上建立统一的安全管理和监控平台，制定相应的安全管理制度，满足业务系统对网络系统提出的完整性、实时性和交互性的要求，为项目运行提供有效的安全保障。

③网络系统建设。建设、改造和完善现有的网络系统，使其在安全性、可靠性、稳定性、可用性等各方面都满足应用系统建设的需要，适应项目建设的需求。主要包括：

建设局域网，以适应业务应用系统尤其是关键业务应用系统对网络系统的稳定性、可靠性和安全性的要求。

进行广域网的建设，增加线路带宽、添置路由设备以适应各业务应用系统对广域网系统的要求。

建立一个有效的网络管理系统，保证整个网络系统从底层到上层的关键应用得到有效监控，保证每个业务应用系统的高效稳定运行。

④建立数据中心。在系统的建设过程之中，根据业务应用系统的需求增添数据处理、存储设备以及相配套的网络、安全等设施，作为项目中核心应用系统的数据中心，处理数据中心与相关部门和企业的交换数据。同时，为保障业务系统的数据安全，将建设本地数据备份系统和同城异地数据备份中心。

⑤项目建设标准、规范的制定。主要包括明确标准化管理的机构和职责，制定相关信息化标准管理制度和办法，建立信息化标准体系结构，完成项目涉及的标准、规范的分类管理和制定，如程序编码、安全等标准及管理规范等其他相关内容。

3. 需求分析

随着当代信息技术的快速发展，高度的信息化也就变为了当代物流的特征之一，而由于我国物流发展较慢，企业的物流信息体系构建尚不完善。完善的物流信息体系需要在原有的物流信息系统之上结合现有的社会信息资源，提高信息系统硬件的基础设施投资，因此必须对现有的网络进行集成、整合，应在原有信息系统的基础上，加强市场信息硬件基础设施建设，构建基于电子商务平台和群智感知技术的物流组织模式，改善重复建设，提高网络信息质量。

（1）总体需求分析

结合目前大多数企业信息建设方面现存的问题和实际需要，对群智感知技术和电子商务平台该环境下企业物流配送系统的总体需求进行分析，其中包括以下几方面内容：

①运营模式。系统的运营模式要根据企业自身的情况进行具体的分析，因为每个企业之间都具有一定的差异性和特殊性，而且每一种

运营模式在系统架构方面都有所不同，所以在确定企业的运营模式时要慎重考虑，一旦确定，如果在处理的过程中出现较大的差异问题，再重新架构很难。

②架构和功能。物流配送系统是企业信息平台的一部分，连接着企业采购、销售等信息系统，而由于采购的上游企业遍布全国，因此要考虑采用分布式系统还是集中式系统，采用 C/S 还是 B/S 架构。同时要考虑到商品销售的季节性因素和大型节假日促销造成的多重影响等。

③交通数据收集。利用群智感知技术收集交通信息是一个十分复杂的过程，需要对从社会大众收集来的信息进行综合处理，选取合适的交通信息来做归一优化处理，为下一步配送路线的设计提供相应的交通信息，以便做出最好的优化措施。

④配送过程的控制和售后反馈。配送过程是一个复杂的过程，同时要考虑到商品销售的季节性因素和大型节假日促销对配送造成的多重影响等，不仅需要企业的自营物流，还需要第三方物流企业的帮助，这就要求企业不仅要对自营物流车辆进行登记，同时也要对第三方物流企业车辆进行同样的登记与管理。利用先进的信息技术可以对配送车辆进行监控管理，确保配送时间的准时性，这样可以提高顾客对于配送完成的满意度；同时，还要求系统能够提供客户满意度调查、售后完成情况和退货情况等一系列信息。

（2）交通信息采集与发布系统需求分析

交通信息采集系统是整个物流配送系统的配送信息枢纽，是一个共享的信息交互式平台，承担着信息采集和发布的功能，也就是说，通过群智感知技术特定的采集方式，将采集到的信息传输给信息平台，信息平台根据收集到的信息进行分析，之后发布出相应的交通信息，配送系统再通过信息平台获取自己所需的信息，为下一步配送路线的设计打下基础。

这个平台的需求是什么呢，我们进行如下具体分析：第一，需要交通信息采集系统解决什么问题。例如交通拥堵、交通管制、工程施工、车辆安全预警、路径诱导、事故及其处理情况及时发布等问题。为此需要准确、全面的采集方式，利用行驶中用户手机中的各种传感器就可以对交通信息等一系列信息进行采取。例如路口交通设施、道路状况、气候条件、出行中的实时交通流、紧急交通状况等，这些采集到的多源异构数据是实现智能交通的关键环节。第二，除了信息收集平台能力，还需要具备相应的对各种不同格式数据进行转换融合的信息综合处理能力，并为智能决策提供服务。第三，如何使交通信息采集系统最大限度地为物流配送管理者和出行者提供服务。在现有的常用方式上，深入开发多种信息发布方式，采用当下流行的 APP 消息推送、微博、微信等多种发布平台，进一步扩大服务对象的范围。

（3）配送系统业务流程分析

从物流配送的业务流程上看，电商企业物流配送的基本模式和环节与其他行业物流配送没有明显差异，但在业务操作的细节和操作方法上面，电商企业的配送因其特殊的产品有其不同之处。结合对某电商公司的需求调查，该系统应具有如下功能：

①在订货环节：由于商品的最终使用者为一般大众消费者，客户群体较为分散，订购产品种类繁多、大小不一，不易归类统计。这就要求在订单管理系统中数据库的设计上应该合理架构，首先按照货物的种类进行分类，其次按照商品的品牌和商品的型号进行明确归类，最后系统要及时反映货物出库存状况、出入库信息等，系统要对这些数据进行及时的处理和快捷的调用，这样有利于企业库存管理的进行。

②在配送中心环节：首先在每个货物上贴上各自特定的 RFID 标签，就可以利用 RFID 技术来解决配送中心的货物信息采集问题。同时采集了货物信息可以有效地对产品进行信息的追溯，加强货物运输管理机制，防止货物丢失、损坏等问题导致损失的发生。系可以做到从货物的出库，到分配给合适的配送人员最终到顾客手中的每个环

节实时监控管理，每个环节都进行信息的采集和处理工作。与此同时，连接系统的读写设备可以对货物包装上所贴的 RFID 标签进行批量扫描，无须人工干涉，大大提高了准确率，降低了人力成本。根据货物在配送中心的流程，提出如下几个关键步骤的功能需求：

入库管理：按照库存管理中心的原则，根据要求将产品存放在相应位置，扫描过相应的 RFID 标签后在系统中录入产品的基本信息，将产品堆放到相应的位置，进行上架存储。

库存管理：核实配送中心内产品的存储位置、商品信息和数量，在系统中进行数据记录，确保数据的准确性。

出库管理：有拣货、检查、出库三个环节。拣货环节是按照系统中订单信息，从仓库中取出相应的货物，完成此动作后将系统中的数据信息进行更新；检查环节是运输前的检查，主要包括产品的基本信息、货物的破损确认、发货确认、标签确认等；出库环节是将产品装到预定的车辆并记录下车辆和送货员的信息，系统应向校对工作者提供准确有效的数据信息。

③在数据收集环节：运用群智感知技术来收集信息，通过发布任务，来获取相应的道路信息，同时也可以通过运用相应的地图软件来获取配送路线上的交通道路信息，从而制定出相应的配送路线，达到节省时间的目的，以将货物最快的速度送到顾客的手中为宗旨。

④在运输配送环节：运用收集定位技术对配送产品和运输车辆进行实时监控跟踪，让工作人员了解产品运输状况的同时，也便于在配送过程中发生问题时分析错误出现的可能、产生问题的因素，及时了解和解决问题。还可以起到追根溯源的作用，防止窜货的发生。

⑤客户关系管理：建立客户售后档案，定期将订单信息进行汇总。通过基础数据信息分析客户的预测需求、了解企业的业务问题，从而与上游企业达成更好的合作关系。

5.4.2 基于大数据的配送系统的设计和实现

构建一个完整稳定的物流配送信息系统需要两种系统模型，一个是决定了系统功能的逻辑模型，另一个是如何去完成实现这些功能的物理模型。本书主要研究的是前者逻辑模型，我们需要做的就是在系统分析阶段，权衡各种技术和实施方法的利弊，有效合理地使用各种可利用资源，科学严谨地进行系统模型设计工作，最终构建出一个详细合理的系统设计方案。

1. 物流配送信息系统设计的概述

（1）物流配送系统模型

物流配送系统是企业运营系统下的一个子系统，将企业的销售和售后服务有机联系在一起，同时把各种有机联系的物流要素组合在一起，并将之逐步完善最终达到一个合理的情况。物流配送系统将同一时间和空间内所从事的物流事务和过程作为一个整体来处理，用系统的观点进行分析研究和设计。物流配送系统与其他管理系统一样，都是由人、财、物、设备、信息和时间等要素组成的有机整体，并具有输入、转换、输出三大功能。企业配送系统通过输入和输出功能使系统数据和社会大系统下的数据进行交换使用，使配送系统获得更多有利于自身的数据，从而可以使企业的发展获得更好的进步。

物流配送系统主要由两个系统组建而成，一个是物流作业系统，另一个是物流信息管理系统。其中物流作业系统又可以分为包装、运输、装卸、存储、流通加工等子系统，在物流作业系统中使用各种先进设备，增强物流工作人员的综合素质，提高物流活动效率，减少物流成本。物流信息管理系统主要包括库存信息、客户信息、订单信息、配送信息、交通信息、售后信息等的管理，在物流信息管理系统之中使用先进的管理手段，有助于增强物流决策能力，降低不必要的消耗。

（2）基于群智感知的交通信息采集与发布系统架构设计

基于群智感知的交通信息采集与发布系统从数据的不同阶段可分为信息采集阶段、信息传输处理阶段和信息应用阶段（见图 5-19）。

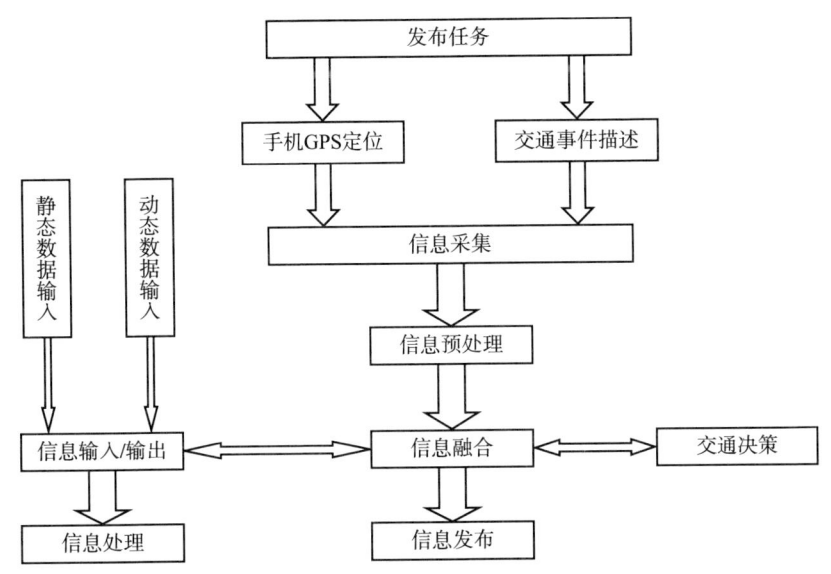

图 5-19　基于群智感知的交通信息采集与发布系统架构

资料来源：作者绘制。

基于群智感知的交通信息采集发布系统至少应该包括以下功能：第一，发布任务，例如需要哪些交通信息，则发布相关任务；第二，信息采集，交通路段信息的收集包括路段的环境数据（车辆的定位、道路环境等）和交通路段的图片文字数据（对突发交通事件的记录）；第三，信息预处理，包括异常信息过滤、丢失数据恢复、错误数据限定等；第四，信息融合，采用何种融合模型可以将处理过的信息直接为决策者服务；第五，信息发布，可以通过广播发布、GPS 指挥中心发布、APP 发布、车载终端发布、Internet 网络发布等。此外数据的存储和备份也是平台设计中需要重点考虑的，包括海量交通数据、静动态信息、道路事故信息及天气环境信息等。

利用交通信息采集系统实现交通管理及优化,提供配送系统数据的依据与基础是获得并综合利用各种交通信息。这些信息主要由车主自带的手机、平板电脑等移动智能设备中的传感器获取,通过传感器采集得到的信息传送给交通监控中心。采集得到的数据可以划分为静态信息和动态信息。静态交通信息是指交通基础设施信息(道路、建筑、区界、桥梁、水系、植被分布等)、路面状况(破损、潮湿、积雪、冰冻等)、交通设备的分布和交通流历史数据等。动态交通信息分为三部分,第一部分是实时交通流信息,包括车流量、速度、占有量、路口实时图像信息等;第二部分是发布信息,包括环境信息(气象状况、污染状况和道路能见度信息)、异常事件信息(交通事故、车辆抛锚等)和交通管制信息;第三部分是辅助决策信息,包括交通诱导、出行规划、流量分析等。这些静动态信息都可以通过手机等智能终端的传感器获取得到。

由于交通信息采集平台的数据来源是海量多源的,如何将采集的信息合理组织、集中封装,便于后续处理就显得格外重要。从各类传感器中采集到的数据首先要经过数据校验,以验核该数据是否达到预想的数值范围、符合预期的数值类型等。如有异常,信息采集模块要进行异常处理,剔除无效数据并进行纠错处理,然后将有效数据打包封装,提供给信息处理单元模块或者存入数据库。

信息处理模块设立在交通管理中心强大的平台应用服务器上,是整个信息平台的神经中枢,在整个信息平台中处在核心位置。它的主要工作包括以下四个方面:

①动态信息的处理,即采集的信息进行数据预处理,提取全信息,并根据交通管理者事先设定的交通需求计算出相关的交通流信息(如车流量、通行时间等)。

②与数据库的信息交互,即整合加工好的数据送入道路交通信息数据库,根据发布需要从数据库中检索相关数据进行处理,还要从静态数据库中读取历史参考数据,与采集的实时数据对比,以判断当前

交通状况是否正常。

③实时信息的报表统计、图表分析和趋势走向分析，管理和记录用户查询信息等。

④信息融合，将信息提炼形成知识，结合现有经验生成交通辅助决策信息。

交通信息发布模块是交通信息采集平台的信息服务承载子平台，承担着信息平台与外界的物理与逻辑连接、数据传输、信息发布等业务功能。交通信息发布模块分为两个部分：供配送管理人员使用的对内信息发布和为交通参与者服务的对外信息发布。对内信息发布主要是通过配送管理系统局域网，向配送管理系统的技术人员提供交通信息，为配送管理决策、控制协调、勤务组织、紧急事件处置等服务。对外信息发布主要是通过户外交通可变情报板、手机短信息、电子邮件、声讯查询电话、车载导航仪、调频广播等，为交通参与者提供行前指导信息、行驶中道路信息、特殊事件信息、路径诱导自主导航服务等。

（3）物流配送系统功能特点

物流配送系统的主要功能有：

①进行业务管理。主要用于物流配送中心的货物入库、验收、分拣、堆码、发货、出库等物流操作，同时仓库保管人员和配送人员可以通过输入出入库货物种类、数量、打印货物单据，对货物的确认进行有效的管理。

②进行统计查询。主要用于物流配送中心的入库、出库、残损及库存信息的统计查询，仓库保管人员可按相应的货物编号、分类来对商品进行统计，便于供应商和企业进行查询以制订相应的采购计划。

③进行库存盘点。主要用于物流配送中心的货物盘点清单制作、盘点清单打印、盘点数据输入、盘点货物确认、盘点结束确认、盘点利润统计、盘点货物查询、浏览统计、盘亏盘盈统计，便于实行经济核算。

④进行库存分析。主要用于物流配送中心的库存货物结构变动的分析，各种货物库存量品种结构的分析，预防库存过多或者过少等情况的出现，便于分析库存货物是否积压和短缺问题。

⑤进行库存管理。主要用于物流配送中心的货物的库存管理。用于对库存货物的上下限报警提醒：对库存货物数量高于合理库存上限或低于合理库存下限的货物信息提示。用于库存呆滞货物报警：对有入库但没有出库的货物进行信息提示。用于货物缺货报警：对在出库时库存货物为零但又未及时订货的货物进行信息提示。便于对在库货物进行动态管理，以保持相应合理的库存货物。

⑥进行配送监管。监管配送人员，对于不同的配送任务可自动生成相应的配送人员，并对配送车辆的相关信息包括对车辆信息、驾驶员信息、使用信息等进行管理。同时客户可同步得到相应的配送信息。

2. 系统功能设计

（1）订货信息系统功能设计

订货信息系统功能如图 5 - 20 所示。

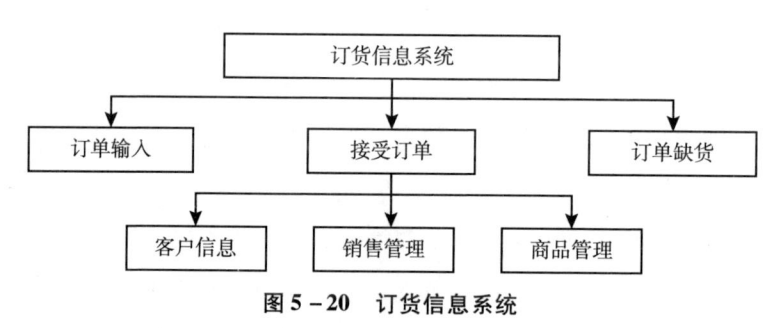

图 5 - 20 订货信息系统

资料来源：作者绘制。

主要是订货功能的设计，包括了订单输入、接受订单和订单缺货等系统的设计。有了这三种系统的设计可以清楚地了解到订单的每一步信息，也只有在了解订单信息的基础上，才能够后续地运转物流配送系统、客户管理信息系统等。订货系统是将客户所下的订单和库存管理系统的信息进行对比，监测客户的订单是否能够满足订货需求，如满足即下达出库指令，如不满足，则此订单显示缺货，公司也有必要进行补货措施。所以说企业通过订货系统可以准备无误地掌握到顾客的订货信息，这样有利于企业进行下一步举动，从而可以达到提高企业竞争力的目的。

订单信息系统：首先进行订单输入，将各种例如网络、商场购买等方式所形成的订单向订单系统之中输入，并向计算机系统做订单数据库的输入处理，这部分总共包含了三大功能：数据输入，将订单信息例如顾客、商品等一系列基本信息进行录入登记；数据查询，订单中的输入信息可以通过系统搜索查询；数据统计，将订单信息进行分类汇总，按用户要求进行统计。

在进行完订单输入之后，将订单中的商品信息与库存管理系统中的信息进行对比，如若满足出库条件则进行接受订货处理，若不满足则进行订货缺货处理，或进行补货处理。

接受订货系统：包括从订单录入到订单数据库开始到判断可进行出库这一全过程，在订单处理操作过程中，需要录入顾客的基础信息（包括顾客的姓名、电话、家庭住址等）、订购商品的型号、数量、金额、付款方式、发货日期、送货日期等内容，录入确认信息无误后提交到系统之中，然后才可以进行接下来的操作。

订货缺货系统：在顾客所下订单中，某些产品的库存不能满足订单需求时，在订单中会标注部分产品缺货。同时将缺货信息记录到缺货数据库中，企业进行相应的采购措施或者进行商品下架等行为，给顾客提供相关信息，以方便顾客的购买和降低配送不及时带来的消极影响。

订单处理是物流配送的第一步，下订单之后系统自动判断是否缺货，如缺货，则录入订单缺货系统；如有货，工作人员将客户信息、商品信息、销售情况等订货信息录入接受订货系统，随后通知配送中心做配送准备。通过订单处理使得配送人员明白送货地点、送货种类以及送货数量等相关信息，如图5-21所示。

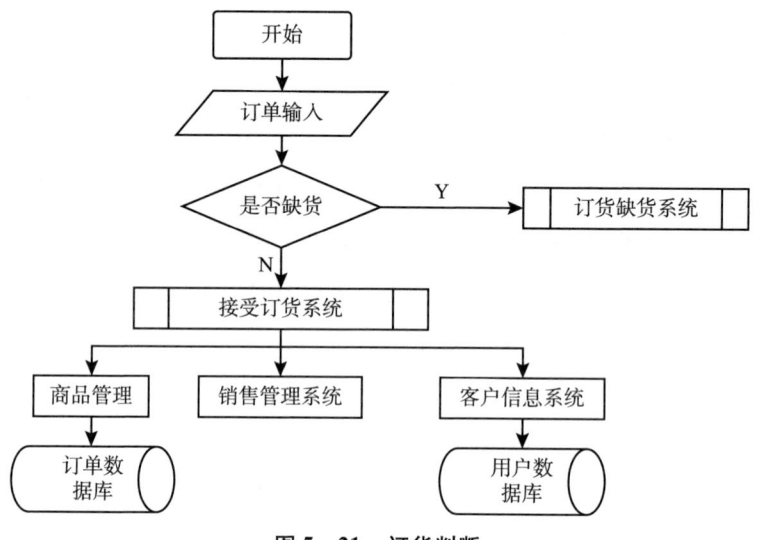

图5-21 订货判断

资料来源：作者绘制。

（2）仓储管理系统功能设计

仓储管理系统功能如图5-22所示。

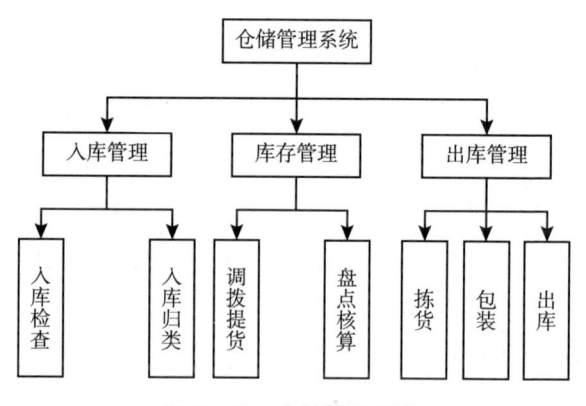

图5-22 仓储管理系统

资料来源：作者绘制。

仓储管理系统是一个实时的计算机软件系统，它能够按照运作的业务规则和运算法则，对信息、资源、行为、存货和分销运作进行更完美地管理，使其最大化满足有效产出和精确性的要求。系统以仓储运作流程为核心、以客户订单为线索、以作业执行为系统优化和监控对象、以物品状态为中心，从而实现仓储服务水平的提升和管理效率的提高。仓储业务作业全过程包含：客户进货作业、货品入库作业、货品出库作业、货品退货处理、账务处理、资料保管等。系统不仅具有仓储管理能力，同时针对供应链一体化的发展，可以延伸到采购计划和配送管理，实现更为复杂的供应链一体化管理。支持物流信息采集设备以及自动化设备，能够与电子标签、自动化物流设备系统相连接。系统通过应用先进的图形技术，能够实现"可视化"管理的目的。企业物流配送系统的仓储管理应该具备入库、库存、出库三个环节的管理功能：

入库管理：包括入库检查和入库归类两部分。数据入库主要采用物联网技术研究实时数据的感知和检测技术，RFID 感知层的要素间相互作用对数据进行实时的采集和感知，设计物流产品相关信息全程可视化的框架，实现数据信息的实时交互处理，对物流产品数据信息进行实时准确的监测和跟踪，了解数据信息的实时情况，掌握物流产品的实时动态状况。将获取到的数据信息按照标准进行分类，按照数据维中的数据分类，分析数据的构成要素及其耦合关系，面向服务全流程任务要求，研究检测、关联、相关、估计和综合等多层次、多方面的数据处理方法，构建有效合理的数据结构，并按照数据的构成要素及其耦合关系进行集成，为数据信息的快速利用及决策提供简洁、非冗余、高质量的数据信息。在入库过程中，RFID 能做到批量识别标签的功能，使货物入库操作更加迅速便捷。货物在入库前输入其相关信息，包括品名、重量、生产日期等，制作好入库单及内部电子标签，用与管理系统相连的手持设备将相关信息通过管理系统存储到数据库中。产品入库后，更新所在货架标签数据信息，管理系统中记录操作日志后归还手持设备。

库存系统：库存管理在物流配送中心中的地位是重中之重。通过 RFID 技术入库后，对商品的相关信息库存保留数据。对各类商品的不同属性数据进行分类存储，结合入库管理系统，为检索库存、补充库存、核对库存提供了可靠的数据依据。库存管理实现仓库网上管理，不仅可实现进出仓库的货物查询，还可以查询仓库的使用情况以及货物信息等。

出库系统：包括拣货、包装、出库三个功能。系统主要是以出库的货物信息为基础，对数据进行分析汇总，使得相关工作人员对配送中心的货物存货信息及出库信息有所了解。将一定时期的出库量汇总后，传送到货物入库管理系统作为库存管理，并从货物入库管理系统处取得入库数据资料，依据数据库中的数据资料信息，按照不同的订单需求进行分类、处理、分拣、组配、发货，以到货地点为单位，对每个商品进行包装，集中运输出库，全程以客户为服务对象进行流程驱动。

（3）基于群智感知的交通信息采集与发布系统功能设计

交通信息采集与发布系统功能如图 5 - 23 所示。

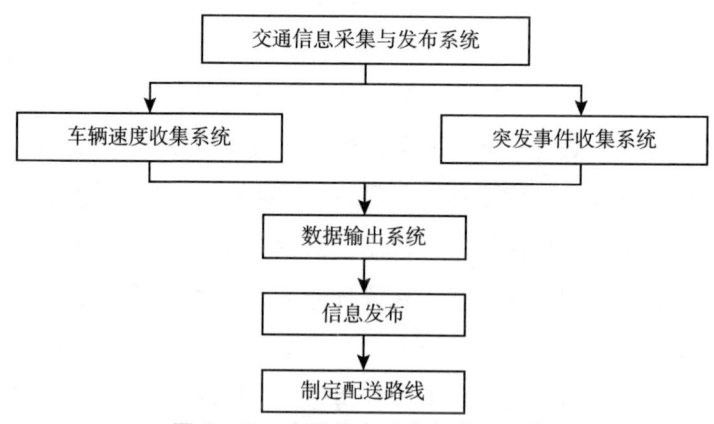

图 5 - 23　交通信息采集与发布系统

资料来源：作者绘制。

交通信息采集与发布系统作为收集交通信息的系统，有两个主要的功能，第一个主要功能就是收集车辆速度数据和突发交通事件信息，这一功能的主要目的就是判断交通道路的拥挤程度，第二个主要功能就是运用接收到交通信息数据绘制相应的地图，为配送路线的设计提供依据。

　　车辆速度收集系统利用手机自带的 GPS 来进行测速。当汽车用户开启 GPS 功能以后，即对用户位置进行定位，并判断用户位置是否在本系统所提供的配送范围之内，如果是则每隔一段时间（可设置为 15 秒、30 秒、60 秒）把实时位置信息传送到系统之中，系统则利用算法计算相隔时间内车辆的平均行驶速度，根据这些车辆的平均行驶速度则可以判断当前交通拥堵状况，这样就可以为配送路线图的规划打下良好的基础。

　　该部分系统功能只需要用户同意向系统服务端发送车辆行驶速度的信息后就无须用户参与，减少用户的操作步骤有利于吸引用户同意上传车辆速度信息。基于群智感知概念的速度采集功能参与的人越多，信息就越全面、越准确。采用这种车辆速度采集方式弥补了其他采集方式只能覆盖特定区域及部署和维护成本高的问题。采集到的速度信息经过服务端处理后就可获得交通状况数据，服务端通过移动网络将交通状况数据发送给客户端，客户端可根据收到的交通状况信息在手机地图上绘制出交通拥堵状况图层。

　　突发事件收集系统就是收集一些特殊的交通事件，如道路施工和维护、交通管制和发生交通事故等，这些突发的交通事件会对交通造成拥堵。遇到这些事件的用户就可将事件信息输入客户端并将之发送给系统，系统再将事件信息汇总整理进行地图绘制。该系统应为用户提供时间类型、事件发生地点及用户对事件的文字描述和相应的图像描述等选择，一方面便于系统对突发事件的了解，另一方面也可以有效地避免虚假消息，这也为消息的筛选提供了便利。当用户点击提交交通事件功能时，进入提交事件界面，用户可选择遇到的交通事件的类型，同时功能模块将进行位置定位并记录定位时间。因为只是一个事件类型不能给其他用户清晰的事件还原，因此用户可输入对事件的文字描述信息和事件图片信息，当然也可选择不输入或只输入文字和图片中一项进行事件的详细说明。交通事件提交功能弥补了其他采集方案不能确定路况实际情况的问题。用户将这些影响正常交通的事件提交给服务端，系统将这些交通事故路段做出相应的交通拥堵状态图层。

配送路线地图绘制系统的主要工作就是根据车辆速度收集系统和突发事件收集系统绘制的交通道路拥堵图层，再根据顾客配送地点实时而又准确地制作出相应的物流配送线路图。利用这两种系统绘制出的配送线路地图可以有效地避免交通拥堵带来的不良影响，减少了物流配送费用，同时也加速了配送效率，提高了顾客的满意度，提高了企业的竞争力。

基于群智感知的交通信息采集发布系统有两个模块，它们分别是服务程序和管理程序。

服务程序有三个模块，分别是：归一程序处理、交通数据存储和车流信息统计，如图 5-24 所示。

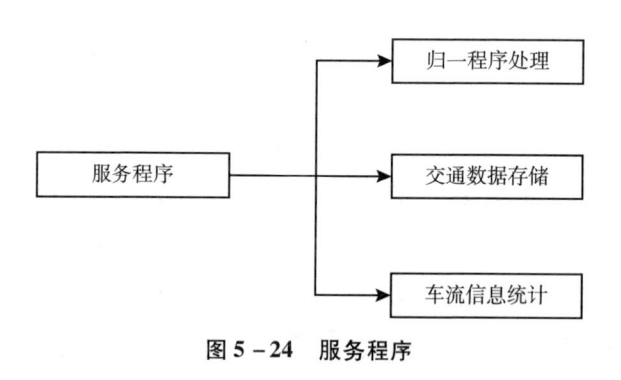

图 5-24 服务程序

资料来源：作者绘制。

与传感器通信的接口程序，属于服务程序，其中最为重要的就是归一程序处理模块，它通过统一的接口设备，获得、校对检验和传送由群智感知技术获取的数据信息，并且下达控制指令。具体功能如下：

监听端口：对数据进行初始化处理，监测传感器端口的数据变化，收集传感器感知传送来的数据。

校对检验数据：对数据进行归一化处理，检验数据的真实性，并向交通数据存储部分提供可靠的数据。

发送指令：依照管理程序指令运行并发送相应指令给传感器和参与其中的用户。

退出关闭：退出接口程序，释放系统资源。

交通数据存储模块是将在归一程序处理模块获得的交通信息写入数据库，同时在接口程序调用相关数据之前将交通数据进行标准化处理。

车流信息统计模块，对数据库中的交通原始数据进行统计，计算出车流量等相关交通信息，并存入车流量表，它可以通过手动计算和自动统计的方式来获得，如图 5 - 25 所示。交通原始数据表和车流量表是交通信息采集系统中最关键的两张表，也是服务程序频繁操作的两张表。它们可以用来判断路段的拥堵情况，为交通出行做出判断。

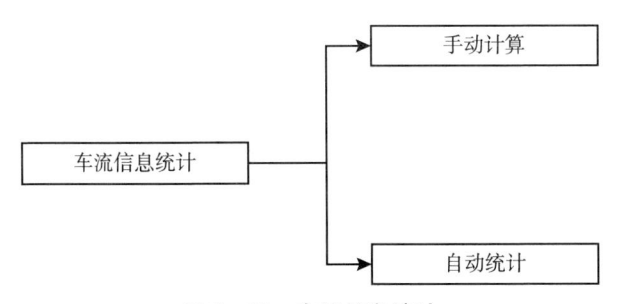

图 5 - 25　车流信息统计

资料来源：作者绘制。

管理程序包括服务程序控制、系统登录、道路网显示、参数设置、数据导入和导出五个模块。其中，服务程序控制模块，用来对服务程序的状态进行控制和设置参数，例如车流量采集时间段、对检测设备下达指令等，它主要包括三个子程序，即归一程序状况控制、发布控制指令和车流数据统计设置，如图 5-26 所示。归一程序状态控制子程序，负责开始数据收集运行、暂停和退出归一程序。发送控制指令子程序，用来按照协议发送控制指令给归一程序。车流数据统计设置子程序，用来开始运行、退出此程序中的自动统计子程序并修改时间参数和利用人工录入子程序来计算所需车流统计数据，还要给出相应程序接口提供道路网显示等。

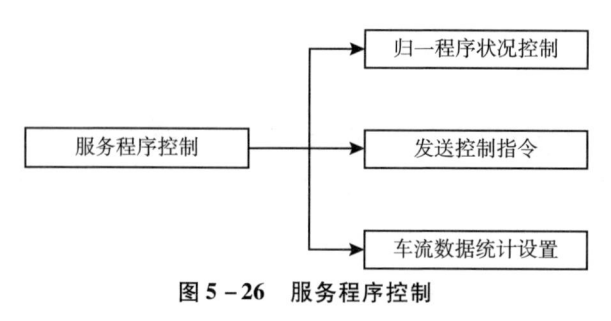

图 5-26　服务程序控制

资料来源：作者绘制。

系统登录模块，主要负责正式用户的进入、认证和退出功能，同时也可以监控非正式用户使其不能登录。它由校对检验用户、启动程序、退出这三部分构成，如图 5-27 所示。校对检验用户用来对使用者提供的登录名、密码、验证码等相关信息进行认证；之后开始运行启动程序，进入系统；退出用户用来释放资源，关闭程序。

道路网显示模块，用来虚拟展示已预先键入的道路网、已统计出的此道路的车流和已收集的交通事故相关统计数据等，它包括道路网生成、车流信息展示和车流量计算三个子程序，如图 5-28 所示。可看出道路网生成子程序可将录入的道路网数据图形的方式表示出来；

车流信息显示子程序可在道路网界面上显示计算过的车流量信息，从而我们就可以判断出道路的拥堵程度，为交通信息的发布做铺垫。

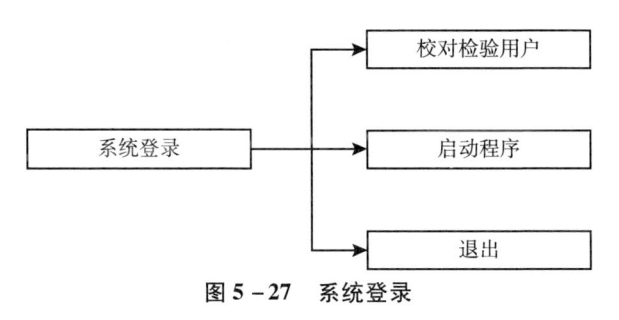

图 5-27 系统登录

资料来源：作者绘制。

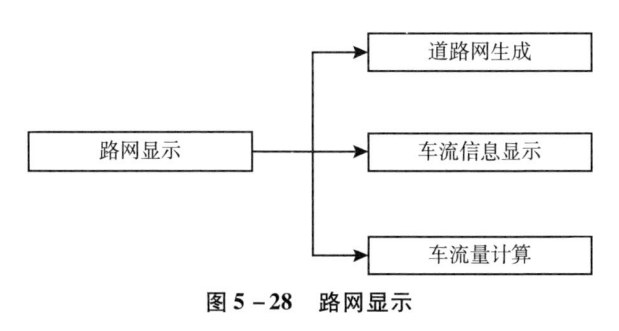

图 5-28 路网显示

资料来源：作者绘制。

参数设置模块用来对道路网、路口、传感器、采集方式等参数进行设置，它包括道路网录入、路口录入、检测器录入和采集方式子程序，如图 5-29 所示。道路网录入子程序用来把道路网数据导入数据库中，和数据库中道路表、道路网络索引表对应；路口录入子程序用来把使用者键入的路口情况信息保存在数据库内，和道路网数据表对应；检测器录入子程序用来把检测器数据导入数据库中，和检测器表对应；采集方式子程序用来设置采集到的交通流数据的获得方式，和交通流原始数据表中的采集方式字段对应。

图 5-29　参数设置

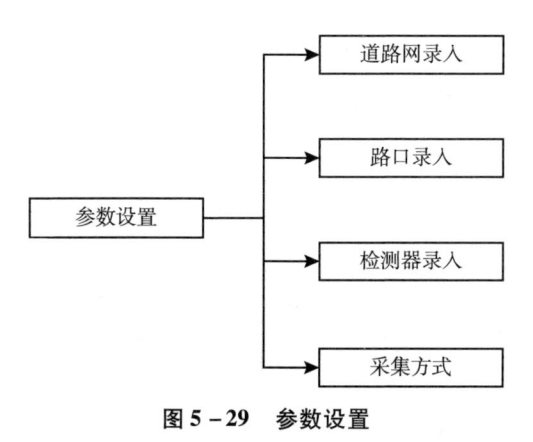

资料来源：作者绘制。

数据导入和导出模块是将收集到的交通信息进行综合利用，它包括路网数据、实时交通信息和车流量信息，利用路网数据可以绘制成相应的路网数据图，在此基础之上利用实时交通信息和车流量信息，可以判断出路网的交通情况，利于数据的导入和导出，如图 5-30 所示。

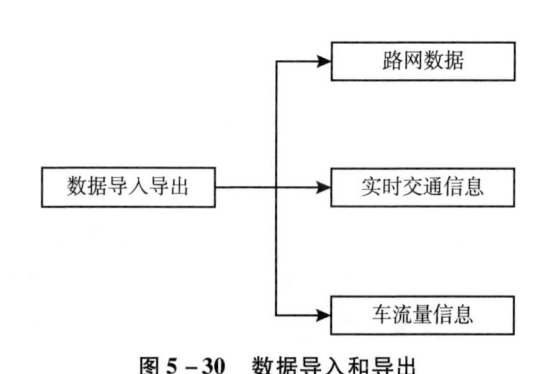

图 5-30　数据导入和导出

资料来源：作者绘制。

（4）运输和配送管理系统功能设计

运输和配送管理系统功能如图 5-31 所示。

```
                    运输和配送管理系统
        ┌──────────────┼──────────────┐
      电子地图        路径管理         车辆跟踪
   ┌────┼────┐          │          ┌────┴────┐
  地图  全局  空间      路线       位置      位置
  操作  鹰眼  分析      设计       监控      查询
```

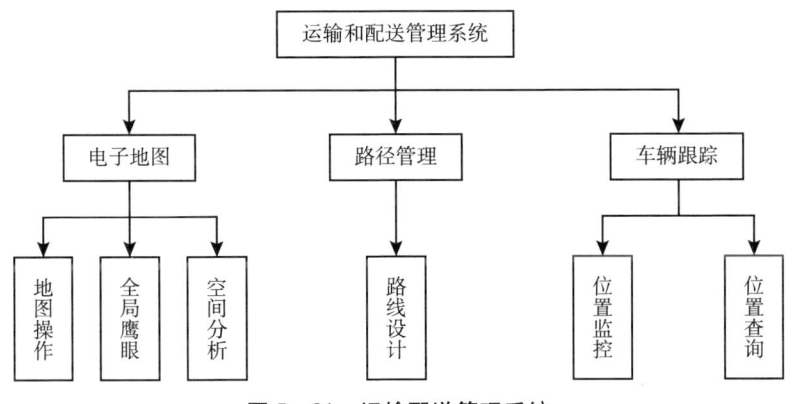

图 5-31　运输配送管理系统

资料来源：作者绘制。

运输和配送管理系统包括电子地图、路径管理、车辆跟踪三个功能。

电子地图模块可实现地图操作、全局鹰眼和空间分析功能。地图操作是常规操作，作为地图的浏览和使用，主要包括放大、缩小、自由缩放、全局显示、刷新、测量等功能；全局鹰眼可提供快速方便的浏览地图功能，点击鹰眼地图上的位置，大地图立即平移到相应的位置，便于操作；空间分析提供了快速查找、临近设置查询等功能，可以将快速查找后定位的空间位置在地图上显示出来。

路径管理模块的主要功能就是最佳路线的设计。最佳路径的设计是根据交通信息采集与发布系统输出的交通信息来制定的，考虑了配送路径上的交通环境和顾客的实际需求，而且路径管理模块会根据实时的交通信息来制定最优的路线设计，这样就降低了配送时间，提高了配送效率。

车辆跟踪模块包括配送车辆位置监控和位置查询功能。车辆位置监控实现对车辆在地图上的位置显示，用文字方式显示车辆的实时状态信息，车辆位置查询可了解车辆当前的位置和工作状态。

(5) 智能客户综合管理系统功能设计

智能客户综合管理系统功能如图 5-32 所示。

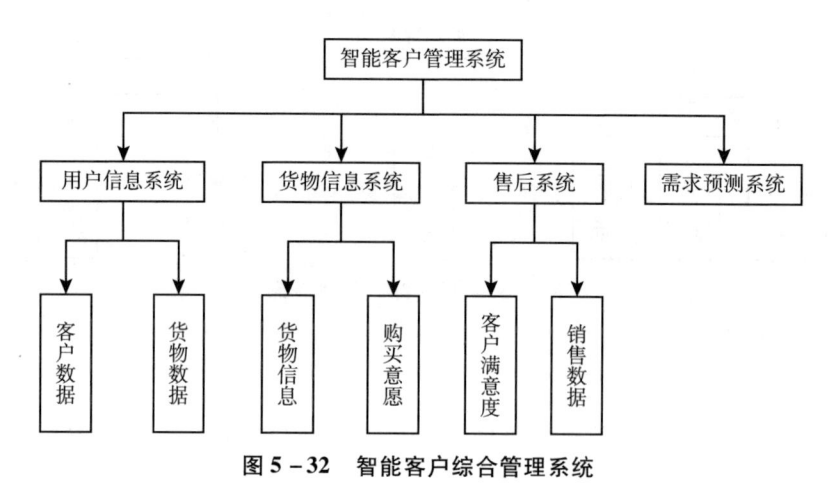

图 5-32 智能客户综合管理系统

资料来源：作者绘制。

通过建立智能客户管理系统，我们可以有效地分析客户的数据，帮助企业准确地了解客户的购买需求和购买热度，使得企业对于商品有准确的定位，提高企业营销效率。企业通过"以客户为中心"的理念对企业内部流程再造，建立起反应迅速、沟通畅通、适应网络时代变化的营销组织，加强整个需求链企业内外信息和资源的协调与互动，提高客户满意度。

智能客户管理系统由用户信息系统、货物信息系统、售后系统和需求预测系统四部分组成。通过用户信息系统可以了解客户信息，从中获取客户的年龄、性别、购买力等信息，通过收集大量数据可以对不同人群采取不一样的营销方案，提高企业的销售；货物信息系统主要是通过对每种产品的出库信息情况进行数据分析，绘制图表来反映每款商品的销售情况、利润等；需求预测系统通过业务数据，对不同地区不同用户对每种产品进行需求分析，预测需求量、顾客满意程度等相关预测。

用户信息系统：以获取的数据信息为基础，在数据信息有效管理的前提下，开发智能客户综合管理平台，方便企业与各级服务对象进行信息的实时智能交互处理，加速了企业的发展。实现了信息的实时交互，研究产品溯源有效标识的方式，使物流企业与运送的货物，进行实时准确的跟踪，围绕"溯源追踪"主线，以生产、加工、流通、市场进入等环节为立足点，对产品的流动和销售实施实时监控。并构建产品流通的信息交互服务平台，使企业与顾客之间就产品的实时状况能够进行信息的有效交换。

货物信息系统：模块功能主要是以出库的货物信息为基础，对数据进行分析汇总，使得相关工作人员对配送中心的货物存货信息及出库信息有所了解。具体操作是对出库的每种货物有效的记录，通过对记录数据的分析，绘制出货物销售的曲线图或分析表等，直观地反映出货物的销售情况、受欢迎程度及获利情况。同时利用货物信息系统也可以达到消除库存的目的。

售后系统：包括对客户满意度的调查和对销售数据的分析两部分，通过记录配送完成时间、配送满意度、配送与售后意见等数据，进行客户满意度调查，及时发现并解决售后问题，并通过对这些数据的分析，发掘顾客的购买需求。

需求预测系统：在相关数据的支撑下，对不同地区的用户对不同产品的需求做出分析，得出相应的结论，基于分析的结果，采用相关的预测方法预测出不同地区用户对不同产品的需求量、客户对每种产品的满意程度及产品的其他相关预测，为企业生产和销售提供有效依据，从而制定出相应的营销策略，提高企业的竞争力。

（6）数据库设计

数据库的设计是系统设计的核心任务之一，它的合理性决定了系统运作的效率和正确性。数据库的设计方案将根据各应用系统数据的不同分类和特点及功能需求，并结合数据量的大小以及原有或历史数据的转换与迁移，提出最适合自身业务系统的数据架构、应用架构和集成架构。下面进行简单的数据设计，如图 5-33 所示。

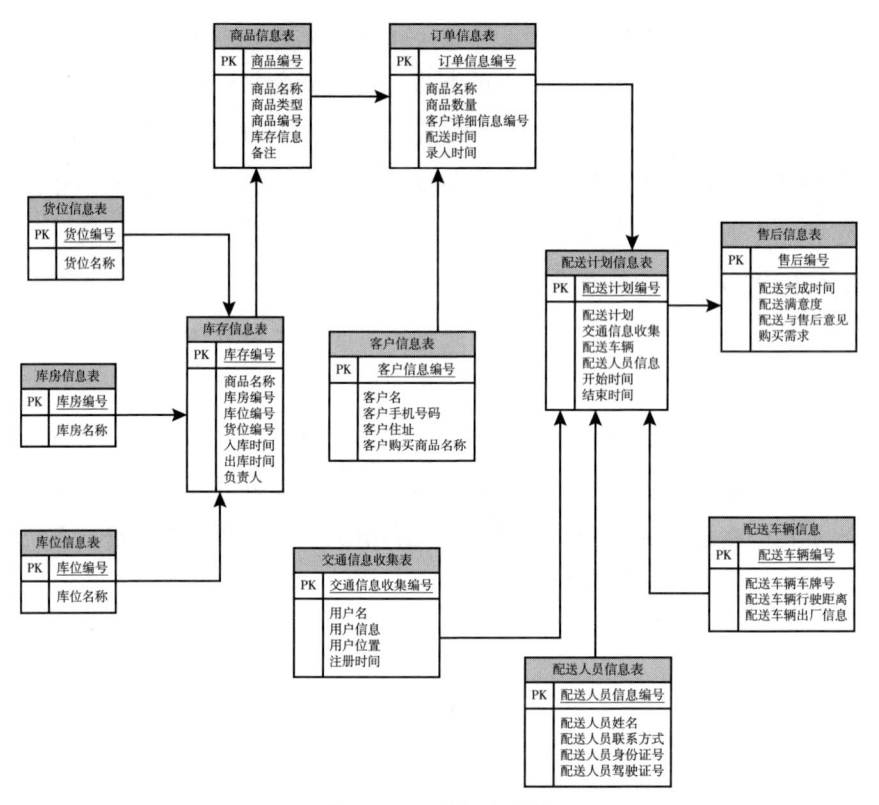

图 5-33　数据库设计

资料来源：作者绘制。

订单信息数据库需要的是多重信息，包括客户的基本信息、客户订购商品的数量种类名称，同时还包括订单的录入时间和客户的配送时间要求，这些组成在一起才构成一个完整的订单信息表。订单信息表的数据关系如图 5-34 所示。

图 5-34 订单信息

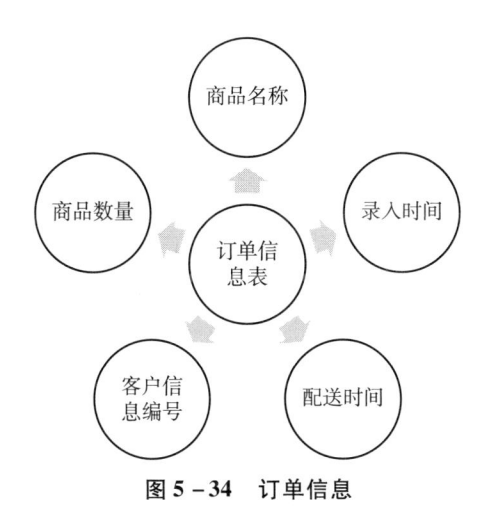

资料来源：作者绘制。

库存信息数据库中需要获得商品的一系列信息，如商品名称、在仓库中的位置编号等，同时通过库存信息表我们也要了解到相应货物的出库、入库时间，和负责货物管理的负责人的信息。库存信息的数据关系如图 5-35 所示。

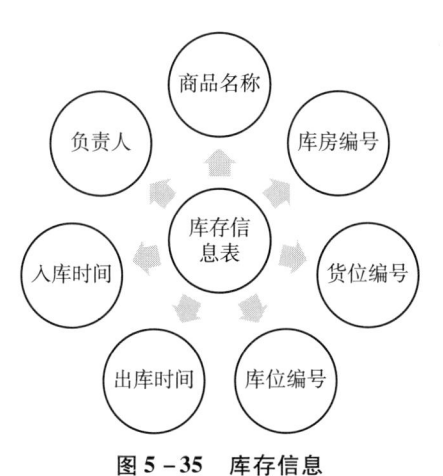

图 5-35 库存信息

资料来源：作者绘制。

交通信息数据库的主要作用就是获取配送路段的相关交通信息数据，通过对用户数据的收集来归一总结出相对应的信息，这些用户信息应保护用户的注册用户名、注册密码、注册时间等，通过对用户位置的获取获得相对应的车流信息，同时用户对于交通事件的描述也有利于路况的判断。交通信息的数据关系如图5-36所示。

图5-36 交通信息

资料来源：作者绘制。

配送计划数据库中需要配送车辆、配送人员的相关信息数据，以及通过交通状况数据获得的配送方案设计数据，同时还需要配送开始时间和结束时间的数据信息，这些数据的组成才能构成一个完整的配送计划数据库。配送计划的数据关系如图5-37所示。

售后管理数据库中需要配送完成时间的数据、客户售后满意度、配送与售后意见等数据，以及通过这些数据分析总结而出顾客的购买需求的数据。售后管理的数据关系如图5-38所示。

图 5 – 37　配送计划

资料来源：作者绘制。

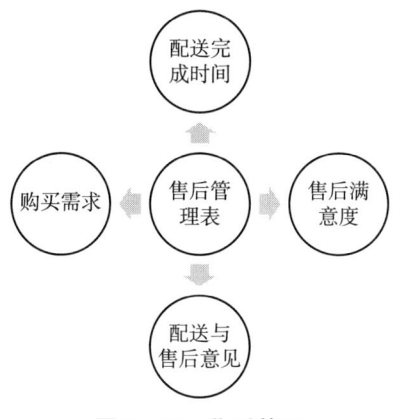

图 5 – 38　售后管理

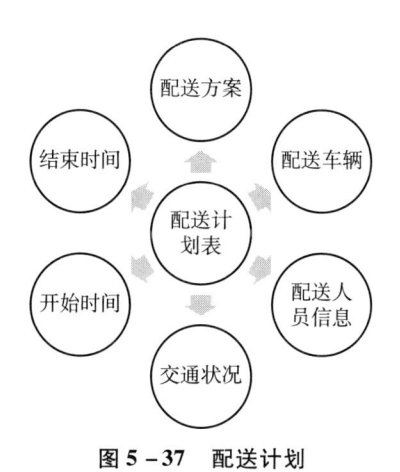

资料来源：作者绘制。

3. 系统部分功能的实现

基于群智感知的物流配送系统采用的是模块化的结构设计，将系统的功能划分为若干个模块，每个模块完成一定的功能，通过模块之间的协作，完成对配送信息的管理和配送方案的决策。由于个人能力有限只能对系统功能进行部分实现，主要实现的功能模块如下所示。

(1) 系统登录模块

在用户使用系统之前，需要对用户进行认证，验证用户是否有权限进入本系统，如果登录失败则返回登录界面，如果认证成功，将跳转到系统主界面。登录界面如图 5-39 所示。

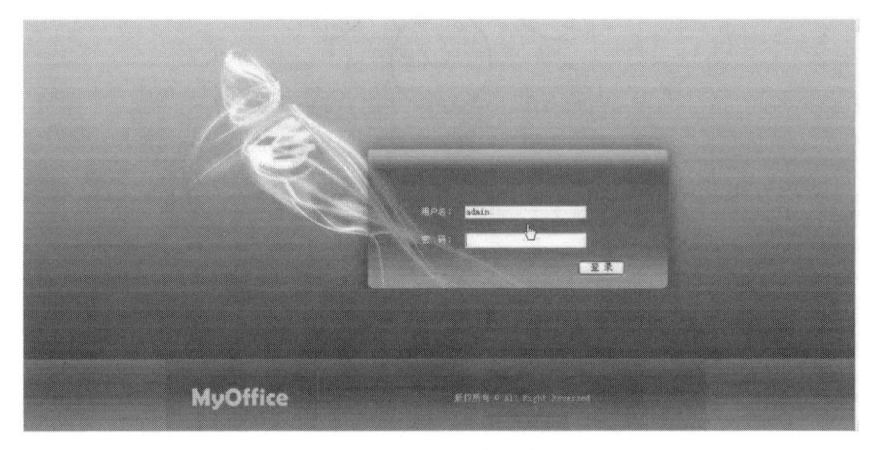

图 5-39 系统登录

(2) 系统用户管理

系统用户管理功能可以分为系统用户的基本信息管理和系统角色权限管理。在系统用户管理界面内，可以进行新建用户、查看或修改用户具体信息和删除用户等操作。系统用户主要指业务管理员、配送员、系统管理员和客户等，不同用户的管理界面具有一定的相似性，下面以系统管理员的操作界面为例进行介绍。

系统管理员的操作界面如图 5-40 所示，管理员可通过系统进行系统用户身份管理，可以通过用户名、登录密码和用户身份的信息来对新增加的用户身份进行管理。

图 5-40　系统管理

(3) 订单管理

订单管理主界面可以显示订单的客户姓名或单位，联系方式，联系地址等，通过对订单系统的操作可以为配送提供有效的数据信息，其操作界面如图 5-41 所示。

图 5-41　订单管理

(4) 车辆管理系统

车辆管理主界面可以对配送中心车辆的车牌、型号、固定派遣成本、单位运输成本、车辆状态等基本信息进行浏览，通过这些信息的输入可以为配送方案提供有效的车辆选择，同时系统管理人员还可以对车辆进行添加和删除。配送车辆管理主界面如图 5-42 所示。

图 5-42　车辆管理

（5）配送管理系统

配送中心管理主要包括配送中心的基本信息管理、配送中心车辆管理和配送时间预计等一系列信息，系统只显示当前用户有管理权限的配送中心的相关信息如图 5-43 所示。

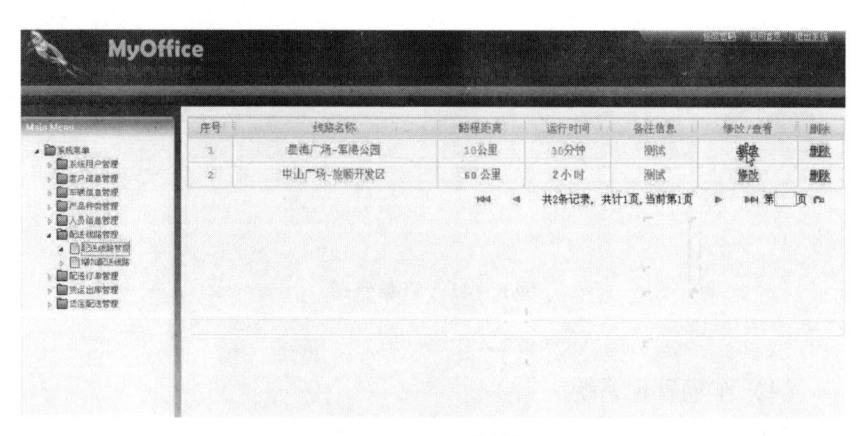

图 5-43　配送管理

第6章

总结与展望

6.1 研究内容总结

本书研究以实际项目为背景,根据项目具体研究内容而展开相关的"大数据行业应用调研"工作。按照"行业甄选→每个行业的场景选择→每个场景的描述方式研究→每个场景的详细描述→每个场景对移动大数据及计算需求"这一研究思路展开研究。

首先根据知名咨询机构对于行业大数据的应用价值和前景展望的权威分析报告,甄选出最具大数据研究价值、且对移动大数据需求和计算需求非常迫切的13个行业。其次调研各个行业的大数据分析应用,挑选出对于移动大数据或计算能力最有需求的、有价值、有前景的、典型的大数据应用场景。再次根据TMF案例描述方式,结合行业企业对于大数据应用场景的分析目标和分析需求,给出包含"场景简介、场景所需要的数据、场景所针对的目标顾客群、一个对该场景实现过程详细描述的例子、场景拟解决的关键问题、场景对移动大数据的计算需求"等多个侧面的场景描述方式,从多个角度对每个场景进行详细描述,以便形成对于移动大数据分析较为深入的价值与建议。基于上述步骤确定的描述方式,结合对行业背景和移动大数据应用优势的深入调研，对每个场景进行详细的刻画；根据每个场景的具体情况，给出每个场景对于移动大数据及其计算需求，以便向对企业大数据能力的建设提出有价值的建议。最后，根据上述所有行业、所有场景的分析与调研，给出一个综合性的结论，形成对企业大数据建设有价值的若干建议。

整体研究内容如表 6-1 所示。

表 6-1　　　　　　　　　整体研究内容一览

行业	场景名称	场景所需数据	目标客户群	拟解决的关键问题
零售	零售商选址	用户位置数据、身份数据、电子商务数据各种消费账单数据	移动手机用户中可能购买零售商商品的人	人群消费能力的确定；人群密度的热点地图的建立
	用户的事件营销	用户身份数据、话单数据、短消息数据互联网访问行为数据、位置数据、账单数据	移动手机用户中可能购买零售商商品的人	移动手机用户中可能购买零售商商品的人
	基于用户偏好洞察的广告服务	用户身份数据、互联网访问行为数据、位置数据	移动手机用户中可能购买零售商商品的人	基于用户网络访问日志的用户偏好发现方法；基于特点时间和位置的用户个性化偏好发现方法；用户偏好的协同过滤算法
	为零售商的消费者选好购物单	用户身份数据、互联网访问行为数据、位置数据、用户在零售商那里的消费记录、零售商店铺中各种商品的货架位置及其价格	移动手机用户中可能购买零售商商品的人	基于用户网络访问日志的用户偏好发现方法；基于特点时间和位置的用户个性化偏好发现方法；用户偏好的协同过滤算法；用户进入实体零售商店铺这一事件的事实捕捉

续表

行业	场景名称	场景所需数据	目标客户群	拟解决的关键问题
零售	基于顾客洞察的零售商商品采购策略及其货架摆放策略	用户身份数据、互联网访问行为数据、位置数据、用户在零售商那里的消费记录、零售商店铺中各种商品的货架位置及其价格	移动手机用户中可能购买零售商商品的人	基于用户网络访问日志的用户偏好发现方法；基于特点时间和位置的用户个性化偏好发现方法；用户偏好的协同过滤算法；用户进入实体零售商店铺这一事件的事实捕捉；基于用户偏好的零售商商品采购策略模型；基于用户偏好的零售商货架摆放策略模型
	帮助零售商拓展网络销售渠道	用户身份数据、互联网访问行为数据、位置数据、用户在零售商那里的消费记录	移动手机用户中可能购买零售商商品的人	网络销售渠道的特点分析；零售商消费人群的特点分析；零售商潜在的网络消费者洞察模型；基于零售商特点的网络销售渠道选型模型
	为零售商提供顾客购物的移动应用	移动商城所记录的商品数据	零售商实体店的顾客	商品比价技术；与零售商ERP系统的对接
	基于用户的位置推荐附近零售商的促销活动	用户的位置信息、用户的偏好信息、零售商的促销信息	路过零售商附近街道的人	用户位置的实时监控；与零售商的利润分成机制
	零售商店铺内的Wi-Fi网络建设及用户行为分析	零售商的商品及货架摆放位置、基于Wi-Fi的用户手机位置信息	零售商店铺内的顾客	基于Wi-Fi的用户位置实时监控；基于顾客移动位置轨迹的购物行为分析；与零售商的利润分成机制

续表

行业	场景名称	场景所需数据	目标客户群	拟解决的关键问题
教育	帮助教育机构实现学生的个性化教育	教学课程数据、知识点数据、试题数据以及学生学习行为数据	教育机构的学生	学生的网上学习行为分析；学生的知识点掌握情况分析；学生的智能导学方法
	科学研究	已有的能够开放出来的所有原始数据以及对于原始数据进行适当加工的数据	数据科学领域中的科研人员	数据与计算平台如何定价；学术界研究成果的落地方式与合作模式
	基于学生偏好的线上与线下相融合的个性化教育	已有的位置数据、互联网行为数据以及对于个性化教育有价值的数据集合；教育机构网络教育平台上的学生学习行为数据	各个教育层次的学生	学生线上数据的隐私保护问题；基于学生线上行为的线下个性化教育方法
	教育需求的洞察与教育资源的推荐	已有的信令数据、互联网行为数据以及对于发现个性化教育有价值的数据集合	所有移动大数据用户	用户教育需求的洞察；教育资源提供平台的建立及吸引教育资源提供方加入该平台的策略
	学生在线学习行为分析系统	教育机构网络教学平台上的学生学习数据	教育机构网络教学平台上的学生	学生在线学习行为分析模型
	识别校园里的手机用户	用户的位置信息、校园地理信息	经常在校园中活动的手机用户	基于位置信息的校园手机用户识别模型
能源	能源设施选址	移动大数据用户的位置信息、能源设施的服务能力数据	能源建设部门	基于位置信息的能源设施选址模型
	能源需求预测	移动大数据用户的位置信息、能源设施的生产与服务能力数据	能源生产部门	基于位置信息的能源需求预测模型
	提供经济指导	在某地区的用户位置信息、用户终端信息、用户业务使用数据、在该地区的能源生产量数据	有地区经济水平分析需求的政府部门或者企业	基于各类信息的地区经济指标分析模型

续表

行业	场景名称	场景所需数据	目标客户群	拟解决的关键问题
医疗	基于手机与终端设备的病人远程监控	移动用户身份数据、手机或终端设备收集到的用户身体状态信息、医疗标准化的身体状态数据	病人、亚健康人群、或具有对自己身体状态进行远程监控需求的人	基于用户身体状态信息的用户身体状态分析模型
	基于手机与终端设备的身体状态数据监控与个性化医疗	移动用户身份数据、用户偏好数据、手机或终端设备收集到的用户身体状态信息、医疗标准化的身体状态数据	病人、亚健康人群、或具有对自己身体状态进行监控需求的普通人	基于用户身体状态信息的用户身体状态分析模型
	医疗方案与经验的共享平台	移动用户身份数据、手机或终端设备收集到的用户身体状态信息、医疗标准化的身体状态数据	病人、亚健康人群、或具有对自己身体状态进行远程监控需求的人	疾病及其治疗方案的语义搜索技术
	医疗数据管理平台	移动用户身份数据、个人电子病历和健康档案数据	医疗机构、病人、亚健康人群、或具有个性化医疗需求的人	医疗大数据存储与分析平台的建设
	通过云平台实现电子病历和健康档案的查询及基本分析	移动用户身份数据、个人电子病历和健康档案数据、医疗疾病及行业相关数据	医疗机构、病人、亚健康人群、或具有个性化医疗需求的人	医疗大数据存储、传输、管理及分析平台的建设
	疫情预警与疾病趋势预测	用户搜索数据、用户互联网访问数据、基于特定APP的个人身体状态数据、用户位置数据等	医疗机构、移动大数据的所有用户	基于用户位置数据、搜索数据、或个人身体状态数据的疫情预警与疾病趋势预测模型
	基于医疗专网信息及急救与预约挂号平台的疾病趋势分析与预警	由医疗专用网络和急救与预约挂号平台所收集到的各类疾病趋势信息、医疗疾病及行业相关数据	医疗机构、政府、或具有了解地区疾病趋势需求的人	基于医疗急救及预约挂号数据的某地区疾病趋势的预测模型

续表

行业	场景名称	场景所需数据	目标客户群	拟解决的关键问题
医疗	手机或终端设备与人体可穿戴设备的数据交换及其协同分析与预警机制研究	手机从人体可穿戴设备那里收集到的人体各项健康数据、医疗疾病及行业相关数据	具有对自身健康数据有掌控需求的人	可穿戴设备的研发、可穿戴设备与手机之间的交互机制
	基于用户手机行为的健康状态评估	用户的互联网访问信息、医疗行业疾病数据及标准化数据	移动手机用户	用户的手机行为与其健康状态的关联关系模型
	基于统一通信服务的远程医疗	移动用户身份数据、个人电子病历和健康档案数据、医疗行业疾病数据及标准化数据	医疗机构、病人、亚健康人群、或具有个性化医疗需求的人	医疗数据的在线实时传输、医疗数据的存储与处理
	用药提醒与就诊提醒	移动用户身份数据、个人电子病历和健康档案数据、医疗行业疾病数据及标准化数据	医疗机构、病人、亚健康人群、或具有个性化医疗需求的人	医生处方数据向手机 APP 的自动导入;基于医生处方的用药提醒方式
交通	城市公交规划	用户的身份信息、用户的位置信息	城市政府、城市居民	基于用户位置信息的公交规划模型
	交通预测与诱导	用户的身份信息、用户的位置信息	城市政府、移动手机用户	基于用户位置信息的交通预测与诱导模型
	基于交通预测与诱导的营销	用户的身份信息、用户的位置信息	移动手机用户	用户出现目的的洞察;基于用户出行目的的营销与推荐策略
	车辆及行人行踪的实时监控	用户的身份信息、用户的位置信息	移动手机用户、政府相关部门、物流企业	基于用户位置信息的车辆及行人行踪实时监控模型
	为路网监控提供数据存储与网络服务平台	用户的位置信息	政府相关部门	路网数据存储、传输及计算的整体解决方案

第6章　总结与展望

续表

行业	场景名称	场景所需数据	目标客户群	拟解决的关键问题
交通	公交的智能调度	用户的身份信息、用户的位置信息	政府交通部门	基于用户位置信息的公交智能调度模型
交通	预测群体出行行为	用户的位置信息	政府相关部门	基于用户位置信息的群体出行行为预测模型
交通	智能交通服务	用户的身份信息、用户的位置信息、交通信息	移动手机用户	智能交通服务APP应用中的"最佳召车点""出行规划"等模型的开发
交通	人群在城际之间的流动预测	用户的位置信息、交通信息	政府交通部门	人群在城际之间的流动预测模型
旅游	景区游客数量预测	用户的身份信息、用户的位置信息、天气数据、搜索引擎数据	景区	基于用户位置信息的景区游客预测模型
旅游	景区内各个商业网点与休闲娱乐设施的布局	用户的身份信息、用户的位置信息、景区内部地图信息	景区	基于用户位置信息的景区内部布局策略
旅游	景区游客数量实时监测	用户的身份信息、用户的位置信息、景区内部地图信息	景区	无
旅游	建立在线旅游网站、或为其提供数据支持	用户的身份信息、用户的位置信息、用户的互联网访问信息	旅游产品提供商、游客	用户旅游产品偏好的分析模型
旅游	旅游景区无线网络及基本设施的建设	基于Wi-Fi和一卡通而获取的用户数据	旅游景区、游客	基于用户Wi-Fi使用记录的景区内设施布局设计模型；基于用户一卡通使用记录的景区内设施布局设计模型
旅游	旅游景区的服务平台	基于旅游景区服务平台而获取的用户数据	旅游景区、游客	无

续表

行业	场景名称	场景所需数据	目标客户群	拟解决的关键问题
餐饮娱乐	基于用户画像的精准营销	用户的互联网数据、用户的偏好数据、用户的位置数据、餐饮娱乐企业的服务信息	餐饮娱乐企业、用户	基于用户互联网行为数据的用户偏好洞察
	基于用户位置的实时营销	用户的位置数据、用户的互联网数据、用户的偏好数据、餐饮娱乐企业的服务信息	餐饮娱乐企业、移动大数据用户	基于用户位置的实时营销模型
	使用互联网数据改进餐馆的菜单	用户的互联网数据、用户的偏好数据、各个餐饮企业的菜单数据	餐饮企业	基于餐饮企业菜单数据的菜单设计及定价模型
	餐饮娱乐企业中网络环境的建设	基于Wi-Fi而获取的用户数据	基于Wi-Fi而获取的用户数据	基于用户Wi-Fi使用记录的用户餐饮娱乐偏好洞察
	餐饮娱乐的电子商务	用户的位置数据、用户的偏好数据	餐饮娱乐企业、顾客	基于用户位置数据与偏好数据的电子商务推荐模型
	娱乐节目的营销与推广	用户的位置数据、用户的偏好数据、用户的互联网行为数据、娱乐节目相关数据	各类节目制作媒体、观众	基于用户偏好数据的娱乐节目推荐模型
	影音产品的市场喜爱程度与趋势分析	用户的偏好数据、用户的互联网行为数据、影音产品的相关数据	影音界面制作厂商、观众	基于用户偏好数据的影音节目兴趣模型
物流	物流仓库选址	用户的偏好数据、用户的互联网行为数据、用户位置数据	物流企业	基于用户电子商务订单数据的物流仓库选址模型
	类似于"双十一"等大型电子商务销售活动的物流需求预测	用户的偏好数据、用户的互联网行为数据、用户位置数据	物流企业	基于用户位置信息和电子商务网站访问日志的物流需求预测模型
	物流车辆及货物信息实时监控与优化调度	基于用户位置信息和电子商务网站访问日志的物流需求预测模型	物流企业	基于用户位置信息的物流车辆调度模型

续表

行业	场景名称	场景所需数据	目标客户群	拟解决的关键问题
政府及公共事业	大数据助力政务透明	用户属性信息、用户使用产品的相关数据信息、用户反馈信息等	是移动大数据用户的政府社会及民意调查对象	目标用户确定；线上调查产品选型；反馈信息统计分析
	大数据提升政务效率	移动用户属性、用户消费数据、账单数据、欠费数据等	个人信用体系目标人群	个人信用模型构建
	大数据提高政府决策科学性	用户身份数据、互联网访问行为数据、位置数据、用户产品使用行为数据等	政府舆论分析目标人群	舆论分析模型
	气候预测	移动物联网相关数据	移动大数据用户	预测监控模型及配套预警机制
	信息化防控	移动用户数据，外部医疗、消防、防控相关数据等	移动大数据用户	相关监控预警模型
互联网	电子商务公司预测式发货	用户身份属性信息、位置信息、手机上网日志、流量使用情况等数据	移动大数据用户	用户需求及偏好分析模型
	依托搜索数据进行消费者调查	用户属性信息、用户使用产品的相关数据信息、用户反馈信息等	是移动大数据用户的互联网公司目标客户	目标用户确定；线上调查产品选型；反馈信息统计分析
	利用与社交网络的合作引流增销	用户社交行为信息、用户社交关系信息、用户偏好等	移动大数据用户	用户社交关系分析；用户需求分析
	大数据助力游戏精细化运营	用户身份属性信息、位置信息、手机上网日志、流量使用情况等数据	游戏产品用户且为移动大数据用户	游戏用户洞察分析模型
	智能视频图像分析	移动物联网相关数据，包括车辆智能定位数据、车辆报警、电梯运行监控数据等	移动个人用户及集团客户	用户相关数据与产品匹配关系分析

续表

行业	场景名称	场景所需数据	目标客户群	拟解决的关键问题
互联网	电子商务推荐	用户网络日志数据	移动个人用户	用户网购偏好模型的构建
	用户互联网行为特征标记	用户网络日志数据、位置数据	移动个人用户、互联网企业	用户互联网行为特征模型的构建
银行	高端客户的交叉销售	用户的身份信息、用户的业务账单信息	银行的高端客户	高端客户的隐私保护策略
	信用卡客户的挖掘	用户的身份信息、终端信息、用户的互联网行为数据、用户的位置数据等	移动大数据用户	信用卡客户的特征识别方法
	客户行为分析与营销合作	用户的身份信息、用户的互联网行为数据、用户的位置数据、用户的呼叫圈特征、用户的偏好特征等	移动大数据用户与银行的客户	客户的隐私保护策略
	客户信用风险分析	用户位置数据、用户互联网行为、用户呼叫圈特征、用户身份信息、用户偏好特征、重要事件的捕捉	银行的信贷客户	客户信用风险预警模型
保险	保险产品的营销	用户位置数据、用户重要事件的捕捉	保险业潜在的客户	保险产品的营销与推荐模型
	保险的新型营销模式	用户呼叫圈特征、用户身份信息	保险业潜在的客户	
	风险管理	用户位置数据、用户身份信息、用户互联网行为	保险业的客户	不同保险产品的风险识别模型
	客户关系管理	互联网行为数据（搜索数据）、用户语音通话记录（是否在近期经常拨打保险公司服务电话）、用户身份数据	保险业的客户	客户情感分析及退保意向模型

续表

行业	场景名称	场景所需数据	目标客户群	拟解决的关键问题
证券	通过用户的互联网行为而预测股价	用户互联网行为数据	股民	基于用户互联网行为数据的股价预测模型
其他	数据货币化	目前所拥有的所有移动大数据	其他企业	数据去隐私策略
其他	品牌推广	用户身份数据、用户位置数据、用户互联网行为、用户业务数据等	具有自有品牌的企业	基于用户位置特征与偏好特征的品牌推广策略
其他	用户情感分析	用户CDR数据、CRM数据（合作企业的CRM客服语音）、用户互联网行为	具有客户关系管理需求的企业	基于用户CDR、CRM、互联网访问数据的用户情感识别模型
其他	市场洞察	用户位置数据、用户互联网行为、用户业务数据等	所有行业及其企业	基于现有移动大数据的行业分析模型
其他	人群流动特征分析	用户位置数据	政府部门或企业	人群流动特征分析模型

资料来源：作者整理。

本书针对近年来真实数据实际调研，内容翔实可靠，并提交企业实际应用。本书通过对移动大数据相关行业及国内外典型企业的全面、系统的大数据应用现状调研，结合现有的企业战略、IT与管理系统架构、业务数据模型及商业运营模式，在大数据应用的业务场景、数据的逻辑组织视图、企业数据模型等方面做出深入研究，有助于寻找有利于提升企业核心竞争力、推动企业战略的大数据应用场景及其价值驱动根源，探索每一大数据应用场景下的IT及业务系统实施策略，并研究与之相配的企业级全视图数据模型及其管控方案，为企业IT支撑与大数据战略的实施提供有价值的借鉴与支持，促进企业新一代数据管理及分析系统的规划和建设。

6.2 面临的难题与挑战

大数据被形象地称为 21 世纪的"原油"。随着移动互联网技术的发展，大量的用户交互数据和行为数据由此产生。在此背景下，移动大数据成为大数据的一个重要应用方向。移动应用不停地产生大量信息，如用户行为的信息（包括对话开始、事件发生、事务处理等）、设备生成数据（包括崩溃数据、应用日志、位置数据、网络日志等）。这些数据的意义在于它们给大数据提供了源源不断的信息源去识别和分析手机用户一天的所见所闻。

不得不说，移动大数据时代是应运而生。而为了收集智能手机的数据，就不得不面临数据收集、分析和运行的挑战。毫无疑问，能够利用移动大数据的企业和移动设备开发者在市场竞争中更有竞争力和业务优势。因为他们可以在一开始就准确地识别出影响用户行为的因素，有效地将客户需求分级，从而能够既有创造力又有效率地实现客户需求。

而在大数据实时分析的竞争中能否决胜的关键是内存数据库。内存数据库保证了大数据的动态分析——用指数级的速度处理以喷发状态产生的大量数据，然后及时产生结果。内存数据库能为以不同速度为移动设备进行实时和动态的内存数据处理，还可以导入其他数据来源例如汽车和家庭系统的数据。

移动大数据具有鲜明的"以人为中心"的特点，目前已经在移动社交、智能交通、精准营销、电子政务、移动金融等领域得到初步应用，但大数据也面临着一些技术难题与挑战，需要迎难而上，迎接挑战，推动大数据应用的创新与发展。

一是用户对隐私安全问题存质疑，造成数据的开放性和完整度不够，因此限制了大数据应用的发展。如今，手机成为第一终端、互联网中心及个人信息中心，人们把自己的沟通、社交、娱乐、生活、商务、隐私交给了智能手机及其各种应用。据互联网数据中心（DCCI）报告显示，有66.9%的智能手机移动应用在抓取用户隐私数据，其中高达34.5%的移动应用有"隐私越轨"行为，通话记录、短信记录、通讯录是隐私信息泄露的三个高危地带。如何确保数据采集的适当尺度同时又能保证服务的完整性，这对企业而言是一个挑战。

二是存在对数据分析发掘的技术壁垒，不能"数"尽其用，使得很多具有潜在价值的数据流失。基于大数据的移动应用已经非常广泛，很多移动终端上都留下了使用者的数据。据市场调研公司（IHS Screen Digest）公布的数据显示，有48.2%的数据被浪费，并没有真正提取数据的有效价值，在数据的分析和挖掘方面还有待提高。

6.3　发展趋势分析

下面是我们观察到的移动大数据的四个发展趋势：

1. 事务处理最重要

"移动"最关键的就是交互活动和对其的监控。用户选择应用是出于不同的目的，如娱乐、购物、学习、分享等，而一旦有任何因素干扰或者减慢他们实现目的的体验过程，用户很容易就会产生消极情绪。利用应用软件监控事务处理，让企业能对用户体验进行评估和回应，尽量避免用户卸载软件或者给出差评。如今对事务性数据和功能性数据的监控都很重要，必须要有一个适应移动发展时代的战略。

2. 三驾马车，三个"V"

商业内幕（Business Insider）的最新报道指出，大数据有三个特点：大量（volume）、多样（variety）、高速（velocity），我们把它们概括成三个"V"。数据本身的产生非常快，而且形式多样，大小不一，数量还很大。更别提移动大数据了，数量都是成倍地增长。而思科（Cisco）最近的报告表明，有数以百万计的人只通过移动设备连接互联网，很明显，这些设备产生了大量的数据。卡什·兰甘（Kash Rangan）说，有很多互动被忽略了没有得到分析，而这些就是被忽视的机会。更有趣的是，数据的多样性恰恰是由移动设备造成的。从用户跟踪到崩溃报告，有各种各样五花八门详细的应用数据，包括商业贸易、情感反应、心跳测量、住宿记录，甚至包括气象报告。移动应用越来越多地影响了人们的生活方式，结果是数据增长的速度也在不断上升。只要想想一个手机用户，比如你我，每天都被手机牢牢套住的情况就可以理解了。

3. 测度是关键

面对大数据用户的一个挑战是考虑经营的影响因素。如果定位不好、收益不好，大数据可能反而会成为一种牵绊。如何鉴别哪种信息能够帮助更好地进行经营决策，而哪种信息却毫无用处呢？在企业投身移动大数据的热潮之前，必须要弄清楚他们的关键度量指标是什么，不然就会被困在一堆派不上用场的数据里，进退两难。

4. 先监控，再提问

这听来好像跟我们的直觉不一样，但实际上企业都应该采用这种策略，先对应用进行监控并收集数据，然后回答关键的业务问题，再去探索从数据里发现的新的发展机会。去了解应用发展的情况是能否驾驭大数据的决定性的一步。在基本了解以后，企业和开发者们就可以深入研究关键性因素了。移动大数据提供者也让各种规模的公司有了让移动大数据为他们所用的能力，无论是独立经营者还是大企业都是一样。现在，内存数据库已经有了，移动大数据提供者们又开始为下一个目标努力：通过最大化地提升数据的收集和传输效率来优化移动方面的东西，同时关注新的挑战，例如电池消耗、5G 数据使用、连接速度慢、隐私问题和局部存储器的问题，还要扩展通信量并控制可预见的通信量激增。这场竞赛的关键已经不再是谁的移动设备革新速度快，而是谁对移动设备所产生数据的反应速度更快。

参 考 文 献

［1］刘雷鸣．大数据行业应用展望报告［R］．艾瑞咨询，2013：32.

［2］麦肯锡．大数据行业分析报告［R］．咨询行业分析报告，2015：28.

［3］工信部．中国大数据白皮书［R］．工信部电信研究院，2014：6.

［4］计世资讯．中国大数据市场现状与发展趋势研究报告［R］．计世网，2015：84.

［5］德勤．数字时代电信运营商面临的机遇与挑战［R］．中国资本证券网，2013：2.

［6］数控小V．从五大行业案例，看大数据的应用逻辑［R］．36大数据，2014：12.

［7］中国计算机学会．中国大数据技术与产业发展白皮书［R］．证券日报，2014：21.

［8］傅志华．大数据在金融行业的应用［R］．艾瑞咨询，2014：9.

［9］工信部．中国大数据发展调查报告［R］．工信部电信研究院，2015：17.

［10］智研咨询．2013~2017年中国零售业市场专项评估与发展策略研究报告［R］．中国产业研究报告网，2013：86.

［11］教育部教育管理信息中心．中国互联网学习白皮书［R］．中国教育信息化，2014：176.

［12］国泰君安．2014年中国在线教育研究报告［R］．中国电子商务研究中心，2014：15.

[13] 医药行业分析报告. 深度分析：医药行业研究报告 [R]. 中国行业研究报告, 2013：8.

[14] 赵文俊. 公共交通行业研究报告 [R]. 2014：10.

[15] 2013 旅游行业分析报告 [R]. 2013：159.

[16] 2014 年在线旅游行业研究报告 [R]. 2014：26.

[17] 德勤. 中国餐饮行业投资研究报告 [R]. 2011：45.

[18] 北京银联信信息咨询中心. 物流行业研究报告 [R]. 2012：69.

[19] 涂子沛. 大数据：正在到来的数据革命，以及它如何改变政府、商业与我们的生活 [R]. 广西师范大学出版社集团有限公司, 2015：348.

[20] CNNIC. 2013 中国互联网络发展状况统计报告 [R]. 2013：58.

[21] 张华. 大数据在中国银行业的应用趋势 [R]. 2013：15.

[22] 尹会岩. 论大数据对中国保险业的影响 [J]. 保险职业学院学报, 2015（1）：4.

[23] 魏珺. 大数据助力证券业预判未来 [J]. 金融电子化, 2012：32 – 34.

[24] TMF. Big Data Analytics Guidebook：Appendix A [R]. 2013：14.

[25] A 股市场的个股市值之和 [R]. 2014 – 11 – 10.

[26] 吴迪. 商业巨头是怎么玩转大数据的 [J]. 商业价值, 2012：4.

[27] 徐鹏等. 大数据视角分析学习变革 [J]. Journal of Distance Education, 2015：7.

[28] 许薇薇. 全球英语教育正处于巨大变革之中 [J]. 英语教育周刊, 2015, 3：9 – 13.

[29] 驱动之家 MyDrivers. 阿里巴巴推出大数据产品经济云图：面向政府开放 [R]. 2014：2.

[30] 环球能源网. 新能源行业分析 [R]. 2014：12.

[31] 医疗行业大数据应用场景 [R]. 2013: 13.

[32] 李亚婷. 大数据推动智慧医疗落地 [J]. 中国经济与信息化, 2014 (7): 12-16.

[33] 周光华等. 医疗卫生领域大数据应用探讨 [J]. 中国卫生信息管理杂志, 2013 (8): 296-304.

[34] 李伟, 江其生. 数据交换与共享平台在区域协同医疗服务中的应用 [J]. 医院数字化, 2010 (3): 59-61.

[35] 瑞齐宁. 让医生通过消费信息评估你的健康状况 [J]. 彭博商业周刊, 2014.

[36] 易绍华. 数字化背景下中国电视媒体的网络化生存研究 [D]. 武汉: 武汉大学, 2009.

[37] 宋应诺. 基于医疗信息技术构建区域协同医养一体化居家养老服务平台的探索 [D]. 广州: 南方医科大学, 2015.

[38] 汪樟发等. 大数据商业模式与传统企业的转型创新 [J]. 创新与创业管理, 2014 (12): 115-127.

[39] 曾鹦. 考虑乘客选择行为的城市公交客流分配及系统演化 [D]. 成都: 西南交通大学, 2014.

[40] 交通运输部关于印发《城市公共交通规划编制指南》的通知 [J]. 中华人民共和国国务院公报, 2015 (8): 55-65.

[41] 冯钊. 区域级的高速公路机电系统设计研究 [D]. 重庆: 重庆交通大学, 2014.

[42] 刘德. 宁波日报报业集团发展战略研究 [D]. 宁波: 宁波大学, 2015.

[43] 周维现. 中国欠发达县域经济发展研究 [D]. 武汉: 武汉大学, 2013.

[44] 吴本. 基于动态能力观的中国中档饭店企业竞争力研究 [D]. 上海: 复旦大学, 2012.

[45] 刘宪法. "南海模式"的形成、演变与结局 [J]. 中国制度

变迁的案例研究,2010(10):69-132.

[46] 李飞灵.我国服装企业多渠道冲突和整合初探[D].上海:东华大学,2006.

[47] 杨振宇.国餐饮企业发展与成长战略研究——以西贝为例[D].桂林:广西师范大学,2014.

[48] 谷悦.餐饮O2O的"外卖"之路[J].中国食杂志,2015(9):46-47.

[49] 李晓榕.视频网站自制剧《纸牌屋》叙事研究[D].重庆:重庆师范大学,2015.

[50] 陈凝.基于4C理论的中国电影档期营销策略研究[D].长沙:湖南大学,2008.

[51] 孟妍.《小时代》是属于谁的小时代?——论大数据对中国电影的启发[J].青春岁月,2015(5):28-29.

[52] 刘峰.大数据时代的电视媒体营销研究——基于网络整合营销4I原则的视角[D].上海:华东师范大学,2014.

[53] 朱新强.东方集团物流仓库规划、设计与建立[D].上海:上海海运学院,2002.

[54] 柏雪.卫生正义的思考:推进我国全民基本医疗保险制度改革研究[D].苏州:苏州大学,2015.

[55] 胡逸.大数据时代人力资源社会保障公共服务的探索与发展——基于江苏省无锡市的研究[J].第一资源,2013(27):93-100.

[56] 冯有良.海洋灾害影响我国近海海洋资源开发的测度与管理研究[D].青岛:中国海洋大学,2013.

[57] 刘一敏.城乡一体化发展地区治安防控网络建设的实践与思考[J].浙江公安高等专科学校学报,2006(10):5-10.

[58] 吴钊.在互联网金融商业模式背景下的中小商业银行发展战略研究[D].成都:西南财经大学,2014.

[59] EMC 公司. 中信借力 Greenplum 玩转大数据 [J]. 金融电子化, 2012 (5): 86-88.

[60] 李璠. 银行数据挖掘的运用及效用研究 [D]. 武汉: 武汉大学, 2012.

[61] 陈宇. 告诉你一个真实的阿里巴巴 [J]. 中国商人, 2013 (3): 62-67.

[62] 姜旭平. 中井喷式的中国电子商务及其对传统零售业的冲击 [J]. 中国零售研究, 2011 (4): 13-28.

[63] 梁洁敏. 银行数据仓库系统的设计与实现 [D]. 济南: 山东大学, 2005.

[64] 王建熙等. 大数据在网点运营资源配置中的应用 [J]. 北京金融评论, 2015 (11): 129-148.

[65] 夏侯建兵. 中国保险业信息化向知识化发展研究 [D]. 厦门: 厦门大学, 2008.

[66] 曾中南. 英大人寿 Z 公司体验营销模式的构建 [D]. 厦门: 厦门大学, 2014.

[67] 张强春. 保险公司多元化经营行为研究 [D]. 济南: 山东大学, 2014.

[68] 王洪涛. 保险客户关系管理效率研究——基于数据挖掘的创新和探索 [D]. 天津: 南开大学, 2012.

[69] 李晓宇. 保险资金运用效率实证研究 [D]. 北京: 首都经济贸易大学, 2014.

[70] 林懿欣等. 2009 年商法学研究动态与综述 [J]. 中国商法年刊, 2011: 442-505.

[71] 鲁卓. 国内寿险公司市场营销策略研究——以泰康人寿保险股份有限公司为例 [D]. 北京: 首都经济贸易大学, 2014.

[72] 陈龙, 王建冬, 窦悦. 基于互联网大数据的宏观经济监测预测研究: 理论与方法 [J]. 电子政务, 2016 (1): 18-25.

[73] 贾世达. 一种基于微博的信息传播模型及在股票价格预测中的应用 [D]. 西安：西安电子科技大学，2013.

[74] 余志红. 投资者情绪对个股收益的预测——来自微博大数据挖掘的证据 [D]. 长沙：中南大学，2013.

[75] 薛利. 面向证券应用的 WEB 主题观点挖掘若干关键问题研究 [D]. 上海：复旦大学，2013.

[76] 褚家炜. 我国基金"老鼠仓"行为刑法规制研究 [D]. 北京：中国青年政治学院，2013.

[77] 韩晶等. 面向统一运营的电信运营商大数据战略 [J]. 电信科学，2014（11）：154-158.

[78] 刘璐. IMS 能力开放架构及创新业务的研究与实现 [D]. 北京：北京邮电大学，2014.

[79] 刘滨强. 移动环境下的个性化推荐用户兴趣建模研究 [D]. 北京：北京邮电大学，2009.

[80] 秦洋. 大数据发展趋势下的中国电信运营商电子商务营销模式分析 [D]. 北京：北京邮电大学，2014.

[81] 江永保. 微软公司发展战略研究——基于客户服务与沟通的调查与研究 [D]. 上海：复旦大学，2009.

[82] 单征. 基于分层架构的网络处理器系统性能分析方法研究 [D]. 郑州：解放军信息工程大学，2007.

[83] 黄钊. 情感智能聊天系统的设计与实现 [D]. 厦门：厦门大学，2014.

[84] 孙立林. 基于语音交互的空间信息移动服务技术研究 [D]. 武汉：武汉大学，2005.